教育部人文社会科学重点研究基地北京语言大学国际中文教

汉语作为第二语言的
复合词学习与教学研究

Research on Learning and Teaching
of Compound Words in

CHINESE

as a Second Language

孟　凯　等著

北京语言大学出版社
BEIJING LANGUAGE AND CULTURE
UNIVERSITY PRESS

© 2023 北京语言大学出版社，社图号 23039

图书在版编目（CIP）数据

汉语作为第二语言的复合词学习与教学研究 / 孟凯等著. -- 北京：北京语言大学出版社，2023.6
ISBN 978-7-5619-6263-3

Ⅰ. ①汉… Ⅱ. ①孟… Ⅲ. ①汉语—词汇—对外汉语教学—教学研究 Ⅳ. ①H195.3

中国国家版本馆 CIP 数据核字（2023）第 068441 号

汉语作为第二语言的复合词学习与教学研究
HANYU ZUOWEI DI-ER YUYAN DE FUHECI XUEXI YU JIAOXUE YANJIU

责任编辑：	周 鹏	责任印制：	周 燚
排版制作：	闫海涛	封面设计：	春天书装

出版发行：北京语言大学出版社
社　　址：北京市海淀区学院路 15 号，100083
网　　址：www.blcup.com
电子信箱：service@blcup.com
电　　话：编 辑 部　8610-82303670
　　　　　国内发行　8610-82303650/3591/3648
　　　　　海外发行　8610-82303365/3080/3668
　　　　　北语书店　8610-82303653
　　　　　网购咨询　8610-82303908
印　　刷：北京鑫丰华彩印有限公司
版　　次：2023 年 6 月第 1 版　　印　次：2023 年 6 月第 1 次印刷
开　　本：710 毫米 × 1000 毫米　1/16　印　张：16.5
字　　数：238 千字
定　　价：58.00 元

PRINTED IN CHINA
凡有印装质量问题，本社负责调换。售后QQ号1367565611，电话010-82303590

前　言

　　汉语词汇显著的类型特点是以词根语素复合为主要构词方式。复合必然会在构词成分之间形成关系。汉语词汇学界已对并列、偏正、动宾、动补、主谓五大类复合词的结构关系和语义关系进行了多角度、多方位、多层次的探讨和研究，但是，复合词研究成果在汉语作为第二语言的学习和教学中如何进行有效的应用与转化，目前还缺乏细致而深入的讨论与分析，尤其这五类复合词内部小类中一些词汇现象的二语学习与教学研究开展得还远远不够，应用实证研究方法对复合词研究成果进行二语学习与教学的检验与修正也有待进一步深化、细化。

　　本书面向国际中文教育，聚焦汉语复合词的相关问题进行本体研究成果应用与转化的专项研究。

　　第一章选择汉语二语学习者词义识解有一定难度的并列、偏正、动宾、动补复合词中典型或特殊的五小类以及一类范畴归属不确定的新词语作为研究对象，通过问卷测试进行实证研究，分析词义识解的影响因素，针对各类复合词提出相应的二语学习/教学方案。

　　第二章讨论两类动宾复合词的二语教学，一类是表层语法结构关系与深层语义结构关系不对应的致使性动宾复合，如"喜人、醉心"，其构式性会对二语学习者的词义识解和词语接受度产生影响，我们提出此类复合词的二语学习与教学建议；另一类是动宾离合词，我们基于整词离析度和离析形式常用度，提出此类离合词的离析教学方案和教材编写建议。

第三章基于属性词（即"区别词""非谓形容词"）由反义构词成分所带来的显著的成组对应性，通过问卷测试探查留学生反义属性词的两类类推及其成因，并进一步分析反义属性词的对应性与二语词汇教学的关系。

第四章针对两类特殊结构的复合词（词汇化导致语义磨蚀的复合词"可X"、含虚义动词性成分的复合词）对二语学习者的感知、理解、学习以及教学方法的影响进行探讨，以满足差别化词汇学习/教学的要求。

第五章基于搭配（即词典配例）在二语学习者词汇学习中至关重要的作用，分析外向型汉语词语辨析词典编纂中的搭配设计原则与实现问题。这是一项操作性很强的应用转化研究。

复合词是比重最高、最具代表性的一类汉语词汇，也最能体现汉语词汇的类型特点。因此，本研究以复合词为切入点，从几个典型而有趣的侧面来开展基于汉语复合词本体研究成果的二语学习与教学实证研究。

宏观来看，汉语词汇本体研究的最终目的之一就是更好地指导二语词汇的学习与教学。同时，本体研究也需要在国际中文教育研究的应用与转化中进行修正、完善、提升与深化。相应地，二语学习者的词汇学习往往又会为本体研究提供不同于母语者的分析视角，促使本体研究对可能忽略了的问题进行深入挖掘。而以往内省式或经验性的关于二语词汇学习或教学的难点判断、重点解析、教学方案、学习策略等则需要进一步的科学验证。本体研究与学习/教学研究是相辅相成、互利互长的，词汇本体研究成果向国际中文教育的科学转化将促进二语词汇学习/教学研究的视角、路径、模式、方法的深度思考与探讨。

目　录

第一章　汉语二语者复合词的词义识解及其影响因素 / 001
第一节　语义关系类型和母语文字背景对二语者反义复合词词义识解的影响 / 002

第二节　二语者名名类义并列复合词的词义识解 / 016

第三节　语义结构和母语文字背景对二语者名动偏正复合词词义识解的影响 / 039

第四节　语义类型和母语语序类型对二语者动宾复合词词义识解的影响 / 059

第五节　母语类型和补语的语义类型对二语者动趋式语义识解的影响 / 077

第六节　新词语的语义范畴归属及二语者的语义识解 / 095

第二章　两类动宾复合词的二语词汇教学 / 105
第一节　致使性动宾复合词的构式性与二语词汇教学 / 106

第二节　基于整词离析度和离析形式常用度的动宾离合词离析教学 / 133

第三章　反义属性词的类推性、对应性与二语词汇教学 / 149

　　第一节　留学生反义属性词的类推及其成因 / 149

　　第二节　反义属性词的对应性及其对留学生反义类推的影响 / 164

第四章　含特殊成分复合词的二语词汇学习 / 173

　　第一节　词汇化导致的语义磨蚀对二语者词汇学习的影响 / 173

　　第二节　词法中的虚义动词性成分及二语者的感知与理解 / 193

第五章　外向型词语辨析词典的搭配设计原则 / 217

参考文献 / 239

后记 / 257

第一章 汉语二语者复合词的词义识解及其影响因素

汉语词汇的主体是以词根复合为主要造词方式的复合词。对于二语学习者来说，不同类型复合词词义识解的难度是有差异的，各类复合词内部的词义识解难度也是有梯级的。通过实证方法考察与分析二语学习者复合词的词义识解，研究结论会更具科学性和可信度。不同类型复合词词义识解的影响因素既包括复合词自身的形义关系、语义关系类型、语义透明度等目的语因素，二语学习者的母语文字背景、母语类型（如母语语序类型）等母语因素，也包括二语学习者的词汇结构意识、提取上位概念的意识等语言能力因素，以及二语学习者的汉语水平等语言外部因素。

本章选取并列复合词中具有构词特殊性的反义复合词和名名类义复合词、偏正复合词中具有鲜明历史继承性的名动定中式复合词、不同类型的动宾复合词以及动补结构中补语成分虚化程度不一的"V+上"双音动趋式作为典型个案，通过产出性测试对这五类复合词的词义识解及其影响因素进行专题研究，并针对每类复合词提出相应的二语教学方案。此外，我们还对范畴归属不确定的一类新词语（以服装范畴 AB/BA 型新词语为例）的二语学习者语义识解进行了研究。

第一节　语义关系类型和母语文字背景对二语者反义复合词词义识解的影响*

一、引言

反义复合词是由两个意义相反或相对的单音语素构成的并列式复合词，如"左右、开关、儿女"。这类并列式比较特殊，与同/近义或类义并列式相比，"表达相反、相对意义的并列项由于在概念领域的距离比较远，相应地就在形式上保持较大的距离，因而不容易词汇化。只有当其在功能上发生了转类、在意义上转指包容对立的两极的上位概念之后，才会成为词"（董秀芳，2002：122）。有些反义复合词的词义是语素义的加合，相当于短语义，如"父母、黑白❶[①]"；有些词义已抽象化或虚化，词性也与构词成分的语法性质不同，如"长短、开关、左右"。对于前者，汉语第二语言学习者较容易推知其词义；对于后者，学习者就未必能准确地由两个已知语素义推知词义了。据此我们推测，学习者对反义复合词词义的识解并非处于同一水平，词义与语素义之间不同的语义关系可能会造成二语学习者反义复合词词义识解的差别。

针对二语者不同类型复合词词义识解的研究尚处于起步阶段，与反义复合词词义识解相关的研究目前仅见赵凤娇（2017）。该文通过语言测试发现，反义复合词的识解难度居于同义和类义并列式之间。但正如本节前述，反义复合词内部的语义关系也并非匀质的，类型不同的词，词义识解难度恐怕也不同。

---

* 本节内容曾以《二语学习者反义复合词词义识解的影响因素》为题发表于《汉语学习》2019年第3期，收入本书时有改动。作者为刘玉倩、孟凯。
[①] 阴纹数字为《现代汉语词典》（下文简称《现汉》）第7版义项号，下同。

本研究中的"词义识解"与心理语言学中的词义猜测大体相当，二者之别在于：词义猜测大多指学习者在阅读过程中对生词意义的猜测；词义识解则不一定提供阅读文本或语境，主要是让学习者对熟字生词的意义进行理解或猜测。

在词语的视觉加工过程中，一般认为词素或词素结构在人的词汇表征或加工过程中起着一定的作用（王春茂、彭聃龄，2000等）。而词素义如何表征词义（即二者之间的语义关系类型），正是词义识解的重要内容。可见，复合词的语义关系类型是影响学习者词义识解的一个不可忽视的因素。尽管词义猜测研究成果丰硕，但主要是结合词语结构（如偏正式、动宾式）和母语背景进行考察，复合词的语义关系类型对词义识解的影响研究还较少见。

此外，由于复合词的词义识解与语素的辨认、语素义的提取关系密切，而不同母语文字背景（汉字文化圈和非汉字文化圈）的学习者对汉字的认知是不同的，因此，母语文字背景也可能会对学习者复合词的词义识解产生一定的影响。基于此，本研究将通过词语释义测试来考察语义关系类型和母语文字背景对二语者反义复合词词义识解的影响，并提供词义识解的难度序列，为反义复合词的二语习得和教学提供实证支持。

二、研究背景：反义复合词的语义关系类型

就复合词来看，语义关系类型与语义结构相仿，但命名视角有别：语义结构是就词义整体而言的，语义关系类型是就词义与语素义的关系而言的。

学界根据词义和语素义的关系对反义复合词的语义结构进行了分类（谭达人，1989；苏宝荣，2002；杨吉春，2007、2008；束定芳、黄洁，2008；张金竹，2015等）。其中杨吉春（2007、2008）的分类最为系统，分为6类：加合型（AB=A+B）、概括型（AB＞A+B）、转指型（AB=C）、比喻型（AB=C）、偏义型〔AB=A（B）〕、选择型（AB= 或A或B）。以往

的分类多以词形为单位，而不是以义项为单位，而多义词的不同义项可能对应不同类型，词义识解难度也可能不同。因此，本研究将以义项为单位划分反义复合词的语义关系类型。

在杨吉春（2008）的基础上，我们分析了从《汉语国际教育用音节汉字词汇等级划分》（2010）（下文简称《等级划分》）中检索到的 70 个反义复合词 130 个义项的词义和语素义关系，再进行语义关系类型的层级划分：先分为直接表义和间接表义两类，每类再细分小类，最后得到加合型、选择型、偏义型、概括型和引申型 5 种类型。

三、研究方法

3.1 研究问题

第一，5 种语义关系类型对二语者反义复合词词义识解是否产生影响？若有影响，有哪些影响？词义识解难度呈现出怎样的特点？第二，母语文字背景（汉字文化圈和非汉字文化圈）对二语者反义复合词词义识解是否产生影响？若有影响，有哪些影响？第三，若以上两种因素均对二语者反义复合词词义识解有影响，二者是否存在交互作用？若存在，具体情况如何？

3.2 被试

被试为北京语言大学中级班（完成两年及以上全职汉语课程）[①]二语者共 40 人：汉字文化圈 20 人，来自韩国（18 人）和日本（2 人）；非汉字文化圈 20 人，来自 14 个家，其中俄罗斯 4 人，刚果（布）、古巴、印尼各 2 人，白俄罗斯、巴基斯坦、秘鲁、波兰、法国、哥斯达黎加、喀麦隆、老挝、乌兹别克斯坦、西班牙各 1 人。上述二语者的词汇储备均达到 3000 词以上，所用二语教材覆盖表 1-1 中反义复合词的所有语义关系类型。

[①] 本研究没有选择高级二语者作为被试，主要是因为高级学习者的词汇量虽然更大，但满足筛选条件的测试词不够均衡，如《等级划分》中"选择型"高级以上的反义复合词只有"迟早"一个，数量太少。

3.3 测试材料

3.3.1 测试词的确定

测试词对被试来说应是"熟字生词",即两语素字的等级要低于词的等级。由于使用学习者没学过或者虽学过但因使用频率低而遗忘的字词进行测试会影响识解结果,因此,在对被试所用教材的生词进行筛选的基础上,我们采用纸笔测试的形式,对20名中级二语者(不参与正式测试)和被试的2名任课教师进行熟字生词调查。根据调查结果和《等级划分》中、高级反义复合词及其中汉字的等级,尽量平衡字频效应并保证不同语义关系类型的词保持均衡,本研究最终选定14个词作为测试词(见表1-1)。

表1-1 测试词的等级和语义关系类型分布

语义关系类型			中级	高级	高级附录
直接	双语素直接表义	加合型	胜负	黑白	言行
		选择型	是否、早晚	迟早	—
	单语素直接表义(偏义型)		舍得	动静	—
间接	概括型		长短、南北	高低	—
	引申型		出入、开关	—	得失

3.3.2 语境控制

本研究的测试词多半是多义词,若只提供测试词,学习者写出的解释基本都是语素义的加合。[①]因此,本研究采用语境测试法。

语境控制为一个单句。除测试词外,句中其他词被试均学过且等级不高于测试词(江新、房艳霞,2012)。为保证测试结果的有效性,我们调查了30名汉语为母语的语言学专业研究生。操作程序为:(1)采用5度量表,请母语者为语境对目标词的支持度打分,5分表示语境能够完全支持目标词并

---

① 我们以无语境要求释义的形式,非正式地测试了4名中级二语者(非本研究的被试),结果显示,除了"开关",13个测试词写出的都是语素加合义。

为目标词的词义提供参照，1分表示语境对目标词不支持；（2）根据调查结果，把语境支持度统一控制在3—4分，以排除语境这一变量的干扰；（3）再请这些母语者为句子自然度打分，5分表示句子非常自然，理解无障碍，1分表示句子不自然，理解很困难；（4）把句子自然度控制在4—5分，以保证学习者理解句子不受干扰。

3.4 施测

本测试为5×2被试内两因素混合设计，两个自变量是5种语义关系类型的反义复合词和学习者的2种母语文字背景，因变量是测试成绩。研究采用纸笔测试的形式进行。

要求被试不询问他人、不查词典，对简单语境下的反义复合词释义。例如：

① 他迟早会回来的。

迟早：_____

被试可以写出一个或多个答案，并尽量写出这样解释的原因。鉴于被试为中级二语者，允许使用汉语（拼音亦可）或英语解释测试词。为排除陌生施测人员的干扰，测试由被试的任课教师监督，现场完成。测试无时间限制，大多在40分钟内完成。

3.5 成绩计算方法

本研究参照赵玮（2016）的计分法，采取4分制计算测试成绩，最低0分，最高4分。

（1）未作答或回答完全错误，记0分。如将"舍得"释为"干吗"。

（2）不太正确，记1分。包括三种情况：①语素地位不平等的词，仅写出对词义影响较小的语素义，如将"早晚"释为"早点儿"；②引申型，只答出1个语素义或所答非词义，如将"开关"释为"打开或者打关"；③语素义写对了，但词义结构有误，所答非词义，如将"开关"释为"开然后关"。

（3）部分正确，记2分。包括两种情况：①语素地位平等的词，写出一个语素义，如将"言行"释成"语言，可以（行）"；②引申型，答出了两个语素义，但引申义未答出，如将"出入"释为"出口和入口"。

（4）基本正确，记3分。包括两种情况：①语素地位平等的词，写出一个语素义和另一个语素的部分意义，如将"言行"释为"说的话和动作"；②词义解释不准确，但核心义解释出来了，如将"迟早"释为"一定"。

（5）完全正确，记4分。如将"高低"释为"高度"，将"出入"释为"矛盾"。

成绩计算由两名汉语为母语的语言学硕士共同完成，取平均分作为最终得分。两名评分员的评分信度系数分别为0.925和0.926，评分一致性较高。

四、结果

4.1 语义关系类型和母语文字背景对反义复合词词义识解的影响

测试词词义识解的平均分是1.746，在4分制中处于中等偏下水平，说明学习者反义复合词的词义识解不甚理想。具体统计结果如表1-2所示：

表1-2 不同母语文字背景学习者识解5种语义关系类型
反义复合词的平均成绩及标准差

组别	平均成绩（标准差）				
	加合型	选择型	偏义型	概括型	引申型
所有被试（40）	2.16（0.99）	1.81（1.00）	1.48（0.99）	2.10（0.95）	1.26（0.93）
汉字文化圈（20）	2.83（0.85）	1.80（0.85）	1.56（0.86）	2.15（0.93）	1.56（0.80）
非汉字文化圈（20）	1.49（0.59）	1.82（1.11）	1.40（1.07）	2.04（0.94）	0.95（0.93）

表1-2显示，从平均成绩来看，两种母语文字背景的学习者对5种语义关系类型反义复合词词义的识解存在差异，加合型和引申型差异较大，其他类型差异不大。但从标准差不难看出，即便平均成绩相差不大，选择型、偏

义型和概括型这三类，非汉字文化圈学习者内部的个体差异还是较大，词义识解效果参差不齐。

我们利用 SPSS19.0 对学习者 5 种语义关系类型反义复合词的词义识解数据进行重复测量方差分析。结果显示，反义复合词语义关系类型的主效应显著，$F(4, 76)=7.74$，$p<0.0005$，说明学习者对 5 种语义关系类型的词义识解差异显著，即语义关系类型对学习者反义复合词词义识解有影响。p 之所以趋近于 0，可能是我们的测试词样本不够多，导致测试结果不够精确，但差异的显著性是毋庸置疑的。

方差分析结果显示，母语文字背景的主效应显著，$F(1, 19)=5.09$，$p=0.036$，说明汉字文化圈与非汉字文化圈学习者反义复合词的词义识解存在明显差异，即学习者反义复合词的词义识解受到母语文字背景的影响。

语义关系类型和母语文字背景之间的交互作用显著，$F(4, 76)=2.847$，$p<0.05$，说明一个因素要受到另一个因素的影响（舒华、张亚旭，2008：166）。在重复测量方差分析的基础上，进行简单效应检验。检验沿两个方向进行：检验 1 考察语义关系类型水平上的母语文字背景效应，结果显示，母语文字背景的差异仅对加合型的词义识解影响显著，$F(1, 19)=19.1$，$p<0.05$，对其他 4 类的词义识解没有特别大的影响。这说明，是否为汉字文化圈学习者对多数语义关系类型的词义识解没有影响。检验 2 考察母语文字背景水平上的语义关系类型效应，结果显示，在非汉字文化圈水平上，语义关系类型的简单效应显著，$F(4, 76)=4.56$，$p=0.02$；在汉字文化圈水平上，语义关系类型的简单效应也显著，且显著性水平更高，$F(4, 76)=6.35$，$p<0.005$。这说明，同非汉字文化圈相比，汉字文化圈中的语义关系类型效应更大。

4.2 中级二语者不同语义关系类型反义复合词的词义识解难度

为了深入探讨中级二语者反义复合词词义识解的具体差异，我们进一步从语义关系类型的角度对 40 名被试的测试成绩进行统计。结果如表 1-3 所示：

表 1-3 5 种语义关系类型及各测试词的平均成绩及标准差

语义关系类型			平均成绩（标准差）		测试词	平均成绩（标准差）
直接表义	双语素直接表义	加合型	1.746（1.609）	2.158（0.999）	胜负	1.7625（1.684）
^	^	^	^	^	黑白❶	3.15（1.388）
^	^	^	^	^	言行	1.5625（1.467）
^	^	选择型	^	1.808（1.001）	是否	2.7125（1.688）
^	^	^	^	^	早晚❷	1.5875（1.346）
^	^	^	^	^	迟早	1.125（1.321）
^	单语素直接表义（偏义型）		^	1.481（0.986）	舍得	1.35（1.484）
^	^		^	^	动静❶	1.6125（1.682）
间接表义	概括型		1.676（1.562）	2.096（0.951）	长短❶	2.575（1.506）
^	^		^	^	南北❷	1.675（1.363）
^	^		^	^	高低❶	2.0375（1.530）
^	引申型		^	1.255（0.928）	出入❷	0.525（0.887）
^	^		^	^	开关❶	1.425（1.614）
^	^		^	^	得失❷	1.8125（1.473）

表 1-3 显示，直接表义类比间接表义类平均分高，符合学习者更容易由直接表义的语素猜测、理解词义的一般规律；深入到两类内部的 5 种语义关系类型，加合型平均分最高，引申型平均分最低，二者相差近 1 分。前者词义最易识解毋庸置疑，后者词义并非语素义的加合，且发生了转类，因此难以识解。

从测试词来看，6 个词的得分高于平均分，"黑白❶"最高，高出平均分 1.4 分；8 个词低于平均分，"出入❷"最低，比平均分低 1.2 分以上。加合型中"胜负、言行"的分数比"黑白❶"低很多；选择型中"是否"的分数是"早晚❷、迟早"之和；引申型中"出入❷"的分数比"开关❶、得失❷"低很多。可见，在同一语义关系类型中，学习者词义识解的程度也是参差不齐的。

五、讨论

测试结果显示，语义关系类型和母语文字背景都对中级二语者反义复合词的词义识解产生影响，二者之间有一定倾向性的交互作用，即语义关系类型的差异对汉字文化圈与非汉字文化圈学习者的词义识解影响显著，但多数语义关系类型并不受汉字文化圈与非汉字文化圈差异的影响。基于此，我们将着重讨论语义关系类型对学习者反义复合词词义识解的影响。

5.1 直接表义类反义复合词的词义并非都易于识解

直接表义类的词义可由语素义直接推知，一般会认为这类词义都容易识解。但表1-3显示并非如此，加合型较易识解，选择型和偏义型并不易识解。

5种语义关系类型中，加合型最易识解。一方面，加合型的意义更像短语义，只要知道两个语素的意义，就能比较容易地识解词义；另一方面，中级学习者已初步具备汉语语素意识和结构意识，在理解加工复合词时，能够利用语素信息通达词汇意义（冯丽萍，2003a）。加合型的词义与学习者的词义加工方式吻合，因而识解效果最好。

若两个语素既常用又是成词语素，且词义应用了语素最常用的本义，如"黑白❶"，则词义最易识解；若两个语素含有学习者不太熟悉的语素义，如"言行"中的"行"，词义就不如前一种容易识解，如有些被试将"行"释为"能、可以"。虽然加合型总体上最易识解，但学习者若不能准确地识别其中的语素义，也会产生词义误解。

选择型和偏义型的词义虽是由语素直接表义的，但体现的是两语素之间的选择关系或偏指关系，而非语素加合义。这样的词义结构明显区别于加合型，是词汇化的结果，而词汇化的结果很可能影响学习者的词义识解（孟凯、崔言燕，2018）。

选择型两个语素义都保留，是或此或彼的选择关系。学习者往往不知是选择关系，仍用语素义加合的方式来识解此类词义，甚至将每个语素按自己最熟知的意义直接加合解释，如有 10 名被试直接将"迟早"释为"迟到和早上"。

偏义型是比较特殊的并列式，数量不多。一般是首语素义起作用，尾语素意义失落，甚至语音弱化。偏义型经历了意义偏指的词汇化。即使在语境中，学习者也不容易意识到偏义型的语义特点，仍会按加合型理解，如将"动静❶"释为"动的东西和静的东西"或"行动和安静"；有学习者意识到了偏指义，却把偏指性理解反了，如将"动静"释为"安静"。

此外，多义词的转类也会加大词义识解难度，如"早晚❷"，虚化导致词义由时间名词❶的加合关系转变为副词❷的选择关系，学习者如果不了解这一点，就不易正确识解"早晚❷"的意义。

5.2 间接表义类反义复合词的词义并非都难以识解

间接表义类的词义或由两语素义概括而来，或由语素义引申而来，难以由语素义直接推知。表 1-3 显示，这类词的词义并非都不易识解，概括型较易识解，引申型则难以识解。

概括型的得分仅次于加合型，比直接表义的选择型和偏义型都高。概括型的词义为语素义的概括和整合，通常表达的是上位义，虽是间接表义，语素义仍可提供部分语义信息或提示，对学习者的词义识解有一定帮助。概括型是比较典型的反义复合词，"在意义上转指包容对立的两极的上位概念"（董秀芳，2002：122），像由两个单音量度形容词性语素结合而来同样表量度的"长短、大小、多少、高低"等常用名词均属此类。这些词的构词语素都是特别常见、常用的形容词性单音节，学习者十分熟悉；频繁接触此类词也会令其语义特点逐渐固化在学习者的认知系统中，遇到此类生词，学习者也能较容易地识解出其词义。与之相比，"南北❷"识解得不太好，是因为两个方位名词性语素结合表量度，词义识解需要学习者进行更多的认知加工；且学习者对"南""北"的了解恐怕只停留在方位义，容易觉得二者是加合关系，所以不少被试将"南北❷"释为"南北❶"（南边和北边）。

有些引申型在历时演变中既发生了转类，义域又有所改变，学习者识解起这类词来比较困难。如"出入"由动词性语素"出"和"入"结合转为指"（数目、内容等）不一致、不相符的情况"①的名词，名词义强化了"出"和"入"的反义关系，义域由表位移动作转为表数目、内容等。学习者难以由字面义获知这两种转变，就出现了不少仍将"出入❷"释为原动词义的加合"出和入"，也有释为名词性的"出口和入口"。相较而言，"开关❶"虽然也转为名词，但其名词义与"开""关"的动作义关系密切，而且是常用词，学习者识解其词义的正确率比"出入❷"要高得多，尽管也有将其释为原动词义的结合"开灯和关灯"的情况。

有些引申型词性没有改变，只是引申义与原义的义域不尽相同，但这并不意味着其词义更易识解。如名词"得失❷"（利弊；好处和坏处）由名词"得失❶"（所得和所失；成功和失败）引申而来，由❶义表动作行为的结果转为❷义表事情或办法的利弊，学习者难以觉察二者之间细微的义域变化，甚至都不认为"得失"是个名词，直接将其释为"得到和失去"。

引申型往往发生了转类，义域也有变化，有些词义与原初语素义的距离比较远，学习者难以由语素义推知词义，其已有的语素意识反而可能对词义识解形成阻碍。如若过度强调语素意识和结构意识，将不利于引申型的词义识解。

5.3 反义复合词词义识解的难度

根据测试结果，中级二语者 5 种语义关系类型的反义复合词词义识解的难易度呈现出以下梯级（"<"表示"易于"，括号内为平均成绩）：

最易识解＜较易识解＜　较难识解　＜最难识解

加合型　＜　概括型　＜　选择型＜偏义型＜　引申型

（2.158）　（2.096）　（1.808）（1.481）　（1.255）

---

① 若无特别说明，词义均引自《现汉》第 7 版。下同。

这一难度梯级的形成与反义复合词不同语义关系类型自身的特点密切相关。加合型词义是语素义的直接相加，知道语素义，就很容易推知词义，最易识解；概括型词义由两语素义概括而来，语素义提供类义信息和概括的端点信息，两语素地位平等，较易识解；选择型与偏义型较难识解，因为学习者不了解这两类的语义关系，往往识解为加合型；引申型最难识解，因为无法由语素义推知词义的义域改变或词性转类，学习者依然倾向于将语素义直接相加。

上述词义识解的难度梯级体现出中级学习者对不同语义关系类型反义复合词的认知加工规律，也为相应的汉语第二语言词汇教学及教材编写提供了依据和参考。

六、教学启示

6.1 反义复合词需根据语义关系类型分类教学

第一，语素法与语境法的结合与分离。赵玮（2016）指出，词义为直接加合型的词语适合采用语素法教学，词义为引申型的词语应尽量避免采用语素法讲授。本研究的测试结果印证了这一观点。反义复合词教学中，加合型采用语素法教学，既利于学习者理解和记忆词义，又利于培养其语素意识。[①] 应以义项为单位讲解多义语素，以免学习者习惯性地过度类推语素的常用义，如将"言行"中的"行"释为"能、可以"就是不了解语素的多义性而过度类推常用义的典型例子。引申型不宜采用语素法，应让学习者在多样化的语境中理解词义，加深记忆。对于其他类型的反义复合词，可以既给出语境帮助学习者理解词义，又适当地讲解语素义之间、语素义与词义之间的关系，双管齐下，更利于学习者识解词义，掌握词语。如学习"早晚"时，可以先引导学习者了解"早"和"晚"指时间的早和晚，而不一定是他们经

---

① 并非加合型反义复合词的教学就不需要提供语境，所有词语的教学都应在语境中进行。我们只是想强调，相比于其他类型，加合型更适于语素教学法。

常使用的早上和晚上；再根据语境（如"他们早晚会回来的"）提示学习者"早晚"是"早或者晚"的选择关系，而非并列关系。

第二，及时归纳反义复合词的语义关系类型。有些反义复合词的语义关系类型比较特殊，如概括型通常由两个形容词性或方位名词性语素组合表示上位概念，多用于表量度。中级二语者已学习了一定量的反义复合词，但很可能没有意识到这些词的语义关系类型差异。因此，应该及时归纳总结不同语义关系类型的特点。如概括型，初级阶段已出现"多少、大小、前后"，中高级阶段学到"长短、南北、高低"时，教师可提示性地引导学习者一起归纳概括型的语义特点，指出可将其理解为"从……到……的距离"或"……的程度"。学习者在不断的归纳总结中会逐渐具备词汇的分类意识，再遇到类似的词，会有意识地归类分析。这不仅对反义复合词的学习帮助很大，对学习和掌握其他类型的词汇也大有裨益。

6.2 反义复合词的教学顺序宜与二语学习者词义识解难度匹配

中级二语者反义复合词的词义识解呈现出难度梯级，教学顺序若能与该梯级对应，由易到难展开，一方面能使学习者的词义识解和词语学习过程与其认知加工心理保持一致，另一方面也有助于教师针对学习者的词义识解程度调整教学方案和策略。如在教学过程中，若短时间（如同一课）内需要学习几个反义复合词，教师首先应归并这些词的语义关系类型，按照上述词义识解难度梯级由最易到最难的顺序安排教学。

当然，词汇教学的安排和调整会涉及很多问题，需要协调语法、功能、话题以及教材类型、课程设置等诸多因素，而国际中文教学涉及的反义复合词并不多，这就决定了按照词义识解难度梯级调整反义复合词的教学顺序实践起来难度很大。以教材编写为例，本研究被试使用的教材是《汉语口语速成》，其中的反义复合词较少，而且"多少、反正"等在前几课就已出现，但这些词并不是学习者最容易识解的加合型，它们的出现主要是为了与话题和语用表达相匹配。因此，某类复合词的教授受制于教材和教学的整体规划，在具体教学安排中能做到与学习者的理解和使用阶段相对应是最理想的。

　　词义识解的准确性往往是二语者能否正确使用词语的前提。本研究对二语者反义复合词词义识解的实证性分析表明，从学习者的角度深入、细致地研究汉语词汇的理解问题是十分必要而紧迫的，有待研究者探讨的复合词类型还有很多，希望本研究能为其他类型复合词的二语者词义识解及其影响因素研究提供参考和借鉴。

第二节　二语者名名类义并列复合词的词义识解[*]

一、引言

类义并列复合词是指由拥有共同的上位概念、因所指的某种联系而经常一起使用的两个语素构成的双音并列复合词，如"手脚、茶饭"等。词义或者为两语素的上位概念义，或者已发生隐喻或转喻，以后者居多，但隐喻或转喻的基础是上位概念义（丁喜霞，2004）。学界对于类义并列复合词这一概念也有其他见解（孙常叙，1956：103—104；赵元任，2002：198）。

类义并列是并列式中的一类，据张博（1996）统计，先秦时期，同义并列占并列式总词数的53.71%，类义并列占37.05%，反义并列占9.24%。相较于并列式复合词中的另外两类，类义并列式复合词的研究相对薄弱。我们认为这种研究现状与并列式复合词的分类有一定的关系，即类义并列复合词一度未成为并列式复合词中单独的一类，因此得到的关注也不够。

名名类义并列复合词是类义并列复合词中最具典型性的一类，尽管其他语言也存在表面上与名名类义并列复合词的构词特点相类似的名名组合词，如英语中的"wolf dog"，但这类词的意义多为拥有两种身份或特征的人或物，如"wolf dog"意为狼犬，即狼和狗的混种，意义透明，既不是指"狼"与"犬"的上位概念义，也不是其引申结果，与汉语名名类义并列复合词的表义特点存在很大差异。

我们通过北京语言大学HSK动态作文语料库检索二语者对汉语名名类义并列复合词的使用情况。其中，"手脚"一词的语例如下：

---

[*] 本节内容是在北京语言大学硕士学位论文《高级汉语二语学习者名名类义并列复合词的词义识解研究》（2017）的基础上修改而成的，作者为白安琪。

① 一会儿妈妈就跟我们说，我们俩就像她的手脚，如果手脚互相打的话，没有它们就算了。（印尼）①

② 妈回来时，看见我们三人手脚青一块红一块的，便略知一二了，妈看在眼里痛在心里！（马来）

③ 曾经为追断了线的风筝，伤了手脚，挨了鞭，也不曾放弃玩乐。（马来）

④ 例如，手脚不足，身体机能不正常。（日）

例①—③中的"手脚"都可以用"手和脚"替换，例④中"手脚不足"实际想表达的是"缺胳膊少腿"的意思，"手脚"不单指"手和脚"，是包括手脚在内的四肢。作为母语者，我们知道，"手脚"既可以用作短语，意义等同于"手和脚"；又可以用作词，《现汉》第7版收录了"手脚"的两个义项：❶指举动或动作；❷为了实现某种企图而暗中采取的行动（含贬义）。通过考察中介语语料库中"手脚"的使用，我们发现，与母语者相比，二语者更倾向于使用"手脚"的短语义。我们猜测这种倾向与二语者对此类词中两语素上位概念义提取不足有关。我们希望通过考察二语者对此类词的词义识解来检验这一初步猜想正确与否。

二、研究设计

本研究采用纸笔测试的方法，进行2×2两因素被试内实验设计。两个自变量分别为：整词语义透明度〔[3, 4)、[4, 5)两个等级〕和前、后位语素义与整词义相关度之差〔＞0（前语素与整词意义相关度更高）、＜0（后语素与整词意义相关度更高）〕，因变量为词义识解成绩。

2.1 研究假设

语义透明度影响词汇加工的研究（王春茂、彭聃龄，1999；高兵，

---

① 例句后括号内为二语者的母语背景，下同。

2004；张积家、杨晨，2015）、语义透明度影响词义猜测的研究（郭胜春，2004；刘伟，2004；张江丽，2010）均表明，语义透明的词加工速度快，词义易猜度高。如张江丽（2010）的实验研究发现，词义与语素义之间意义的融合程度越高，被试猜测的难度越大；词义与语素义之间关系的复杂程度越高，被试猜测词义的成绩越差。因此我们假设：整词语义透明度越高，词义识解难度越低。

现代汉语中，定中式所占比重最大，正如周荐（1991）所指出的，《现汉》所收录的双音复合词中，定中格占43%。就名名复合词来说，"定中式复合词是名词性复合词的主要结构类型"，"定中式复合词的主要语义模式可以代表名词性复合词的主要语义模式"（董秀芳，2004：132）。一般说来，定中式复合词中，"中"的语义对词义识解更重要。我们猜测，二语学习者在对一个新的双音名名复合词进行词义识解时，难免会受到这种"后重"思维模式的影响。因此，我们假设后语素义与整词意义相关度更高的词比前语素义与整词意义相关度更高的词更易识解。

综上，我们的研究假设是：

（1）整词语义透明度越高，词义识解难度越低。

（2）后语素义与整词义相关度更高的词比前语素义与整词义相关度更高的词更易识解。

2.2 被试

被试为北京语言大学汉语学院本科四年级的48名留学生，汉语水平达到了高级。选择高级水平汉语二语学习者作为被试的原因在于，名名类义并列复合词虽然主要是由较常用的类义语素构成的，但整词义往往是两语素的上位概念义或隐喻义、转喻义，初、中级二语学习者词汇积累有限，对此类词进行词义识解难度较大；而且，初、中级二语学习者接触的此类词也不多。

本节被试中1人未提供个人信息，其余47人的母语背景和人数分布为：泰语 16 人（女 13 人、男 3 人），韩语 16 人（女 11 人、男 5 人），马来语 4 人（女 1 人、男 3 人），西班牙语 3 人（女 1 人、男 2 人），土耳其语 2 人（女），日语 1 人（女），英语 1 人（女），哈萨克语 1 人（女），意大利语 1 人（女），德语 1 人（女），俄语 1 人（女）。被试平均年龄为 23 岁。

2.3　测试材料

研究对象的确定步骤如下：

第一步，对《现汉》第 7 版进行穷尽性筛查，根据"名名""类义""并列"等标准对语料进行剔除。所选词需满足：（1）词中两语素的常用义为名词性的；（2）词中两语素为并列关系；（3）词中两语素意义边界清晰，无明显的同义、反义关系，无偏义关系；（4）两语素的常用义有一个共同的上位概念，且词义不表示两语素的关系义。

第二步，删去语素义或整词义晦涩的词语。

第三步，严格按照被试使用过的教材筛选词语。我们查阅了被试学过的所有教材[①]，以保证从被试的整体水平来说，实验词语为语素已学、整词未学的"熟字生词"。

第四步，对第三步筛选出的词进行语义透明度评分，根据测评结果进行词语匹配。在此基础上，对有共同语素的词，只保留其中更符合匹配条件的那一个。

实验词筛选过程依赖于词的语义透明度评分结果，我们的语义透明度测评采用了 5 度量表，评定者为 37 名北京语言大学语言学背景的研究生。我们要求评定者对 120 个名名类义并列复合词的前后语素与整词义的相关度做出评定，如对"手脚"一词，需分别评定"手"与"手脚"、"脚"与"手脚"的语义相关程度。5 度量表中，1 代表语义完全不相关，5 代表语义紧密相关。每个词前位语素的 37 个评分取平均值作为前位语素与整

---

① 由于测试安排在被试四年级上学期刚开学时，因此查阅的是被试一到三年级所学教材。

词义相关度得分，后位语素的37个评分取平均值作为后位语素义与整词义相关度得分，二者再取平均值作为整词语义透明度得分。我们的实验指导语已明确，评定者对于拥有多于一个意思的词语，按照其想到的第一个意思来评分。此外，如果对某个词语作为名名类义并列复合词的身份存疑或者持否定态度，评定者需在最后一栏标"否"。在整理数据时，对于标"是"或未标的，我们都默认为评定者同意我们将这些词作为名名类义并列复合词。

根据语料评定结果，整词语义透明度分布在三个区间：[2，3）、[3，4）和[4，5）[1]。我们根据以下两条标准继续筛选实验词：

（1）所选词在自变量不同水平上数量匹配且没有相同的汉字

由于处于[2，3）这一区间的词相对较少，为了保证区间内的词在数量上相匹配，我们仅选取[3，4）和[4，5）两个区间，将整词语义透明度这一变量的水平定为2。

为了避免词素累积频率的影响，我们将符合条件的词进行了进一步的筛选，即所选的词中不能有相同的汉字，如含有"头"的词有"头领""头目"，含有"心"的词有"心血""心胸"，含有"血"的词有"心血""骨血"，我们只保留了"头目""心胸"和"骨血"。

（2）整词低频，前后字高频

前、后字在《等级划分》中只能处于普及化或中级水平，整词处于高级、附录词或未出现在《等级划分》中[2]。再通过《现代汉语常用词表（草案）》（下文简称《常用词表》）进行核对，以保证整词频序号远高于前后字的频序号，即保证前、后位语素的高频性和整词的低频性。根据数量匹配得到的26个词均满足上述条件，即：笔墨、才艺、茶饭、词语、儿孙、骨血、花鸟、机电、粮草、年月、牛马、农林、权能、声像、时空、手脚、书刊、

---

[1] 中括号[ ]表示包含这个数值，括号（ ）表示不包含这个数值。下同。
[2] 未出现于《等级划分》的词等级应该更高，符合低频词的要求。

头目、土木、心胸、性状、牙口、音容、枝叶、字画、嘴脸。

这 26 个测试词的类义理据如下：

笔墨：古代写字、画画儿的必需用品。

才艺：人的、抽象的、好的东西。

茶饭：饮食。

词语：语言单位，可单用。

儿孙：亲属称谓，后代。

骨血：人体部件，与遗传有关。

花鸟：自然界代表春天的事物。

机电：机械和电力、电子设备的合称。

粮草：军队打仗需要的东西。

年月：相对较长的时段单位。

牛马：动物中的家畜，用于劳动。

农林：农业和林业，农村重要的产业。

权能：与人的能力有关。

声像：可用感官感觉到的声音和图像两种形式的东西。

时空：与三维世界的定位范畴有关。

手脚：四肢，与行动有关。

书刊：供阅读用的。

头目：都是人身体的一部分，都是在上、在前的东西。

土木：以前盖房用的主要材料。

心胸：上半身的器官，用于容纳，主管全身或呼吸。

性状：事物的内外样态。

牙口：头部的器官，吃东西的。

音容：可用感官感觉到的两种形式的东西，常用于对一个人的回忆。

枝叶：树的一部分。

字画：承载于纸上的两种形式的写意。

嘴脸：头部的器官。

测试词在两个自变量上的匹配如表 1-4 所示：

表 1-4　26 个名名类义并列复合词测试词的因素等级匹配信息

整词语义透明度	>0（前语素与整词意义相关度更高）	<0（后语素与整词意义相关度更高）
[3, 4)	头目、牙口、权能、枝叶、心胸、机电	茶饭、嘴脸、骨血、性状、土木、手脚、笔墨
[4, 5)	词语、粮草、时空、书刊、声像、农林、年月	才艺、花鸟、字画、音容、儿孙、牛马

需要指出的是，在对测试词前后位语素义与整词义相关度之差这一自变量的控制上，我们保证前语素与整词意义相关度更高的 13 个词和后语素与整词意义相关度更高的 13 个词形成一一对应，这种对应满足以下两点：其一，对应的两个词其相关度更高之差的绝对值大致相同，如"词语"的相关度之差（1.08）与"茶饭"的相关度之差（-1.03）绝对值大体相同（整体对应如表 1-5 所示）。其二，具有对应关系的两个词，其语素所属的语义范畴相同，如"头目""嘴脸"两个词的构词语素均为人的头部部位或其组成部分，且尽可能使语素所属的语义范畴多样化，避免因只选了其中一种或几种范畴而影响被试的词义识解。本研究中测试词的构词语素所涉及的范畴包括人体器官、饮食、时间、人称、工具、人的抽象能力、自然物等。

2.4　施测

对被试进行个别施测，要求被试在不查词典和手机、不问他人的情况下猜测目标词的词义，并鼓励被试写出多个答案（测试问卷见本节附录）。被试可以按照自己的时间和速度完成测试，被试实际完成测试的时间均少于 1 小时。

表 1-5　26 个名名类义并列复合词测试词的两因素具体值对照情况

词	整词语义透明度	前、后位语素义与整词义相关度之差	词	整词语义透明度	前、后位语素义与整词义相关度之差
词语	4.05	1.08	茶饭	3.86	-1.03
粮草	4.07	0.78	才艺	4.05	-0.70
头目	3.22	0.54	嘴脸	3.26	-0.30
牙口	3.77	0.51	骨血	3.43	-0.32
时空	4.19	0.05	花鸟	4.39	-0.08
权能	3.92	0.27	性状	3.92	-0.16
书刊	4.15	0.19	字画	4.28	-0.19
声像	4.16	0.05	音容	4.14	-0.11
枝叶	3.89	0.27	土木	3.49	-0.11
心胸	3.45	0.03	手脚	3.80	-0.03
农林	4.23	0.24	儿孙	4.19	-0.16
年月	4.05	0.05	牛马	4.01	-0.08
机电	3.97	0.32	笔墨	3.76	-0.38

2.5　评分标准

2.5.1　评分依据

测试结果的评分标准主要参考《现汉》的释义，但我们在评分时不拘泥于词典释义，只要被试解释的意思合理即可。

2.5.2　答案模式

根据类义并列复合词的定义，我们总结出正确的识解步骤：

（1）A 和 B 分别是什么意思？

（2）它们组词能否说得通（语言内部调适）？

（3）判断出是并列结构。

（4）A 和 B 有什么共同点？

（5）这些共同点可能用于哪些范畴？代表什么意义？

2.5.3 分数分配

答案模式是我们在遵循名名类义并列复合词定义的基础上结合所有被试的作答情况编写的。我们较注重被试的类义并列解释意识，故在分数分配时有所偏向。这一点或许与以往研究不同。

根据类义并列复合词的定义，借鉴江新、房艳霞（2012）的数据编码方式，我们最终制定了以下评分细则（满分5分，最低0分）：

（1）未作答0分；用原词解释0分；

（2）单义词按最优词义识解结果[①]评分；测试词为多义词时，写对一个意义即可；

（3）语素义基础分值：每个语素1分，词义识解结果和测试词中语素的实际意义没有语义上的交叠，记0分；两者有一些模糊的语义范畴相关，记0.5分；与测试词语素义相同，记1分。

（4）结构义分值：解释为并列结构记1分，解释为其他结构记0分。如将"茶饭"释为"跟饭一起吃的茶店"，将"空间"释为"有空的时间"，将"才艺"释为"艺术的才能"，均记0分；

（5）词性分值：词义识解结果与测试词的词性一致记1分（两个语素作为整体，不再单独计分），不一致记0分。如将"茶饭"释为"喝茶吃饭"，是用动词性结构解释名词性结构，词性记0分。需要注意的是，只解释一个语素时不管词性，词性错了其实算作意义相关，不另外扣分。

（6）范畴分值：在词性正确的基础上，范畴正确记1分，不正确记0分。如"头目"释为"脑袋和眼睛"，落脚点在人体器官范畴，而正确释义应指向"人"范畴，故此词的范畴得分为0。

（7）感情色彩分值：未标明感情色彩，不扣分，如将"嘴脸"释为"面

[①] 由于测试指导语引导被试尽量写出测试词的多个意义，我们选择解释最好的作为"最优"解。如将"头目"释为"1.头和眼睛。2.题目。"1当为最优解，分数最高。

貌"或"不喜欢的人的脸",都记 5 分,尽管前者未体现出贬义;若体现出感情色彩,适当加分,如"嘴脸"的词义解释含"丑",加 0.5 分。

有一点需要注意,上述 7 点中,3 至 6 是按先后顺序累计计分的,即后一项分值以前一项分值为前提,如结构分是以语素义正确为前提的,如果语素义完全不正确,那么即使答案模式为并列式,也得不到结构分。只有在语素义正确或部分正确的前提下,才能累加结构分、范畴分等。

三、结果

3.1 测试结果总体分析

高级汉语二语学习者名名类义并列复合词词义识解得分的平均值及标准差如表 1-6 所示:

表 1-6 高级汉语二语者名名类义并列复合词词义识解平均值及标准差

整词语义透明度	前、后位语素义与整词义相关度之差 >0	前、后位语素义与整词义相关度之差 <0	人数
[3, 4)	2.0694（0.93720）	2.6726（0.97792）	48
[4, 5)	2.2009（0.98564）	2.5104（0.87614）	48

两因素方差分析结果显示,整词语义透明度主效应不显著,$F(1, 47)=0.041$,$p>0.05$;前、后位语素义与整词义相关度之差主效应显著,$F(1, 47)=0$,$p<0.001$;整词语义透明度和前、后位语素义与整词义相关度之差两因素的交互作用不显著,$F(1, 47)=2.695$,$p>0.05$(见图 1-1)。

由图 1-1 可知,整词语义透明度在 [3, 4) 和 [4, 5) 时,前、后位语素义与整词义相关度之差 < 0 的词词义识解分数明显高于 >0 的词,当整词语义透明度在 [3, 4) 时,这种差距更加明显。

前、后位语素义与整词义相关度之差等级的 LSD 成对比较结果见表 1-7。

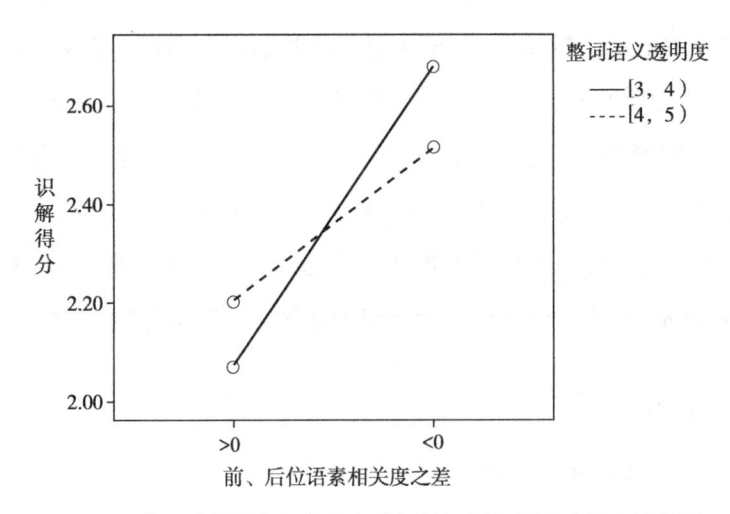

图 1-1　前、后位语素相关度之差与整词语义透明度的交互作用

表 1-7　前、后位语素义与整词义相关度之差水平的成对比较结果

(I) 前、后位语素义与整词义相关度之差 >0	(J) 前、后位语素义与整词义相关度之差 <0	均值差值 (I-J)	标准误差	Sig.	差分的 95% 置信区间[b] 下限	上限
1	2	-.456*	.097	.000	-.651	-.262
2	1	.456*	.097	.000	.262	.651

注：* $p<.05$。

由表 1-7 可知，前、后位语素义与整词义相关度之差 >0 的词词义识解得分显著低于 <0 的词（$p<0.001$）。

3.2　语义透明度典型个案分析

针对整词语义透明度对名名类义并列复合词的影响并不显著这一结果，我们重点对"头目"和"时空"进行分析。二者均为前、后位语素义与整词义相关度之差 >0 的词，主要差异在于整词语义透明度，"头目"的语义透明度在 [3，4），"时空"的语义透明度在 [4，5）。两词的词义识解分数如表 1-8 所示：

表1-8 "头目""时空"的词义识解平均分及各得分段人数分布（总人数48）

词	平均分	5分	4分	3分	2分	1.5分	1分	0.5分	0分 无关	0分 未作答
头目	2.66	18	7	0	1	0	4	7	8	3
时空	2.83	20	0	0	1	18	7	0	1	1

由表1-8可知，两词的未作答数均较少，识解结果与词的正解完全无关的人数却相差较大（"头目"为8，而"时空"仅为1）。此外，两词的词义识解分布也不同，"头目"的词义识解结果集中在5分、4分、1分和0.5分，"时空"的词义识解结果集中在5分、1.5分和1分。

我们再看一下两词词义识解的具体情况（见表1-9）：

表1-9 "头目""时空"词义识解情况

得分	头目	时空
5	领导（人）；首领；带头的人；地位最高的人；公司地位最高的人；不好的人，跟大佬的意思差不多一样；一个团体的代表；头子；领导，先行的人；老大；大哥，老板；在组织里地位最高的人；组织的家长	时间（与/和）空间；时间和空间混在一起
4	脑袋/头和眼睛；最上面；最前面，第一；在某个方面可能是最重要的东西或事情	——
3	——	——
2	头上的眼睛	时间的空间
1.5	——	有空的时间/空时间；多余的时间；有空的时候；有时间；与时间有关；空闲
1	头，目前；外貌；头部，脑子；在身体上的眼睛	时间；永远；空间
0.5	人的五官；绪论，开头；开头，开始；第一个节目；某种事的开始	——
0	目的；目录；头绪，思绪；题目；智慧；我们上课；用的机器，为了PPT	时空

由表 1-9 可知，虽然"头目"的语义范畴发生了转变，提高了词义识解的难度，但是大多数被试都能概括出其上位概念义，并准确解释出其范畴义。"时空"虽只需将两语素义并置即可，但是由于多数被试对其结构识解错误，导致无法准确把握其意义。相比较而言，"头目"因结构识解错误而失分的情况极少，仅"头上的眼睛"一例识解错误。虽然仅就"头目"和"时空"两个词识解结果的比较而言，前者的语义识解得分低于后者，符合我们的预期——整词语义透明度越高，词义识解难度越低，但是我们也可以从中看出，对词的结构的识解在一定程度上干扰了整词语义透明度对名名类义并列复合词词义识解的影响，对词的结构识解的差异也许是整词语义透明度影响效应不显著的重要原因。

3.3 前、后位语素义与整词义相关度之差典型个案分析

前、后位语素义与整词义相关度之差水平的主效应显著，＞0 的词词义识解得分明显低于＜0 的词，这可以"牙口"和"嘴脸"为例来展开分析。二者的构词语素所属的范畴相近，"牙""口""嘴""脸"均属于面部器官，其整词语义透明度均在 [3, 4) 区间；不同之处在于，"牙口"的前、后位语素义与整词义相关度之差＞0，而"嘴脸"＜0。虽然两词中"嘴"和"口"意义相同，可能存在顺序效应，但是"嘴脸"的"嘴"在前，"牙口"的"口"在后，而"嘴脸"的词义识解得分高于"牙口"，故二者的顺序效应可忽略。两词的词义识解分数如表 1-10 所示：

表 1-10 "牙口""嘴脸"的词义识解平均分及各得分段人数分布（总人数 48）

词	平均分	5分	4分	3分	2分	1.5分	1分	0.5分	0分 无关	0分 未作答
牙口	1.89	3	11	2	3	0	19	1	0	9
嘴脸	2.80	19	3	3	1	0	14	5	3	0

由表 1-10 可知，"牙口"的词义识解得分明显低于"嘴脸"，"牙口"的未作答数较多（"牙口"为 9，"嘴脸"为 0），"嘴脸"的识解结果与词的正解无关的人数多于"牙口"（"嘴脸"为 3，"牙口"为 0）。此外，两词的词义识解分布呈现如下特点：二者均没有 1.5 分的解释，总体分布较为分散，"牙口"的词义识解结果最集中的在 4 分和 1 分，"嘴脸"的词义识解结果最集中的在 5 分和 1 分。

我们再看一下两词词义识解的具体情况（见表 1-11）：

表 1-11 "牙口""嘴脸"词义识解情况

得分	牙口	嘴脸
5	一种人的五官，用咬食物和进食物；用吃饭；牙齿，嚼有关的	面貌；不喜欢的人的脸；容貌；外貌，面目；人的外貌；外貌，外表；一个人的表情；脸，一个人长的样子；一个人的长相；脸色；面貌，容貌，表情；脸色；模样；脸的样子
4	牙（齿）和嘴巴；口语的，老人用；嘴和牙；牙和口；咬、吃；牙齿和口	低人看见对方说话的上面人体；嘴和脸
3	嘴里，牙齿；在嘴里的小东西	全部的脸；整个（的）脸
2	牙的情况；牙的样子	在脸上的嘴
1.5	——	——
1	口；牙；开口；牙齿；嘴；嘴巴；牙齿大牙；牙的一部分；口里	嘴；美脸；脸；脸的样子；嘴巴；让别人笑起来的脸；面
0.5	说的话	面子；老样子；说话很多；丑；阴谋，坏的思想
0	——	工作的工具；动作；想法

由表 1-11 可知，对于"牙口"，被试倾向于用语素义并置的方式解释；而对于"嘴脸"，以语素义并置方式解释的则较少。我们认为，被试对"嘴脸"上位概念义的概括意识较强，这表现在两方面：首先是"嘴脸"得 5 分的解释较多，其次是即使那些不正确甚至完全错误的答案，若从上位概念角

度来观察的话，也能发现其合理之处。正是这种较强的概括上位概念义的意识使"嘴脸"的词义识解得分远远高于"牙口"。

整体而言，高级汉语二语学习者对名名类义并列复合词词义识解的得分较低，所有测试词的词义识解平均得分均落在（2，3）这一区间。由于我们的计分方式尤其强调被试对词语结构识解和上位概念提取意识这两方面，因此识解得分不高这一结果可以反映出高级汉语二语者对并列结构识解不足和上位概念提取能力的不足。

四、讨论

4.1 语义透明度对名名类义并列复合词词义识解的影响

整词语义透明度的测试结果与我们的假设不同。以往研究（郭胜春，2004；张江丽，2010）表明，语义透明度是影响词义猜测的一个重要因素，透明词的猜词效果显著好于不透明词。据此我们做出的假设为：名名类义并列复合词的整词语义透明度越高，词义识解难度越低。但是本研究结果显示：整词语义透明度对名名类义并列复合词的词义识解影响并不显著。我们认为这是由名名类义并列复合词中两个构词语素义不同但又密切相关这种特殊的意义关系造成的。二语者在对这类词的词义进行识解的过程中需要反复调适语义，环节较多，词义识解出错率增大，致使此类词义的整体识解难度偏高。例如，若在最后一步上位概念的提取上出现了偏差，就会导致整词词义识解出现偏差，如将"嘴脸"释为"工作的工具"（0分）。我们推测，做出此种解释的被试清楚地知晓"嘴"和"脸"的意义，且判断出该词为并列结构，整词具有名词性质。而且，被试又具有清晰的提取上位概念的意识，仅因最后一步上位概念的提取失败而使词义完全偏离。被试做出上述解释可能是基于这样一种观点：良好的口才和美貌是现代社会工作中的重要方面。仅从这一点考虑，这种解释有一定的合理性。

不过，需要指出的是，虽然我们说整体上高级汉语二语学习者对并列结构识解不足，上位概念提取能力不足，但不可否认的是，这种概念抽象意识与能力存在较大的个体差异。在我们收回的所有测试问卷中，有几名被试的词义识解结果都体现出了清晰的概括上位概念的意识，其中一份引起了我们的特别关注，摘取其中一些例子[①]来看（括号内为词义识解得分）：

头目：人的五官。（0.5分）

茶饭：饮料和饭菜。（5分）

粮草：给动物吃的。（1分）

嘴脸：低人看见对方说话的上面人体。（4分）

牙口：一种人的五官，用来咬食物和进食物。（5分）

骨血：一种人体里面。（3分）

花鸟：每天早上会看到什么在树上。（2分）

权能：人用来控制下面的人。（5分）

书刊：用来增加知识的东西。（5分）

枝叶：树上的东西。（4分）

土木：一种建筑，不过用土和木的。（5分）

心胸：我们呼吸的时候会感觉到。（3分）

手脚：可以使人走和拿东西。（4分）

年月：年月日，告诉人的日子。（4分）

牛马：农村人用来种地和拉东西。（4分）

机电：现代我们是不可缺少的东西。（2分）

笔墨：用来写字的东西。（4分）

以上这些词的解释有些完全正确，有些有所偏离。但我们认为，对名名类义并列复合词而言，清晰地抽象出两语素共同的上位概念的思维是产生正

---

① 均为测试问卷中词义识解的原有表述，未做任何修改。

确识解的基础，只要给予适当的语境辅助，就会产生较为准确的词义识解。而且，如果被试具有积极的抽象两语素上位概念的意识，在词语使用时也不容易产生将名名类义并列复合词当作短语使用的现象。

与此形成鲜明对比的是，有一些被试的大部分词的解释都只涉及一个语素义，或者对应该进行上位概念提取的词仅将两个语素义并列而置，未做进一步概括。如：

茶饭：茶叶和米饭。（1分）
手脚：手和脚。（4分）

只解释复合词中的一个语素义，或者以短语形式解释产生引申义的复合词，原因均在于被试无法找到两语素之间的内在联系。而以短语形式解释产生引申义的复合词，是大部分被试采用的一种较为保险的词语释义模式。这种词义识解特点若体现在使用上，就容易产生使用复合词短语义的倾向。

当然，另有一些被试虽也未能提取出两语素的上位概念，但原因在于对复合词结构识解有误。如：

茶饭：用茶叶做饭。（2分）/用茶做的饭。（2分）

对于这种词语结构判断错误，我们认为有两点原因：一是根据关系竞争理论（Gagné & Shoben，1997、2002），人们理解一个陌生的概念组合时，首先不是比较两个概念的相似程度，而是要从长时记忆中提取已有关系的信息，概念合成过程就是主题关系选择的过程。[①] 由此我们推断，在面对名名复合词时，学生倾向于解释为偏正式，是因为名名组合以偏正式为主（周荐，1991；董秀芳，2004：130；苏宝荣，2017）。二是受到二语学习者母语的影响，由于在英语、法语、德语中，与名名类义并列复合词最接近的一

[①] 此理论是在对比"关系解释"和"属性解释"时提出的，指出对名名组合的解释偏向于关系解释。我们在此用于对比"类义概括"和"偏正解释"。

小类词多表示一个事物的多重身份（如本节开篇所举"wolf dog"），这种意义即使解释为偏正式也并未发生太大改变，因此被试在识解汉语名名类义并列复合词时也容易选择偏正式。当然也不能否认，上位概念概括不足这一事实也与并列结构自身连续统的性质有一定关系。"词与短语之间有一个连续性，复合词处于此连续性之中，一头连着词，一头连着短语，所以既具有词性又具有句法性。"（黄月圆，1995）马清华（2005：197）也指出，就二项并列结构而言，其语序的自由度存在一条与"字句并列——语并列——词并列——语素并列"级别降等相对应的"自由——凝固"的连续统，这使得某些情况下将复合词当作短语使用也未尝不可，而且短语是可以逆序使用的。从北京大学CCL语料库中检索到的"手脚"作为短语使用的例子就证明了这一点。但这是语言使用灵活性的体现，对汉语二语学习者的教学不能满足于此。况且，对很多名名类义并列复合词来说，将构词语素的意义并置来解释词义是错误的。若二语学习者停留在词义识解的表层，用惯了短语义，那么将对类义并列复合词的词义识解与使用造成很大的负面影响。为了避免这种情况发生，汉语二语教学要更加注重培养学生提取语素上位概念的意识。

4.2 前、后位语素对名名类义并列复合词词义识解的影响

从研究现状来看，与本研究关系最紧密的是针对并列式合成词词汇判断的实证研究。关于并列式合成词中两语素对词汇判断的作用，主要有三种观点：Taft & Forster（1976）认为，合成词中的第一成分在词汇判断时起关键作用；Zhang & Peng（1992）认为，汉语并列式合成词中的两个成分在词汇识别时同样重要；王文斌（2001）的研究结果却表明，在汉语并列式合成词的词汇通达过程中存在一条证实原则：第一成分的语义需要得到第二成分的语义的证实。若第二成分的语义相应于第一成分的语义，而且整词的语义相同于各成分的语义，那么词汇通达所需的时间就会少一些；否则，所需的时间就会多一些。

我们的研究结果表明：后位语素与整词相关度更高的名名类义并列复合词，其词义识解难度较低。此外，我们还发现很多被试在对一些词进行解释时，将后一语素的意义提到了前边。如将"手脚"释为"可以让人走和拿东西"，将"书刊"释为"杂志和书"，将"粮草"释为"蔬菜、五谷"，将"笔墨"释为"磨墨，用笔写字"。

根据本研究的以上两点发现，我们做出了类似于王文斌（2001）的推断：名名类义并列式复合词的词义识解也存在一个证实的过程，即后位语素的语义识解程度影响前位语素的语义识解，虽然在词语加工时一般遵循从左到右的原则，但由于名名类义并列复合词中两语素平等并列，且需概括上位概念，因此从左到右的识解顺序可以被打破。这一证实过程具体如下：

（1）初步识解前位语素；

（2）初步识解后位语素；

（3）回看前位语素，检查前、后位语素的意义能否解释得通。如果能，则基于两语素的意义，结合结构义确定整词意义；如果不能，则须再做调整，找到一个平衡点，归纳出上位概念。

调适过程可能要重复多次，直到语义合理，最终确定词义。因此，对后位语素义的初步识解是极为关键的一步，起着承上启下的作用。当整词语义透明度处于同一区间时，后位语素义与整词义相关度越高，词义识解得分越高，意味着词义识解难度越低。由于在我们的评分原则中，结构义和上位概念的归纳能力（包括词性和范畴）所占分值较高，因此词义识解得分可以作为结构意识和上位概念提取意识的指示，即：词义识解得分越高，被试的结构意识和提取上位概念的意识越强。

本研究中的名名类义并列复合词不包括偏义复词，也不包含语素义不对等的词，而是两语素地位平等并列的词。此类词后位语素义与整词义相关度高于前位语素义时，词义识解难度低。这是本研究一个比较重要的发现。

五、教学建议

目前，无论是国际中文教学大纲性质的《等级划分》，还是国际中文教材，所收的类义并列复合词比例都较小，这意味着此类词语大多需要二语学习者通过阅读等方式识解并学会使用。那么，教师通过少量的词进行更高效的引导，培养学生概括上位概念的意识和能力就显得尤为重要。基于本节的研究结果，我们对相关的汉语二语教学提出三点建议：

（1）区别对待名名类义并列复合词

相较于前位语素义与整词义相关度更高的词，后位语素义与整词义相关度更高的词更容易激活二语学习者对名名类义并列式复合词的结构辨析意识和提取上位概念的意识，因此，也更适合作为引导和培养二语者名名类义并列式复合词结构意识和提取上位概念意识的例子。

我们建议国际中文教师在对名名类义并列复合词进行教学的过程中，由后位语素义与整词义相关度更高的词，如"茶饭、花鸟"等引入，帮助二语者培养类义并列结构意识和概括上位概念的意识和能力，从而促进二语者对名名类义并列复合词的整体习得与系统掌握。待二语者熟悉了类义并列复合词词义识解特点后，面对新的类义并列复合词时才能更迅速、更准确地进行词义识解，从而促进其对此类词的掌握和使用。

（2）名名类义并列复合词的教学主要针对中高级汉语二语者

类义并列复合词词义识解遵循一定的规律和步骤，类义并列结构意识和概括上位概念的意识、能力要以一定的汉语词汇积累与概念体系的形成为基础，因此对这些意识和能力的培养更适合中高级水平的汉语二语学习者。

（3）借助词典帮助二语学习者完善汉语概念结构

系统训练的效果应该好于单个词语的学习，在阅读课中遇到这类词时要加强词义识解方法的引导。二语学习者的词汇积累达到一定程度（如中级水平）以后，可以督促其尝试使用义类词典[①]，以助其较早形成完整的汉语概念体系。而汉语概念体系的形成有助于包括类义并列复合词在内的不同类型汉语复合词的词义识解、记忆与词语使用。

∷ 附录 ∷

词义识解测试问卷

你的问卷只有我能看到（你的老师、同学都不会看到）。这不是一次考试，所以不要害怕写错。我的研究中会用到你的答案，但读者不会知道是你写的。你的答案能帮助我更好地发现留学生汉语学习的特点，并帮助更多像你一样的留学生更好地学习汉语。非常感谢你的参与！

I will be the only reader to your questionnaire (it will not be exposed to your teachers or your classmates). This is not a real test, so don't be afraid to make mistakes. Your answers will be one part of my research, but the readers won't know they are yours. Your answers are very important for me, and they will help me get a better understanding of the characteristics of Chinese learning. I hope I can help more foreign students like you with their Chinese. Thank you so much for your participation.

年级（grade）：_____　　HSK 等级（HSK level）：_____
母语（mother tongue）：_____　　年龄（age）：_____
性别（gender）：_____　　姓名（name）：_____

请你写出下面 26 个词的意思，不要用词典和手机，不要问其他人，不会写的汉字可以写拼音，希望你写出所有的词的意思。

[①] 我们推荐二语学习者使用《简明汉语义类词典》（林杏光、菲白编，1987）。

例：课本：<u>上课用的书</u>。[①]
　　　　<u>上课用的 shū</u>。

如果有一些词，你觉得它有两个或三个意思，我们希望你把它所有的意思都写出来，怎么想的就怎么写。

例：课本：1._____。2._____。

头目：_____。

茶饭：_____。

粮草：_____。

才艺：_____。

词语：_____。

嘴脸：_____。

牙口：_____。

骨血：_____。

时空：_____。

花鸟：_____。

权能：_____。

性状：_____。

书刊：_____。

字画：_____。

声像：_____。

音容：_____。

枝叶：_____。

土木：_____。

心胸：_____。

手脚：_____。

[①] 在做预实验时，我们曾就所举例子询问被试的意见，被试均表示例子不会造成解释上的诱导。

农林：_____。

儿孙：_____。

年月：_____。

牛马：_____。

机电：_____。

笔墨：_____。

第三节　语义结构和母语文字背景对二语者
名动偏正复合词词义识解的影响 *

一、引言

　　名动偏正复合词指的是名词性语素对动词性语素起修饰限定作用的偏正复合词，如"冰雕、笔答、面试"。作为古汉语遗留的构词法，偏正式"名＋动"这种构词方式能产性较低，现代汉语中的双音名动偏正复合词大多由短语词汇化而来，只有少量是由构词法在线类推产生的，所以这类复合词的数量总体较少。据苏宝荣（2017）统计，《现汉》第6版中的名动偏正复合词有397个，仅占偏正复合词总数的3.8%。尽管数量较少，但其地位却非常重要。这不仅取决于名动偏正这种特殊的构词方式，还取决于很多名动偏正复合词较高的使用频率，是汉语二语学习者需要习得的重要内容。综观现有研究，学界对名动偏正复合词的关注还不够，仅有的研究主要还是从本体方面展开讨论的（萧世民，2001；徐正考等，2010；吉丽娜，2012等），针对二语学习者名动偏正复合词的实证研究还没有展开。

　　我们在国际中文词汇教学中发现，二语学习者在面对不同的名动偏正复合词时，词义识解效果有很大差异。比如，"春游""面试"的识解效果较好，但是"路检"的识解结果却不甚理想，二语学习者会将"路检"解释为"检查道路""检查路边情况"等。语法结构相同的名动偏正复合词，词义识解效果之所以会有如此大的差异，是因为其识解难度不一。而造成词义识解难度不同的一个原因是语义结构的不同，如"春游"的语义结构是"时间＋动作行为"，"面试"的语义结构是"方式＋动作行为"，"路检"的

---

* 本节内容是在北京语言大学硕士学位论文《语义结构对汉字圈和非汉字圈学习者汉语名动偏正复合词词义识解的影响研究》（2018）的基础上修改而成的，作者为袁飞。

语义结构是"处所+动作行为"。那么,语义结构又会对名动偏正复合词词义识解产生怎样的影响?不同语义结构名动偏正复合词的识解序列是怎样的?这些问题值得深入探究。

此外,语素的辨认和语素义的提取直接影响到复合词词义识解的效果,而不同母语文字背景(汉字文化圈和非汉字文化圈)的学习者对汉字的认知和掌握是有差异的,因此,母语文字背景可能也会对学习者复合词的词义识解产生一定影响。基于此,本节将对名动偏正复合词展开实证研究,考察语义结构类型和不同母语文字背景对二语学习者名动偏正复合词的影响,以期为名动偏正复合词的二语学习和教学提供一定的参考。

二、研究背景

2.1 二语学习者汉语词义识解研究

本研究所说的"词义识解"即学习者认识词语进而理解词义。从这个角度说,"词义识解"类似于心理语言学界所说的"词义猜测",即在阅读过程中结合语境、逻辑、构词法、背景知识等去猜测或推断某一生词的词义。但是,二者并不完全相同,其一,"词义识解"的对象一般来说为熟字生词,而"词义猜测"的对象既可以是熟字生词,也可以是生字生词;其二,"词义猜测"大多在语境比较丰富的语篇中进行,而"词义识解"则可以只提供简单语境甚至无语境。本研究旨在考察二语学习者在简单语境中利用词本身的线索理解词义的情况,因此选择了"词义识解"这一更能体现研究目的的术语。

目前,学界对于词义猜测的研究已取得了丰硕成果。[①]以往研究表明,语境和上下文因素(刘颂浩,2001;钱旭菁,2003;朱勇、崔华山,2005;干红梅,2008、2011、2014;江新、房艳霞,2012等)、语义透明度(王

[①] 在综述过程中不对"词义猜测"和"词义识解"做严格区分,引用文献时术语保留。

春茂、彭聃龄，1999；郭胜春，2004；干红梅，2008；张金桥、曾毅平，2010等）、复合词的结构类型（刘颂浩，2001；冯丽萍，2003a；郭胜春，2004；干红梅，2009；江新、房艳霞，2012；许艳华，2014等）、语素义和词义的关系（张江丽，2010）、母语背景（干红梅，2009、2010；江新、房艳霞，2012；许艳华，2014等）等都会对词语的猜测产生影响。但我们也发现，以上某些研究针对的虽是同一结构类型的复合词，所得结论却不尽相同。这或多或少说明复合词内部并不匀质，同一类型复合词内部的小类之间存在差异。值得注意的是，已经有一些研究关注到了同一结构类型复合词内部不同小类的词义识解（孟凯，2012a、2016；江新等，2016；刘玉倩、孟凯，2019等），但是这些研究主要考察的是致使性动宾式复合词、名名复合词和反义复合词，目前还没有对名动偏正复合词进行研究。所以，深入名动偏正复合词内部，探究不同语义结构类型的名动偏正复合词的词义识解情况，还有很大的研究空间。

2.2 名动偏正复合词的语义结构类型研究

董秀芳（2004：102）指出："偏正结构是一个大的构词类型，虽然从总体上看，构成成分的意义之间具有修饰关系，但具体到其中的成员，所包含的具体语义关系几乎无法穷尽。"针对名动偏正复合词，一些研究（周荐，1991；萧世民，2001；徐正考等，2010；吉丽娜，2012）已对主要语义结构做了概括归纳。周荐（1991）在讨论状中格 n + v/a[①] 的语义关系时，将其分为时间、处所、方位、工具、方式、物体、人或动物、原因、对象等9类；萧世民（2001）将 N + V 结构中 N 的表达功能分为时间、处所、工具和材料、方式、动植物、自然物体、其他事物、对象等8类，与周文稍有不同；徐正考等（2010）指出偏正式"名·动"复合词中的"名"可以表示动作的时间、动作所在、动作所从、动作所向、工具方式、生物类、非生

[①] n 代表事物现象，v/a 代表 n 修饰限定的动作行为或性质状态（周荐，1991）。

物类、原因、结果等9类；吉丽娜（2012）的分类与徐文基本一致，不再赘述。总体而言，以上研究尚有缺欠之处：其一，在总结语义结构关系时，多考虑名语素单方面的意义，较少考虑名动语素之间的语义关系；其二，一些分类过于细致，不利于系统掌握和整体把握；其三，分类标准不明晰、不直观，主观性较强，不同类别之间有交叉、杂糅现象。

鉴于此，本节在以往研究的基础上，对《现汉》第7版中筛选出的615个名动偏正复合词的语义结构进行划分，并总结释义模式（见表1-12）。

表1-12　名动偏正复合词的语义结构及分布[①]

语义结构	释义模式	例词	数量（比重%）
处所+动作行为	在/去/向/到/从N处V	野炊、上告、空投、郊游、内定	203（33.0）
方式+动作行为	按/以/用N（的方式）V	函授、面试、礼聘、标卖、舌战	101（16.4）
时间+动作行为	（在）N（的时候）V	午休、年检、中断、辈出、现行	94（15.3）
工具+动作行为	用/拿N（来/来进行）V	笔记、筛选、枪杀、图解、酬谢	82（13.3）
情状+动作行为	像N一样/似的/那样V 像NV……那样……	瓜分、虎视、蔓延、席卷、瓦解	68（11.1）
材料+动作行为	用/拿/由/把N（来）V	电动、木雕、粉刷、胶合、铁打	39（6.3）
根由+动作行为	因为/由于/为了N而V	病故、义卖、仇恨、情死、公出	28（4.6）
总计			615（100）

表1-12显示，名动偏正复合词的语义结构类型虽多，但"处所+动作行为""方式+动作行为""时间+动作行为"（下文简称"处所类""方式类""时间类"）三类数量最多，占到总数的近65%。从有效提高学习和教学效率方面考虑，本节将选取这三类作为研究对象。

---

① 比重保留至小数点后一位或两位，下同。

三、研究设计

本研究采用 3×2 两因素混合实验设计，自变量为语义结构（处所类、方式类、时间类）和母语文字背景（汉字文化圈、非汉字文化圈），因变量为词义识解成绩，控制变量为词频、词性、语境支持度、句子难度和被试的汉语水平等。[①]

3.1 研究问题

不同语义结构（处所类、方式类、时间类）的名动偏正复合词，二语学习者的识解情况是否存在显著差异？不同母语文字背景（汉字文化圈、非汉字文化圈）是否对二语学习者名动偏正复合词词义识解产生影响？若二者均有影响，那么两因素是否存在交互作用？

3.2 被试

被试为北京 5 所高校通过 HSK 五级的高级二语学习者 39 人，其中汉字文化圈 19 人，分别来自韩国（13 人）、朝鲜（1 人）和日本（5 人）；非汉字文化圈 20 人，分别来自俄罗斯（7 人）、巴基斯坦（4 人）、尼泊尔（2 人）、塞尔维亚（1 人）、美国（1 人）、土耳其（1 人）、哈萨克斯坦（1 人）、乌兹别克斯坦（1 人）、蒙古（1 人）和英国（1 人）。所有被试学习汉语的时间均在 2 年左右。之所以选择高级水平的二语学习者，是因为他们已经储备了一定的汉语词汇量，并掌握了基本的词汇知识和语法知识，具有一定的语素意识和学习能力，能够整合已有线索对生词词义进行猜测。

3.3 测试材料

本研究的测试材料为 45 个名动偏正复合词。测试材料筛选过程如下：首先，排除三类词（398 个）中语素义或整词义比较晦涩难懂的词，如"管窥、

---

① 未控制字频、笔画数、多义性等因素，是因为所有被试均为 HSK 五级的高级二语学习者，实验词语的构词语素都是学习者学过的字，字频和笔画数对二语者词义识解影响较小；所有词都在一定语境中呈现，语境可以分化词的多义性。

窑变、腰斩"等,共计 60 个。其次,为保证测试材料对被试来说是熟字生词,我们选取语素等级较低而整词等级较高的名动偏正复合词。由于被试的汉语水平为 HSK 五级,因此选取《等级划分》中整词为高级、附录词或者未出现,构词语素属于普及化和中级的名动偏正复合词。经过这一步,排除了 81 个,共得到符合要求的名动偏正复合词 257 个。在考虑了词性、词频等因素后,从三类名动偏正复合词中分别选取 15 个测试词,共计 45 个(见表 1-13)。

3.4 测试程序

本研究主要采用纸笔测试的形式。下面分别介绍本实验的测试问卷、施测过程及成绩计算方法。

3.4.1 测试问卷

试卷由包含测试词的 45 个句子构成,除测试词外,其他词被试均学过。为保证语境为中性,我们请 10 名汉语为母语的语言学专业研究生对语境支持度进行 5 度量表评定,5 分表示语境支持度很高,1 分表示语境支持度很低。评定结果显示,所有句子语境支持度均在 2.5—3.5 分之间;同时,将这 45 个句子中的测试词删除之后,请 5 名汉语母语者和高级水平的二语学习者(不参与正式测试)做填空测试,看语境能否给目标词的识解提供一些线索。根据填空测试结果,对句子进行了修改,从而保证语境支持度基本一致。我们又请了 5 位高级水平的二语学习者(不参与正式测试)对句子难度进行评定,5 分表示句子难度很低,很容易理解;1 分表示句子难度很高,理解很困难。根据评定结果,句子难度均在 4—5 分之间,排除了句子难度的干扰。(测试问卷见本节附录)

3.4.2 施测过程

本研究对被试进行个别施测。在测试开始之前告知被试本次测试的任务,并保证将对其个人信息及测试结果保密,以免被试出现紧张情绪。完成测试后,会给被试一些报酬表示感谢。我们共得到了 48 份测试问卷,其中 1 份数据来自华裔学生,正确率过高,8 份问卷答题未过半数而无法采用,最终得到有效测试卷 39 份，其中汉字文化圈二语学习者 19 份，非汉字文化圈二语学习者 20 份。

表 1-13　名动偏正复合词测试词的语义结构及每百万词出现频率

目标词	语义结构	每百万词出现频率	目标词	语义结构	每百万词出现频率	目标词	语义结构	每百万词出现频率
板书	处所类	5	笔答	方式类	2	辈出	时间类	9
馆藏❶	处所类	6	步测	方式类	0	晨练	时间类	1
家传	处所类	12	彩印❶	方式类	3	春游	时间类	9
郊游	处所类	6	化疗❷	方式类	8	冬泳	时间类	8
空降	处所类	14	环行	方式类	6	后怕	时间类	10
路检	处所类	0	口传	方式类	14	酒驾①	时间类	0
露宿	处所类	18	礼聘	方式类	1	年检	时间类	3
梦游❶	处所类	7	面谈	方式类	20	日均	时间类	2
内定	处所类	6	目验	方式类	0	中止	时间类	20
上浮	处所类	17	票选	方式类	0	午休	时间类	16
外逃	处所类	8	手写	方式类	10	夏眠	时间类	0
网评❶	处所类	0	网购	方式类	0	夜战	时间类	4
下调	处所类	6	心算	方式类	8	日托	时间类	2
野餐❶	处所类	12	宴请	方式类	16	终审	时间类	0
周游	处所类	16	意译	方式类	16	祖居❷	时间类	2

3.4.3　成绩计算方法

评分细则参照赵玮（2016）的计分方法，将测试成绩分为 5 个等级，分别为 0 分、1 分、2 分、3 分、4 分。具体评分标准如下：

（1）0 分：未作答，解释完全错误，用原词解释或解释中包含原词，如

---

① "酒驾"算比较特殊的一个词，虽然"酒"本身并不表示时间，但是在与"驾"结合之后，凸显时间先后顺序义，表示"喝酒以后"，因此我们将其纳入"时间＋动作行为"类名动偏正复合词。

将"环行"解释为"huan xing","外逃"解释为"出来外逃","目验"解释为"目前的经验"等。

（2）1分，包括：①只写出了对词义贡献度较低的名词性语素的意义，如将"日托"解释为"day","网购"解释为"淘宝"等；②两个语素义解释均正确，但语法结构和语义结构均错误，如将"路检"解释为"检查道路","步测"解释为"测一共的脚步数"等。

（3）2分，表现为：①写出了对词义贡献度较高的动词性语素的意义，如将"空降"解释为"降落","意译"解释为"翻译"；②正确解释名词性语素的意义和动词性语素的部分意义，如将"春游"解释为"春天去外地接触大自然实习"；③所写解释与正确答案有相同的重要语义特征，如将"宴请"解释为"请别人来一起吃饭","下调"解释为"价格便宜"等。

（4）3分：基本正确，即：①答案与词义基本接近，但释义不够准确或补充内容没有答出，如将"路检"解释为"在路上检查"，未答出"对机动车"；②释义基本正确，但词性有误，如将"彩印"解释为"彩色的打印版","春游"解释为"春天的旅游"等。

（5）4分，所写答案已基本等同于标准释义，或者能从中判断出被试理解正确，如将"板书"解释为"在黑板上写不理解的地方","目验"解释为"用眼睛检查"等。

测试的评分工作由两名语言学专业的硕士研究生完成，两个评分员之间的肯德尔系数为 0.867（$p<0.05$），说明测评结果可信。最终，以两个评分员所评分数的平均分作为测试词的最终得分。

四、研究结果与讨论

4.1 研究结果

4.1.1 名动偏正复合词词义识解整体情况

45个名动偏正复合词词义识解成绩的平均值及标准差如表 1-14 所示：

表 1-14　高级汉语二语者名动偏正复合词词义识解平均成绩及标准差

语义结构	词语	平均值（标准差）	语义结构	词语	平均值（标准差）	语义结构	词语	平均值（标准差）
处所类	板书	1.654（1.787）	方式类	笔答	3.026（1.080）	时间类	辈出	0.910（0.891）
处所类	馆藏	1.692（1.101）	方式类	步测	1.538（1.052）	时间类	晨练	3.115（1.190）
处所类	家传	2.346（1.188）	方式类	彩印	3.192（1.212）	时间类	春游	3.077（0.984）
处所类	郊游	2.872（1.114）	方式类	化疗	2.064（1.355）	时间类	冬泳	3.679（0.888）
处所类	空降	1.897（1.410）	方式类	环行	2.487（1.403）	时间类	后怕	2.910（1.012）
处所类	路检	2.128（1.078）	方式类	口传	2.423（1.243）	时间类	酒驾	3.423（1.059）
处所类	露宿	1.821（1.407）	方式类	礼聘	1.795（1.048）	时间类	年检	2.641（1.230）
处所类	梦游	1.808（1.314）	方式类	面谈	3.218（1.120）	时间类	日均	2.897（1.307）
处所类	内定	2.449（0.758）	方式类	目验	2.167（1.566）	时间类	中止	2.590（1.514）
处所类	上浮	3.154（1.075）	方式类	票选	2.654（1.359）	时间类	午休	3.372（0.918）
处所类	外逃	2.269（1.181）	方式类	手写	3.872（0.334）	时间类	夏眠	3.115（1.157）
处所类	网评	3.423（1.003）	方式类	网购	3.667（0.719）	时间类	夜战	3.321（0.957）
处所类	下调	3.410（1.061）	方式类	心算	1.885（1.591）	时间类	日托	1.679（1.421）
处所类	野餐	2.949（1.114）	方式类	宴请	1.654（0.802）	时间类	终审	1.936（1.606）
处所类	周游	2.615（1.028）	方式类	意译	1.744（1.073）	时间类	祖居	1.821（0.902）

从整体情况看，大多数名动偏正复合词的词义识解成绩为 2.5—3.5 分，平均成绩为 2.541，标准差为 1.362。可见，二语学习者借助简单语境可以识解部分名动偏正复合词，但识解成绩不够理想，且词义识解成绩的分布跨度较大。

4.1.2 语义结构和母语文字背景对名动偏正复合词词义识解的影响

不同母语文字背景的学习者对三种语义结构名动偏正复合词词义识解成绩的平均值及标准差如表 1-15 所示：

表 1-15 名动偏正复合词词义识解平均成绩及标准差

母语文字背景	语义结构		
	处所类	方式类	时间类
汉字文化圈（N=19）	2.585（0.440）	2.601（0.618）	2.807（0.393）
非汉字文化圈（N=20）	2.286（0.613）	2.387（0.457）	2.597（0.604）
整体情况（N=39）	2.432（0.550）	2.491（0.734）	2.699（0.516）

表 1-15 显示，两种母语文字背景的学习者对三种语义结构类型名动偏正复合词的词义识解存在差异。汉字文化圈二语学习者三类词的词义识解成绩均好于非汉字文化圈二语学习者。从语义结构看，不同语义结构的名动偏正复合词的词义识解成绩存在差异，无论是汉字文化圈还是非汉字文化圈二语学习者，三类词的词义识解成绩由高到低均为：时间类＞方式类＞处所类。

利用 SPSS21.0 对不同母语文字背景学习者三种语义结构类型的名动偏正复合词词义识解成绩进行重复测量方差分析后发现：（1）名动偏正复合词语义结构类型的主效应显著，$F(2, 37)=8.765$，$p<0.001$，说明语义结构类型对学习者名动偏正复合词词义识解影响较大。三种语义结构类型的 Tukey-HSD 成对比较显示：处所类和方式类差异不显著（$p>0.05$）；处所类和时间类差异显著（$p<0.001$）；方式类和时间类差异显著（$p<0.05$）；

时间类平均成绩（2.699）显著好于方式类（2.491）和处所类（2.432）；而方式类的词义识解平均成绩虽好于处所类，但未达到统计学上的显著标准（$p>0.05$）。（2）母语文字背景的主效应不显著，$F(1, 37)=2.549$，$p>0.05$，说明汉字文化圈和非汉字文化圈二语学习者词义识解结果差异不大；（3）语义结构和母语文字背景交互作用不显著，$F(1, 37)=0.286$，$p>0.05$，即不同母语文字背景的汉语二语学习者对三类词词义识解成绩高低序列一致，均为时间类＞方式类＞处所类。

4.2 讨论

4.2.1 语义结构影响名动偏正复合词的词义识解

Jia et al.（2013）、徐晶晶等（2017）的研究结果表明，汉语名名偏正复合词的学习受复合词内部语义关系信息的影响。本节的研究对象虽然是名动偏正复合词，但研究结果与上述结果一致：不同语义结构名动偏正复合词的词义识解成绩存在显著差异。

4.2.1.1 时间类名动偏正复合词最易识解

时间类名动偏正复合词的词义识解最好，平均成绩为2.699分，且被试平均成绩的标准差较小，分数比较集中。这类词之所以容易识解，一方面是因为根据关系竞争理论（Gagné & Shoben，1997、2002），"学习者重复接触到某种语义关系的频率高"时，"这种语义关系在与其他语义关系进行竞争时具有优势，更容易凸显，成为被选择的语义关系"（徐晶晶等，2017）。虽然在现代汉语句法系统里，时间名词、处所名词做状语都很常见，但孙德金（1995）指出："时间词做状语很自由，处所词、方位词做状语受限制，多数情况下要解释为省略介词。"另一方面，表示时间的名语素多为成词语素，可单独使用，且使用频率较高，如"早、晚、春、秋、年、月"等，学习者可以很容易地判断出它们所具有的时间性。当表时间的名语素作为构词成分进入复合词后，其意义并未发生太大变化，如果动词性语素也为常用义，学习者只需将语素义简单加合就会猜出词义，如"晨练、冬泳"等。

但在以下两种情况下，时间类名动偏正复合词词义识解较为困难：第一种，当名词性语素表示本义，而动词性语素表示非常用义时，如"日托"中的"托"表示"委托、托付"，而不是二语学习者最了解的义项"托运"，很容易识解错误，将"日托"解释为"每天运送"；第二种，当名词性语素表示时频或间隔时间而非时点或时段时，如"辈出、年检、祖居"等，二语学习者容易识解错误。

综上所述，时间类名动偏正复合词最易识解，但如果学习者不能准确掌握其构成成分的语素义，也会产生词义识解错误。

4.2.1.2 方式类和处所类名动偏正复合词较难识解

方式类和处所类名动偏正复合词识解难度较大，原因在于方式类和部分处所类的词义不是两语素义的简单加合，在解释时需要补充一些内容。如"路检"释义中补充出来的是"对机动车"等，这是在两语素结合的过程中形成的，二语学习者补充出来具有一定难度。

虽然方式类和处所类词义识解成绩并未达到统计学上的显著差异，但通过对比二者的平均成绩不难看出，方式类词义识解成绩略高于处所类。通过对测试问卷具体答题情况和评分情况的分析，以下两方面因素可能导致了这一结果：

（1）词义识解成绩分布不同对实验结果的影响

方式类名动偏正复合词平均成绩的标准差为0.734，得分呈两极分化状态。"步测、宴请、意译、礼聘"4个词识解成绩不太理想，平均成绩在2分以下；而另一些词，如"手写、网购、面谈、彩印"等由于使用频率相对较高，也更贴近生活，平均成绩在3分以上，整体上拉高了方式类名动偏正复合词的词义识解平均成绩。而处所类名动偏正复合词平均成绩的标准差为0.550，成绩分布相对比较集中。除"网评、下调"外，其他13个词的平均成绩均在2分左右，高分对于整体成绩的贡献度没有方式类高，导致平均成绩略低于方式类。

（2）词义识解难点不同对实验结果的影响

方式类名动偏正复合词的识解难点在于，二语学习者意识不到名语素的方式义，经常将其解释为其他结构或者只解释动语素的意思。如将"步测、意译、礼聘"分别解释为"测量步数""翻译意思""招聘有礼貌的人"或"测量""翻译""招聘"。而对于处所类名动偏正复合词，学习者的识解难点主要在于多义语素的干扰。由于二语学习者掌握的义项数量和对义项的熟悉程度不同，提取语素义项时会产生偏差，从而导致词义识解错误。如一些学习者将"空降"解释为"有空儿的时候降落"，将"周游"解释为"周末旅游"，将"春游"解释为"春天的时候去游泳"，将"馆藏"解释为"在图书馆里边 hide"等。正是由于词义识解难点不同，再加上评分过程中我们更加注重学习者对动语素意义的理解，因此方式类名动偏正复合词得分偏高，而处所类名动偏正复合词词义识解成绩偏低。

总之，虽然方式类和处所类名动偏正复合词的词义识解平均成绩相差不大，但内部差异以及词义识解难点却相去甚远，这些因素都可能导致实验结果与我们的假设不一致。

4.2.2 母语文字背景不影响名动偏正复合词的词义识解

以往研究均表明，母语文字背景影响词义猜测的效果（干红梅，2008、2009；江新、房艳霞，2012），但本实验发现，汉字文化圈和非汉字文化圈二语学习者名动偏正复合词的词义识解成绩不存在显著差异。通过访谈发现，母语文字背景主效应不显著主要是二语者所采用的词义识解策略不一样。房艳霞、江新（2012）指出："欧美学生使用语境线索的较多，日本学生使用构词法线索的较多。"我们的访谈结果证实了这一点，不同的词义识解策略中和了母语文字背景的影响。

汉字文化圈的汉语二语学习者更关注词语本身，容易忽略语境的提示作用，混淆同形词或具有相同义符或声符的汉字，从而造成词语的误认和误解。如"路检、下调、心算"在日语里有同形词，分别表示"检查路况""预先调查""在心里打算、计算",日本学习者受此干扰,会出现母语词义误推的现象,将"路检"和"心算"解释为"路的检查"和"心里打算"。此外,一些日韩汉语学习者还受到汉字字形混淆的影响,将"化疗"看成"花疗",解释为"花一段时间治疗"或者"病好还需要一段时间";将"祖居"看成"租居",解释为"租房子居住"或"租房住在"等。这些因素都影响了汉字文化圈汉语二语者的整体词义识解成绩。而非汉字文化圈学习者则能充分利用语境因素,如根据"上浮"所在的语境"今年的房价比去年上浮了10%",将其解释为"贵了",虽然在语境中可以讲通,但脱离了语境很难说他们能否正确识解。总之,虽然已有很多实验证明汉字文化圈语言背景在一定程度上有助于二语者的词义识解,但我们发现母语的消极作用也同样存在,即词义识解容易受到母语影响,出现母语义位的误推或者同形词、形近字的干扰。

五、教学启示

名动偏正复合词的表层语法结构关系与深层语义结构关系不对应,二语学习者对此感知度不够,词义分析能力不足,导致他们在语境中识解生词词义时不能对词义进行合理判断和分析,进而产生词义误解或词义理解不准确的现象。基于此,名动偏正复合词的国际中文教学应注意以下几点:

5.1 重视名动偏正复合词的教学

前文我们已经提到,名动偏正复合词是现代汉语词汇系统中比较特殊的一类词,国际中文教师要给予足够的重视。当教学中遇到这类词时,教师要通过直接讲解或启发诱导的方式让学生注意到这类词的特殊性,能够理解构词成分之间的语义关系。在具体的教学过程中,可以采取多种形式开展分类练习和词义识解训练。如给学生多个名动偏正复合词,让学生将语义结构相同的放在一起,并尝试总结每一种语义结构类型的释义模式;或者教师列出语义结构,让学生列举属于该语义结构的名动偏正复合词。总之,通过多种方式不断强化，才能一步步引导学生由浅入深地掌握名动偏正复合词的语义类型和用法。

5.2 将复合词语义结构知识纳入词汇教学

张江丽（2010）指出，在教学中应"加强对复合词内部关系复杂性的认识"。张博（2018）则更加细化了这一观点，认为词汇教学应该向下延伸，关注较为具体的语义结构，"将复合词凸显性语义结构列为词汇教学内容"。名动偏正复合词凸显性语义结构只有七类，教师在向学生讲解每一类语义结构的特点和判定标准时，可以为每类词总结一个简单直观的释义模式，如时间类可解释为"（在）N（的时候）V"，方式类可解释为"按/以/用/通过N（的方式）V"，处所类可解释为"在/从/去/向/到N（处）V"等，帮助学生更好地理解名动偏正复合词的意义，同时也可以借此判断某一个词是不是名动偏正复合词以及属于哪一类。具体教学过程中，教师还可以以旧带新，利用具有相同语义结构的熟词进行生词教学，如学习生词"口试"（方式类）时，可以先选择熟词"面试""笔试"等内部语义结构一致的词来引入，借此强化学生对该类词构词理据的理解和记忆，增强分类意识。

5.3 增强汉语二语学习者对多义语素的认识

本研究发现，学习者通常只掌握多义语素最常用的义项，对于其他义项则不甚了解，这直接影响了学习者对名动偏正复合词语法结构和语义结构的判定，进而导致词义识解错误，如将"空降"解释为"有空儿的时候降落"，将"目验"解释为"目前的经验"等。针对这一现象，国际中文教师在日常教学中，应多引导学生注意语素的多义性，以常用义为基础，以旧带新，及时进行归纳总结，帮助学生梳理常见语素的义列（词义引申形成的意义序列），建立多义语素的语义网络，以简驭繁地把握多义语素的意义链条，以提高词义识解的准确度。

六、结语

本研究采用3×2两因素混合实验设计,通过纸笔测试考察三种语义结构类型("处所+动作行为""方式+动作行为""时间+动作行为")和两种母语文字背景(汉字文化圈、非汉字文化圈)对名动偏正复合词词义识解的影响。结果显示:二语学习者在语境条件下能够识解部分名动偏正复合词的词义,但总体成绩不够理想;语义结构类型对二语学习者识解名动偏正复合词有显著影响,三类词的词义识解成绩从高到低为:时间类 > 方式类 > 处所类;母语文字背景对学习者识解名动偏正复合词词义的影响不显著。

值得注意的是,首先,本研究的被试虽然划分了汉字文化圈和非汉字文化圈,但是非汉字文化圈的学习者来自十多个国家,母语文字背景不够纯粹,可能会影响实验结果;其次,前测表明,汉语水平也是一个重要影响因素,但本研究限于各种条件只考察了高级汉语学习者,并不了解其他水平学习者的具体识解情况;最后,本研究只考察了数量最多的前三类语义结构的词义识解,其他几类名动偏正复合词的具体识解情况还有待进一步研究。

∷ 附录 ∷

测试问卷

姓名(name):_____ 国籍(nationality):_____

母语(mother tongue):_____ HSK等级(HSK level):_____

如果没考HSK,请写出年级(If you haven't taken HSK, please write down your grade):_____

学习汉语多长时间?(How long have you been studying Chinese?):_____

请猜猜下面句子中画线词语的意思，可以用汉语或拼音写，也可以用英语写。请不要查词典和其他资料，也不要询问其他人。谢谢合作！（Please guess the meaning of the underlined words in the following sentences. You can use Chinese, *pinyin* or English. Please don't consult the dictionary or other materials, nor ask others. Thank you for your cooperation.）

1. 老师板书的时候有学生在说话。

   板书：_____

2. 这次考试所有题目都需要笔答。

   笔答：_____

3. 很多人喜欢在公园里晨练。

   晨练：_____

4. 这里馆藏中外图书 3000 多万册。

   馆藏：_____

5. 我步测出这条路有 300 多米。

   步测：_____

6. 明天，老师带我们去春游。

   春游：_____

7. 我们空降到地面执行任务。

   空降：_____

8. 你把这些图片彩印出来。

   彩印：_____

9. 他最喜欢的运动是冬泳。

   冬泳：_____

10. 下雪的时候，交警要加强路检。

    路检：_____

11. 月亮绕地球环行。

    环行：_____

12. 昨天的车祸让我现在还后怕。

    后怕：_____

13. 他睡觉的时候经常会梦游。

    梦游：_____

14. 很多故事靠口传保留下来。

    口传：_____

15. 他昨天酒驾导致了严重的交通事故。

    酒驾：_____

16. 比赛的冠军已经内定了。

    内定：_____

17. 经理礼聘他来公司做顾问。

    礼聘：_____

18. 2018年1月1日开始，所有车辆都必须年检。

    年检：_____

19. 今年的房价比去年上浮了10%。

    上浮：_____

20. 我们明天面谈具体情况吧。

    面谈：_____

21. 周末，故宫的日均游客量达到了2万。

    日均：_____

22. 这个少数民族祖居云南。

    祖居：_____

23. 他被票选为中国最好的演员。

    票选：_____

24. 她每天都要午休一小时。

    午休：_____

25. 最近几天油价下调了不少。

    下调：_____

26. 他给妈妈手写了一封信。

　　手写：_____

27. 有些动物有夏眠的习惯。

　　夏眠：_____

28. 星期六我们打算去野餐。

　　野餐：_____

29. 网购的衣服很便宜。

　　网购：_____

30. 远处的枪声说明双方正在夜战。

　　夜战：_____

31. 考完试我们准备去郊游。

　　郊游：_____

32. 他可以心算这些题。

　　心算：_____

33. 夫妻两人把孩子送进日托中心。

　　日托：_____

34. 他的梦想是周游世界。

　　周游：_____

35. 总统将在明天宴请外国友人。

　　宴请：_____

36. 他的新书通过终审了。

　　终审：_____

37. 这幅画是我们的家传宝贝。

　　家传：_____

38. 他的病需要化疗一段时间。

　　化疗：_____

39. 新演员辈出，竞争十分激烈。

　　辈出：_____

40. 这些孩子露宿在公园、大街上。

　　露宿：＿＿＿＿＿＿＿＿＿＿＿＿＿＿＿＿＿＿＿＿

41. 专家只要目验就能知道产品是否合格。

　　目验：＿＿＿＿＿＿＿＿＿＿＿＿＿＿＿＿＿＿＿＿

42. 足球比赛因下雨而中止了。

　　中止：＿＿＿＿＿＿＿＿＿＿＿＿＿＿＿＿＿＿＿＿

43. 每次看过电影，他就马上进行网评。

　　网评：＿＿＿＿＿＿＿＿＿＿＿＿＿＿＿＿＿＿＿＿

44. 他用简单的话意译了这篇文章。

　　意译：＿＿＿＿＿＿＿＿＿＿＿＿＿＿＿＿＿＿＿＿

45. 他杀了人之后急忙外逃。

　　外逃：＿＿＿＿＿＿＿＿＿＿＿＿＿＿＿＿＿＿＿＿

第四节　语义类型和母语语序类型对二语者动宾复合词词义识解的影响[*]

一、引言

所谓动宾复合词，学界目前的看法是前语素表示动作、行为，后语素表示动作、行为支配的对象，二者属于支配与被支配的关系，如"拍戏""搬家"等（胡裕树主编，1979：215；葛本仪，1985：104 等）。周荐（2004）对《现汉》（第 3 版，1996 年修订本）的双音节复合词进行了统计，动宾复合词约占总数的 15.6%，是排在偏正式和联合式后的第三大复合词类。可见，动宾式是现代汉语中数量较大、比较能产的一种构词方式。目前学界对动宾复合词宾语语义类型的划分并不一致（李临定，1983；徐枢，1985：38—57；孟琮等编，1987：说明书 7—11；周荐，2004：150—153；苏宝荣，2017），这反映出动宾复合词内部组配关系多样、语义关系复杂的特点。

我们在国际中文教学中发现，留学生在识解不同语义类型的动宾复合词时出现了差异。如识解"吃饭"时不存在问题，而"吃食堂"等词语留学生识解起来就有些吃力，因为"食堂"这类宾语有别于"吃"常见的受事宾语，如"饭、药"等。虽然都是"动+名"的动宾式，但语义关系不同，"食堂"表示动词"吃"的"处所"，这与动宾复合词通常表示的支配语义关系有所不同。孟凯（2012a）表明，复合词普遍的形义对应是留学生准确理解、记忆、运用或类推词汇的保证和关键，形义不对应的动宾复合词则令学习者不易理解，更可能导致词义理解不确切或词义误解。非受事动宾复合词的语法结构和语义结构不对应，这种不对应是否会影响二语者对其词义的识

---

[*] 本节内容是在北京语言大学硕士学位论文《语义类型和母语语序类型对汉语二语者动宾复合词词义识解的影响研究》（2019）的基础上修改而成的，作者为赵媛。

解？二语学习者识解不同语义类型的动宾复合词是否都存在问题？哪一类对于二语者来说识解起来较容易，哪一类又较难？二语者在识解不同语义类型的动宾式复合词时是否会受到母语语序的影响？因为动宾式与不同语言的语序类型关系密切。此外，国际中文词汇教学又该采取什么样的方法来规避动宾复合词的词义识解问题呢？

由于何清强（2014）已证实"动作＋受事宾语"类的动宾复合词二语习得成绩最好，因此，本节拟以比重最高的四类非受事动宾复合词为研究对象，对以下问题进行实证研究：

（1）不同语义类型对汉语二语者动宾复合词的词义识解是否有影响？若有影响，是否显著？

（2）母语语序类型（SVO型和SOV型）对汉语二语者动宾复合词的词义识解是否有影响？若有影响，是否显著？

（3）语义类型和母语语序类型在二语学习者动宾复合词词义识解过程中是否存在交互作用？

二、研究设计

本研究采用纸笔测试的方法，测试采用 4×2 两因素混合设计，自变量为语义类型（处所宾语、主体宾语、致使宾语、结果宾语）和母语语序类型（SVO型、SOV型），因变量为汉语二语者动宾复合词的词义识解成绩，控制变量为被试的汉语水平、语义透明度、语境支持度、词频、词性等。

2.1 被试

被试为正在北京高校学习汉语的留学生，共 30 名，汉语水平均为中级（HSK 四级）。冯丽萍（2003b）的研究表明，中级水平的汉语二语学习者已经开始具备了一定的"词素意识"，并将其运用到中文合成词识别中。这 30 名被试中，母语为 SVO 型的 15 人，分别是泰语 2 人、尼泊尔语 2 人、西班牙语 7 人、印尼语 1 人、英语 2 人、意大利语 1 人；母语为 SOV 型的 15

人，分别是波斯语 3 人、韩语 2 人、孟加拉语 6 人、乌尔都语 4 人。

2.2 实验材料

本研究测试词的筛选过程如下：

（1）控制动宾复合词等级

由于本测试考察汉语二语者对不同语义类型动宾复合词的词义识解，所以要保证实验所选词对被试来说是熟字生词，即整词对被试来说是陌生的，但构成这些动宾复合词的语素则是被试已学过的。由于被试的汉语水平为中级，因此，我们首先根据《等级划分》剔除已从《现汉》第 7 版中筛选出的 827 个动宾复合词中包含的中级及以下等级的词，以保证所选测试词对被试来说是生词，这一步共剔除 27 个动宾复合词。其次，根据《等级划分》剔除含有高级及以上汉字构成的动宾复合词，以保证实验所选词中的字对被试来说是熟字，这一步共剔除动宾复合词 120 个。

（2）控制构词成分的语素义

根据《等级划分》筛词并不能完全保证测试词对汉语中级水平的被试来说是"熟字生词"，因此我们考察了被试使用的汉语教材《成功之路》（初级和中级，包括《起步篇 1、2》《顺利篇 1、2》和《提高篇》），根据动宾复合词构成成分的语素义来筛词。若构成动宾复合词的两个语素中存在一个语素义不在被试学习的范围内，那么这个词就不在我们的考察范围内，如动宾复合词"刮宫、画供、助阵、壮阳"中的宾语成分"宫、供、阵、阳"就不是本研究的测试对象；又如动宾复合词"助阵"中的"阵"，被试已习得了表示"一段时间"的"阵"，但并没有接触过表示"作战队伍的行列或组合方式"义的"阵"，所以我们剔除由此义的"阵"构成的动宾复合词。这一步删除的动宾复合词共 42 个。

（3）剔除语义晦涩的词

根据《现汉》的释义剔除动宾复合词中的专业术语（如"流标"），以及语义发生转指（如"翻脸"）或具有历史色彩（如"登基"）和方言色彩

（如"走电"）的词，因为此类词的词义明显无法通过构词语素义直接推测出来。这一步共剔除89个动宾复合词。

（4）控制测试词的词频

复合词词频率和词素频率都会影响词义猜测的效果（冯丽萍，2003b；钱旭菁，2003）。因此，为了尽量避免词频对实验结果的干扰，我们根据国家语委现代汉语语料库，对本研究所测试的动宾复合词每百万词出现的频率进行了统计。统计结果显示，出现频率最高的动宾复合词为"起义"，频率为617次/百万，出现频率最低的复合词为"消气""缩水"等，频率为5次/百万。另外，还有些复合词在国家语委语料库中未出现，如"退席、走色、换季"等。为控制测试词的频率，我们选取词频在0次/百万—20次/百万之间的低频词作为测试词，选取低频词是为了在最大程度上保证这些词被试没有接触过。这一步得到备选测试词341个。

（5）控制测试词的语义透明度

语义透明度会影响二语者词汇学习和词义猜测的效果（刘伟，2004；干红梅，2008；张金桥、曾毅平，2010）。为了保证实验结果不受复合词语义透明度的影响，我们请5名非语言学专业的研究生使用5度量表对测试词进行语义透明度评定，评定者根据复合词构成成分与整词意义之间的相关程度评分，5分表示该词的语义透明度较高，1分表示该词的语义透明度较低。根据评分结果，我们将3分及以上的词确定为高语义透明度词，3分以下的词确定为低语义透明度词。郭胜春（2004），干红梅（2008），张金桥、曾毅平（2010）的研究均表明，词语的语义透明度越高，学习者的词义猜测效果就越好。因此，我们选择语义透明度较高的词作为测试词。

（6）确定最终测试词

对于含有相同构词语素的同一语义类型的动宾复合词，我们只选其一作为测试词，如"登台、登高、登顶、到顶、登场、退场、到场、晕场"同属"动作+处所宾语"类动宾复合词，因此我们只选其中一个作为测试词，且所选的每类测试词保证每百万词出现的平均次数大致相同[①]。最终，我们从每个语义类型的动宾复合词中各选取 8 个作为测试词：

动作＋处所宾语：帮厨、登顶、叫门、接机❶、滑冰、离职、陪床、游园

动作＋主体宾语：变天、跌价、翻车、换季、满座、退色[②]、升温、脱发

动作＋结果宾语：搭伴、拍戏、编组、判罪、拼图、铺路、站队、转正

动作＋致使宾语：丰胸、富国、利己、美甲、恼人、强身、退热、壮胆

2.3 施测

本研究的测试问卷（详见本节附录）共有三部分，具体如下：

（1）个人信息

个人信息包括被试的姓名、国籍、母语、学习汉语的时间、HSK 等级。

（2）作答要求

本测试要求被试独立完成测试问卷，测试期间不可询问他人或查询词典等工具书或电子设备。

（3）试题内容

被试将看到 32 个含有测试词的句子，除了测试词以外，句子中的词语都在《等级划分》中的普及化和二级词汇范围内。已有研究表明，在猜测词义时语境能够提供一定的信息（江新、房艳霞，2012），目标词与语境线索距离越近，越容易猜测（钱旭菁，2003；干红梅，2011 等）。因此，为了保证句子为中性语境，我们采用 5 度量表，请 5 名语言学专业的研究生对句子语境支持度进行判断：5 分表示句子很容易理解，即语境支持度高；1 分表示句子很难理解，即语境支持度低。然后根据评分结果对句子进行修改，并

[①] "动作＋处所宾语"类测试词平均每百万词出现 7.5 次，"动作＋主体宾语"类测试词平均每百万词出现 6.5 次，"动作＋结果宾语"类测试词平均每百万词出现 7.1 次，"动作＋致使宾语"类测试词平均每百万词出现 7.8 次。

[②] 《现汉》推荐词形为"褪色"，但"褪"过难，已超出被试的中级水平，因而我们选择了"退色"。

再对所修改句子的语境支持度评分,以保证问卷中所有句子的语境支持度都在中等水平 2.5—3.5 分之间,以使语境不会影响测试结果。

2.4 评分标准

评分之前,我们请 3 名语言学专业的汉语母语者对测试词进行解释,之后结合《现汉》对测试词的解释进行评分;对于用英语作答的被试,我们参看《牛津英语搭配词典》(克劳瑟等编,2006)对该测试词英文对译词的释义进行评分。满分 4 分,最低 0 分。

(1) 0 分:包括以下三种情况:①被试所写解释与测试词意义毫无联系,即被试既未能准确识解出测试词的结构义,又未能识解出测试词的语素义,如将"陪床"解释成"一起住",将"登顶"解释成"解决了"等。②被试将测试词中的某个语素错认成与它相近的汉字,如将"壮胆"解释成"假'壮'胆子很大",即把"壮"错认成"装"。③未作答。

(2) 1 分:包括以下四种情况:①被试直接将测试词对译成英文或者解释成中文的近义词,如将"滑冰"解释成"skating"①,将"拼图"解释成"puzzles",将"叫门"解释成"敲门",将"离职"解释成"辞职"等。②结构义不正确,只写出整词中某个构成成分的意义,如将"利己"解释成"好处的事"等。③结构义正确,语素义不正确,如将"变天"解释成"天慢慢黑了"。④被试对测试词的释义与测试词的意义有部分关系,如将"壮胆"解释成"冲她说加油"等。

(3) 2 分:包括以下三种情况:①被试准确识解出了测试词的结构义,但只识解出某个语素义,如将"脱发"解释成"头发很少"。②被试准确识解出了测试词的语素义,但未能准确识解出测试词的结构义,如将"升温"解释成"升上温度"等。③被试对测试词的释义与其本身的意义有一定联

---

① 《牛津英语搭配词典》对"skating"的释义为"the sport or activity of moving on ice on skates"。被试将"滑冰"直接对译为"skating",我们并不能从中看出被试对"滑冰"这一动宾复合词结构义和语素义的理解。

系，如将"满座"解释成"没有地方可以坐"等。

（4）3分：语素义和结构义基本正确：被试准确识解出了测试词的结构义，将语素义识解成与测试词意义相近的词，如将"游园"解释成"在公园旅游"。

（5）4分：语素义和结构义完全正确：被试既准确识解出了测试词的结构义，又准确识解出了语素义，如将"升温"解释成"温度升高"。

三、结果与讨论

3.1 结果

语义类型和母语语序类型（SVO型、SOV型）是否会影响二语者识解动宾复合词的词义，我们通过以下数据来做具体分析（见表1-16）。

表1-16 不同母语语序类型学习者识解不同语义类型
动宾复合词词义的平均成绩及标准差

母语语序类型	语义类型			
	动作＋处所宾语	动作＋主体宾语	动作＋结果宾语	动作＋致使宾语
SOV（N=15）	1.79（0.50）	2.13（0.52）	1.00（0.46）	1.74（0.53）
SVO（N=15）	2.01（0.66）	1.80（0.59）	1.11（0.57）	1.98（0.77）
整体情况（N=30）	1.89（0.60）	1.97（0.58）	1.05（0.52）	1.85（0.67）

从表1-16可以看出，二语者对四类动宾复合词词义识解的成绩从高到低为：动作＋主体宾语＞动作＋处所宾语＞动作＋致使宾语＞动作＋结果宾语，说明语义类型对汉语二语者识解动宾复合词词义有影响。不同母语语序类型的学习者识解这四类动宾复合词确实存在差异，且有一定的规律。

母语语序为SOV型的学习者识解这四类动宾复合词词义的成绩从高到低为：动作＋主体宾语＞动作＋处所宾语＞动作＋致使宾语＞动作＋结果宾语，且识解"动作＋主体宾语"类动宾复合词的平均成绩要好于母语语序为 SVO 型的学习者。母语语序为 SVO 型的学习者识解这四类动宾复合词词义的成绩从高到低为：动作＋处所宾语＞动作＋致使宾语＞动作＋主体宾语＞动作＋结果宾语，且识解"动作＋处所宾语""动作＋结果宾语""动作＋致使宾语"三类动宾复合词的平均成绩均好于母语语序为 SOV 型的学习者。两种母语语序的二语者识解成绩最低的都是"动作＋结果宾语"类动宾复合词。

我们运用 SPSS24.0 软件对不同母语语序类型的学习者识解不同语义类型动宾复合词词义的成绩进行了重复测量方差分析。结果显示：

（1）语义类型对二语者识解动宾复合词词义的主效应显著，$F(3, 81)=51.214$，$p<0.001$，说明语义类型对二语者动宾复合词词义识解的影响存在显著差异。主效应检验发现，"动作＋结果宾语"类的得分显著低于"动作＋处所宾语"类（$p<0.001$）、"动作＋主体宾语"类（$p<0.001$）、"动作＋致使宾语"类（$p<0.001$），"动作＋致使宾语"类的得分显著低于"动作＋主体宾语"类（$p<0.001$）、"动作＋处所宾语"类（$p<0.001$），"动作＋处所宾语"类的得分显著低于"动作＋主体宾语"类（$p<0.001$）。

（2）母语语序类型对二语者识解动宾复合词词义的主效应不显著，$F(3, 81)=51.214$，$p>0.05$，即 SOV 型和 SVO 型母语语序类型的被试在识解动宾复合词词义时，识解成绩的差异未达到统计学上的显著水平。

（3）语义类型和母语语序类型存在显著的交互作用，$F(3, 81)=4.933$，$p<0.01$。进一步进行简单效应检验，结果显示：对母语语序类型影响下的语义类型进行简单效应分析，SOV 型母语的被试四类动宾复合词的词义识解差异显著，$F(3, 25)=36.318$，$p<0.001$；SVO 型母语的被试四类动宾复合词的词义识解差异也显著，$F(3, 25)=20.314$，$p<0.001$，说明两种母语语序类型的二语者对动宾复合词的词义识解均会受到语义类型的影响。对语义类型影响下的母语语序类型进行简单效应分析，两种母语语序类型识解四种语义类型动宾复合词的差异均不显著，分别为："动作＋主体宾语"，

F（1，27）= 2.372，$p>0.05$；"动作 + 处所宾语"，F（1，27）=1.016，$p>0.05$；"动作 + 致使宾语"，F（1，27）=0.837，$p>0.05$；"动作 + 结果宾语"，F（1，27）= 0.296，$p>0.05$。这说明四种语义类型动宾复合词的词义识解均不会受到二语者母语语序类型的影响。

3.2 讨论

3.2.1 语义类型影响动宾复合词的词义识解

（1）主体类和处所类宾语的词义较易识解

从表 1-16 可知，主体类宾语的识解成绩最高，平均分为 1.97；其次是处所类宾语，平均分为 1.89。SOV 型母语的学习者识解处所类宾语的平均分为 1.79，识解主体类宾语的平均分为 2.13；SVO 型母语的学习者识解处所类宾语的平均分为 2.01，识解主体类宾语的平均分为 1.80。二语者识解这两类动宾复合词词义的成绩标准差较小，说明成绩较集中，没有出现较大的个体差异。无论是 SOV 型还是 SVO 型母语语序类型的学习者，主体类和处所类宾语都是他们较易识解的两类动宾复合词。

认知语法认为，现实规则和语法规律之间不能够直接发生关系，需要通过人的认知这个媒介，正是有了人的认知这个中介的参与，才使得现实规则和语法之间的对应关系复杂化了（石毓智，2000：内容提要）。因此，在进行语言编码时，最易处理的一般最容易习得。在动宾结构中，二语者习得动宾复合词中"动作 + 受事宾语"类的成绩最好（何清强，2014）。受事宾语是动宾复合词中最典型的宾语，动作与宾语之间是典型的支配关系，受事宾语是动作、行为支配的对象。而主体宾语在动宾复合词中是动作的发出者，由主体宾语发出某种动作、行为，即主体宾语与受事宾语在与动词的位置关系和语义上都处于相反的位置，但在语义上也是最接近的，因此对二语者来说，"动作 + 主体宾语"类也是较易识解的一类。本研究的实验结果与以往研究稍有偏差，是因为两种母语语序类型的学习者识解四类动宾复合词词义的成绩高低不同，SOV 型母语二语者主体类最易识解，成绩最高；

SVO 型母语二语者处所类最易识解，成绩最高。而且，SOV 型母语二语者识解主体类的平均成绩高于处所类。我们的测试结果采用平均数的方法评判动宾复合词的词义识解难易程度，这就使得主体类的整体平均成绩偏高。另外，主体类是最常居于主语或宾语位置的成分，比处所类等充当宾语要典型，所以二语者识解主体类的成绩也容易更好。这些因素的综合效应就造成了二语者主体类的词义识解成绩好于处所类的结果。

此外，魏红（2008）对汉语常用的 179 个动词带宾语的情况进行了统计，发现动词可带宾语的前四类分别是受事宾语、处所宾语、对象宾语和施事宾语。在日常学习中，汉语二语者不可避免地会更多地接触这几类宾语，对这几类动宾式也更熟悉。相较于处所宾语和主体宾语，学习者接触的致使宾语和结果宾语的数量要少得多，因此，二语者识解处所类和主体类的词义比致使类和结果类要容易。

（2）语义复杂的宾语词义较难识解

致使类宾语的识解平均分为 1.85；识解成绩最低的是结果类宾语，平均分为 1.05。SOV 型母语的学习者识解致使类宾语的平均分为 1.74，识解结果类宾语的平均分为 1.00；SVO 型母语的学习者识解致使类宾语的平均分为 1.98，识解结果类宾语的平均分为 1.11。二语者识解这两类动宾复合词的成绩标准差均较小，说明成绩较集中，没有出现较大的个体差异。无论是 SOV 型母语的学习者还是 SVO 型母语的学习者，致使类和结果类宾语对他们来说都是相对较难识解的两类，但致使类的识解成绩明显好于结果类。实验开始前，我们对四类动宾复合词的识解成绩进行了假设，考虑到宾语的性质和复合词结构、语义复杂度等，我们做出了结果类的识解成绩好于致使类的假设，但实验结果恰恰与我们的假设相反。下面将具体分析出现这种结果的原因。

准确识解动宾复合词的词义，不仅要识解出构成复合词的语素的意义，还要识解出这个复合词的结构义，"结构义是结构本身表示的意义，是因词和词组合而产生的"（谭景春，2000）。任敏（2015）提到，"结构义＝复合词词义－构成语素义"，如"动＋致使"结构中的"消炎"，《现汉》释为"使炎症消除"，用复合词词义减去构词语素义后，得到的意义为"使……"，"它就是'动＋致使'非受事动宾式复合词的结构义"，即"致使义"。根据此研究，"动作＋致使宾语"结构的结构义最易加到动语素的意义上，使动语素的意义产生"致使"义；而"动作＋结果宾语"的结构义主要体现为动作的实施产生了宾语这一结果，这一意义是由两个构词语素来承担的，无法加到动语素之上。分析测试题后我们发现，被试在识解成绩较差的"动作＋结果宾语"类动宾复合词时，往往能够识解出构成复合词的语素义，但是结构义却通常会出现识解偏差。如在识解"站队""拼图"时，大部分被试都用汉语近义词（如"排队"）或英文翻译（如"puzzles"）解释，在识解"判罪"时大部分被试也只是识解出与"罪"的语素义有关的意义，如"经常出差错、做坏事"等。可见，被试知道两个成分的语素义，但是不能准确地识解出它们之间动作与结果的语义关系，因此难以像识解其他类动宾复合词一样解释结果类的词义，只能退而求其次寻找它们的近义词、英文翻译或只解释部分构词语素的意义，从而造成词义识解成绩较低。

此外，根据关系竞争理论（Gagné & Shoben，1997、2002），当学习者接触某一语义关系的频率较高时，该语义关系与其他语义关系相比就更有竞争优势，因此学习者在识解生词时，就倾向于优先选择这一语义关系。根据周荐（2004）对《现汉》（第3版，1996年修订本）双音复合词构词方式的统计，现代汉语中最能产的两种构词方式是偏正式和联合式，分别占50.7%和25.7%。江新、房艳霞（2012）也指出，留学生在学习过程中对偏正构词方式比较熟悉，对动宾构词方式不太熟悉。在遇到生词时，如果不清楚生词的结构方式，可能首先跟大脑最熟悉、最常用的图式建立联系。因此，汉语二语者在识解生词时，会出现倾向于将动宾复合词识解为偏正复合词的情况。如在本测试中，就有学习者将"富国"识解为"有财富／经济好的国家",将"丰胸"识解成"丰富的胸子"等偏正结构。

此外,仔细分析被试的作答,我们发现,被试在识解这四类动宾复合词时往往会受到多义语素的影响,由于被试对多义语素的义项掌握程度不同,所以识解时会首先提取最熟悉的语素义,如将"游园"的"游"解释成"旅游",将"变天"的"天"解释成"时间、日子"等,从而造成词义识解偏差。

3.2.2 母语语序类型不影响动宾复合词的词义识解

干红梅(2008、2009、2010、2014)、江新、房艳霞(2012)等的研究均指出母语背景会影响词义猜测;何清强(2014)、袁飞(2018)等的研究均未发现母语背景对二语者识解汉语词义的影响。其中,何清强(2014)的研究将被试的母语背景划分为三组,分别是印欧组、日韩组和泰越组。袁飞(2018)则是将被试的母语背景划分为汉字文化圈和非汉字文化圈两种。与以往研究不同的是,本节以动宾复合词为研究对象,考虑到学习者母语的语序可能更会影响到其对不同语义类型的动宾复合词的识解,所以本研究并未依据汉字文化圈和非汉字文化圈来区分学习者的母语,而是将被试的母语按照语序类型分为 SOV 型和 SVO 型两类。SOV 型和 SVO 型母语的二语者识解四类动宾复合词词义的成绩在统计学上差异不显著,即母语语序类型不影响二语者识解动宾复合词的词义。

值得注意的是,虽然母语语序类型对二语者识解四类动宾复合词词义的成绩在统计学上差异不显著,但仔细分析后我们发现,两种母语语序类型的学习者在识解动宾复合词时,呈现出不同的倾向性。SOV 型母语的二语者识解"动作 + 主体宾语"类的成绩最好,SVO 型母语的二语者识解"动作 + 处所宾语"类和"动作 + 致使宾语"类的成绩较好。汉语中"动作 + 主体宾语"类动宾复合词与 SOV 型语序在表达上更为接近,SOV 型母语的二语者识解时会更具优势。测试结果也证实了这一点,SOV 型母语的二语者基本上能够准确识解"动作 + 主体宾语"类。而 SVO 型母语的二语者在识解"动作+主体宾语"类时常常会出现结构理解上的偏差，如将"退色"理解成偏正结构"一件衣服的颜色"；或将主体宾语理解成受事宾语，如将"换季"解释成"转换季节"。虽然学习者对动宾复合词语素义的理解基本正确，但对复合词语法结构的理解还是存在偏差。

四、教学建议

4.1 强化复合词分类型教学

本研究的测试结果显示，无论是 SOV 型还是 SVO 型母语的二语者，在识解动宾复合词的词义时都会受到复合词语义类型的影响。张博（2018）指出，复合词的语法结构过于概括和抽象，往往无助于学习者理解复合词的构词理据和词义，有关复合词的教学应该向下延伸，着眼于较为具体的语义结构，将语义结构列为词汇教学内容。

鉴于语义类型会对二语者识解动宾复合词的词义产生影响，汉语教师在进行词汇教学的时候，不妨向学生讲解动宾复合词具有不同语义类型的知识以及复合词的构词理据。中级水平的二语者汉语已达到了一定的水平，也积累了一定量的词汇，对学习者已接触过的动宾复合词的语义类型，教师在教学时要注意归纳总结，可针对不同语义类型的动宾复合词采取切实可行的释义模式，如"动作+处所宾语"类可解释为"在某地做某事"，"动作+时间宾语"类可解释为"在某时做某事"等。这样既可以帮助二语者加深对动宾复合词语义结构的理解和对语义类型概念上的认识，也能帮助二语者更好地掌握动宾复合词的词义。此外，孟凯（2016）针对致使性动宾复合词的国际中文教学提出了"显隐教学"的方法，即对于致使性凸显的采取显性教学，不仅教材要突出复合词的致使义，教师在教学时也要强调复合词的致使性；而对于致使性较弱的复合词则直接呈现适当的词义即可。对于其他语义类的动宾复合词，我们不妨也采取这种"显隐教学"的方法，对同一语义类的复合词进行有针对性的教学。另外，在编写教材时，编写者可以以构词力较强、语素义易理解、较典型的语素为例,加强二语者对不同语义类型动宾复合词的理解,培养二语者运用构词语素和构词规则来推测复合词词义的能力。

4.2 重视复合词中语素义的教学

通过分析二语者对动宾复合词的释义不难看出,二语者在识解含有多义语素的复合词时,往往会出现误解,如将"变天"解释为"改变日子、时间",将"接机"解释成"接一个机器"等,这都是对多义语素的义项把握不准确的表现。根据崔娜、罗佳雯(2019)对一本常用初级国际中文教材的考察,对于某些多义语素,如"想"首次出现在课本中表示"希望、打算"义时,课本将其列为生词,但当"想"首次以"想念"义出现在课本中时,教材并没有将其列为生词。教材这样处理生词实际上会影响二语者对语句的理解,因此,教材在处理生词时,应考虑到生词的多义性。另外,国际中文教师在教学时,也应该向学生强调汉语语素的多义性,注意总结归纳,帮助学生形成语素可以多义的构词意识。二语者只有全面理解了语素的多义性,在识解复合词词义时才能更好、更准确地调动心理词库中已形成的语义系统。

4.3 加强复合词中同音字、形近字的教学

汉字教学一直被看作国际中文教学的重点和难点,学界也有很多关于提高国际中文汉字教学的研究(万业馨,2000;李如龙,2014等),因此在国际中文教学中,加强汉字教学也十分必要。汉语二语者在识解动宾复合词时,有时会受到形近字或同音字的干扰,如在本实验中,有些二语者将"壮胆"的"壮"误解为"假装"的"装",将"登顶"的"顶"误认为"项目"的"项",将"转正"的"正"误解为"证件"的"证",这些导致了词义误解,他们分别将这几个词解释为"假装胆子很大""登录项目""转什么证件"。二语者的这种表现说明,对汉字书写形式的误认会导致其对复合词词义的识解错误。国际中文教师在教学时,可以有意向学生讲授汉字的形义关系,加深学生对汉字的认识,帮助学生更好地识记汉字,这样也会更有助于

学生准确地识解词义。

　　学界对于汉字的教学方法进行了很多探讨（江新，2005；崔永华，2008；赵金铭，2011等）。根据朱文文、陈天序（2016）的研究，书面纠错性反馈对学习者的汉字书写有积极的影响。所以教师在汉字教学中，要观察学生的汉字书写情况，对于学生的错误书写要及时给予反馈，纠正其书写错误。汉字集形、音、义于一体，二语者在写对汉字的同时，可以更好地理解汉字所代表的意义，在识解词义时才能避免受到形近字的干扰。希望本研究能够对动宾式复合词的国际中文教学提供一些帮助。

:: 附录 ::

测试问卷

姓名（name）：_____　　国籍（nationality）：_____
母语（mother tongue）：_____　　HSK 等级（HSK level）：_____
学习汉语多长时间？(How long have you been studying Chinese?)：_____

　　请猜猜下面句子中画线词的意思，可以用汉语、拼音或英语作答。请不要查词典或其他资料，也不要询问他人，谢谢合作！（Please write down the meaning of the underlined words in the following sentences in Chinese, *pinyin* or English. Do not use the dictionary or ask others. Thank you for your cooperation.）

　　例：他不停地对着我眨眼。

　　　　眨眼：眼睛快速地一闭一睁。

　　1. 我经常和爸爸一起去公园滑冰。

　　　　滑冰：_____

2. 现在很多人都有脱发的问题。

   脱发：_____

3. 她需要我们给她壮胆。

   壮胆：_____

4. 拍戏是一件很辛苦的事情。

   拍戏：_____

5. 他三天都在陪床。

   陪床：_____

6. 这条路经常发生翻车事故。

   翻车：_____

7. 站队时要保持一定的距离。

   站队：_____

8. 退热药物最好交替使用。

   退热：_____

9. 我周日要去姐姐家里帮厨。

   帮厨：_____

10. 升温可能造成病情的迅速传播。

    升温：_____

11. 她的梦想是为家乡铺路。

    铺路：_____

12. 他认为这样的结果很恼人。

    恼人：_____

13. 三个小时后我们终于登顶了。

    登顶：_____

14. 妈妈告诉我快点儿回来，小心变天。

    变天：_____

15. 运动的好处包括强身和使我们保持活力。

    强身：_____

16. 女孩子最好搭伴旅行。

　　搭伴：_____

17. 我们不知道他离职了。

　　离职：_____

18. 想要富国，必须加强教育。

　　富国：_____

19. 她一直留着这件退色的衣服。

　　退色：_____

20. 今天他接到了转正通知。

　　转正：_____

21. 大家很喜欢这次的游园活动。

　　游园：_____

22. 现在丰胸变得越来越流行。

　　丰胸：_____

23. 最近电影院经常满座。

　　满座：_____

24. 他最喜欢拼图游戏。

　　拼图：_____

25. 她想问一下美甲要多少钱。

　　美甲：_____

26. 妈妈告诉我，任何人叫门都不要开。

　　叫门：_____

27. 换季的时候商场一般会打折。

　　换季：_____

28. 我们不能只做利己的事情。

　　利己：_____

29. 每个人都在讨论那个被判罪的人。

　　判罪：_____

30. 刚买的手机就跌价了。

   跌价：_____

31. 公司决定明天派我去接机。

   接机：_____

32. 老师让同学们编组学习。

   编组：_____

第五节　母语类型和补语的语义类型对二语者动趋式语义识解的影响*

一、引言

动趋式主要是由动词和表示趋向的动词构成的（吕叔湘，1980）。其中，趋向补语是汉语中位移事件的重要表达方式，语义常有所虚化，语音上一般会读为轻声，由其构成的动趋式相当于一个"复合动词"。Talmy（2000：117）根据语言中判断位移路径（path）的成分将语言分为两类：动词构架语言（verb-framed languages）和附加语构架语言（satellite-framed languages）。罗曼语族及日语、韩语都是动词构架语言，汉语和英语则是典型的附加语构架语言。Slobin（2004、2006）提出，像泰语和汉语这类"连动结构语言"（serial-verb languages）属于第三类均势框架语言（equipollently-framed languages），认为这种语言中"位移的方式和路径在相邻的动词上具有相同的权重（equal weight），并不能很好地归入Talmy的语言分类中"。可见，在位移事件的表达上，泰语和汉语相似程度更高。

这种语言类型学上的差异也体现在不同母语类型二语学习者的偏误上。母语为动词构架语言（如西班牙语、日语、韩语）类型的学习者，偏误主要是语义理解上的偏误和补语的错位（金善熙，2004；蒋旸，2014；何紫泉，2015）。而附加语构架语言（如英语、俄语）的学习者，偏误类型主要是错序和缺失类（李艳杰，2004；蔺冬，2017）。对与汉语相似度更高的泰语来说，陈晨（2005）指出，汉语中的趋向补语在泰语中基本都有对应，

---

* 本节内容是在北京语言大学硕士学位论文《母语类型和补语的语义类型对中级汉语二语者"V$_单$＋上"动趋式语义识解的影响研究》（2018）的基础上修改而成，作者为栾红叶。

如"上、起"在泰语中对应同一个词,"上来、起来"亦是对应同一个词,而且在结构形式上,汉泰差异主要体现在趋向补语和宾语的位置上,语义上的差异表现在趋向补语本义、引申义与泰语的不对应。所以,在偏误类型上多表现为趋向补语与宾语位置(也就是"错序")和空间方位义与引申义的偏误。

趋向补语是外国人或外族人学习汉语的语法难点之一(刘月华,1998:1),既然这一语言点一直是学习者的难点,是否也与外部环境(如教材、教学)有关呢?王隽颖(2008)调查国际中文教材发现,教材比较注重趋向补语结果义的教授,其他意义较少。而在语义偏误中,不管是初级还是高级,一直都有一类"趋向意义的偏误",即学习者对趋向补语最基本的语义掌握得并不理想。

识解是我们用交替的方式对同一场景进行概念化的认知能力(张辉、齐振海,2004),即语言使用者对语言场景的概念化意义解读。对二语者来说,受母语迁移和目的语泛化的影响,他们对目的语词语意义的解读也会产生差异。本节的语义识解是运用实证研究的方法来探求二语学习者如何运用多种方式或策略对"熟字生词"进行意义解读,了解学习者对这类词语的认知策略,探求合适的教学方法。目前该类研究已覆盖复合词的不同结构类型,如赵凤娇(2017)对并列式复合词语义识解的研究、刘玉倩(2017)对反义并列复合词的研究、田明明(2017)对以"看X"为例的动结式复合词语义识解的研究等。这些研究多是采用纸笔测试的方法,运用无语境或中性语境设计,"在没有语境条件下,被试完成语言任务的表现可能与其认知因素有关"(许保芳等,2012),这也更有利于了解学习者的识解过程。

我们选取了在趋向补语习得顺序中较易习得的简单趋向补语(杨德峰,2003;肖奚强、周文华,2009)"$V_{单}$+上"为研究对象,根据范继淹(1963)的研究,简单趋向补语中,趋向补语"上"基本适用趋向动词可出现的所有句法结构，且出现频率非常高。语义上，"上"涵盖了刘月华（1998：1）划分的三类语法意义：趋向义、结果义和状态义[①]。此外，王立（2003）指出："由动词和趋向补语构成的动趋式中，双音节的动趋式有一定的词化倾向，在公众词感上也常常作为整体被认知。"所以，我们选取"V单+上"动趋式作为研究对象，以此管窥影响汉语二语者识解动趋式的母语类型和语义类型因素；进而通过语义识解测试，构建不同母语类型的二语者对"V单+上"动趋式的识解难易梯级，以探求趋向补语的教学方法。

二、研究方法

本研究采用 4×2 两因素混合实验设计，包括两个自变量：动趋式的四种语义类型（方向义、实体接触义、目标达成义、起始义）和被试的母语类型（韩语、泰语）。

2.1 被试

被试的母语类型为韩语（动词构架语言，与汉语不一致）和泰语（连动结构语言，与汉语一致），被试为北京语言大学汉语学院二年级和清华大学中文系交换班的留学生，共 30 名。其中北京语言大学汉语学院二年级留学生共 15 名，皆为泰语类型；清华大学中文系交换班留学生共 15 名，皆为韩语类型。所有被试都通过了 HSK 五级，未通过 HSK 六级，学习汉语的时间都在 1.5—2 年，汉语达到中级水平。

2.2 实验材料

2.2.1 目标动趋式的选择

趋向补语的语义研究中，学界多以刘月华（1988、1998）的趋向补语语义"三分说"（趋向义、结果义和状态义）为主。而且，由于趋向补语的语义多少有所虚化，一般称为语法意义。由于趋向补语常与普通动词共现

[①] 根据刘书的研究，并不是所有的趋向补语都有状态义，只有"起来、起、上、开、下来、下去"才有状态义。

构成动趋式，其语义也会受到前面普通动词语义的影响，凸显某个语义要素，所以我们参考了郭霞（2013：131）根据 EC 模型（ECM，Event-Domain Cognitive Model，事件域认知模型）划分的"V＋上"动趋式语义类型（位移义、结果义和状态义）。

"V$_{单}$＋上"动趋式在现有词典以及国际中文教育词表中都未大量呈现，由于其能产性和自由性较强，多是作为一种句法结构，所以我们采用基于语料库①的方法收集了202个动趋式。在语料的基础上，结合郭霞（2013：131）的三种语义类型，以及"V$_{单}$"的不同义项和运动事件凸显的"上"的语义要素，我们将"V$_{单}$＋上"分为三种基本语义类型：方向义（凸显位移方向"由下到上"，如"爬上"）、结果义（凸显位移的结果"到达终点"，如"合上"）和起始义（凸显位移在时间上的"起始"状态，如"爱上"）。结果义又可以根据搭配动词的不同，分为实体接触义（凸显位移终点是两个面的接触，如"合上"）和目标达成义（凸显位移终点是通过动作达成某个目标，如"考上"）。这四种语义类型（方向义、实体接触义、目标达成义、起始义）的语义虚化程度逐类递增。

为了将语境对意义的影响降到最低，我们剔除了过分依赖语境的动趋式（如多义动词"拉"构成的"拉上"）和语料库中出现频次为1的动趋式〔"翻上（云端）"〕。而"上"作为动词在《等级划分》中是普及化等级的一①，基本义较易掌握，V的范围则不确定。为保证目标词语中的构成成分是被试（中级水平汉语学习者）学过的，我们只选取了动趋式中的"V$_{单}$"在《等级划分》中为普及化等级的词，共87个。

语料库中的高频词属于自然复现率较高的词，对学习者来说，其输入频率也比较高，所以，为控制频率对语义识解的影响，我们需要控制目标词的

---

① 本研究使用的语料库为国家语委现代汉语语料库，该语料库是一个大规模的平衡语料库，语料库总词语数为162875个（指语料库出现的分词单位的个数）。

词频。本节采用标准频数法[①]进行词语筛选，选用了百万词次出现频率介于 1 到 10 之间（不包含 1 和 10）的中频词[②]，这类词没有高频词复现率高，但比低频词更常用，更容易引导出二语者语义识解的真实输出情况。我们得到 40 个位于 1 次到 10 次之间的"V$_单$+上"动趋式。

最后，我们根据以上标准和每个动趋式的典型性，平衡"V$_单$"这一成分在语料库中的字频，在每种语义类型中选取 5 个，共得到 20 个"V$_单$+上"动趋式作为本研究的目标测试词，即：

方向义：飞上、提上、跑上、跳上、升上

实体接触义：合上、写上、放上、拿上、围上

目标达成义：吃上、当上、考上、送上、追上

起始义：爱上、迷上、说上、用上、过上

2.2.2 句子语境的设置

为保证句子的语境为中性语境，我们采用 5 度量表进行测评，请三名汉语为母语的语言学专业研究生对语境支持度进行评定。对语境支持度过强或过弱的句子进行修改，以保证句子的语境支持度均值介于 2—4（不包括 2 和 4）。

以"写上"为例，最终的测试语境为：

你可以在这里写上你的名字。

2.2.3 施测

本实验要求被试在不查词典的情况下猜测目标动趋式的语义（见本节附录）。测试手段是纸笔测试，要求被试独立完成本测试。泰语部分由笔者监

---

① 马广惠（2016：96）指出，确定词频的方法有两种：一种是绝对次数排序法，即统计词汇在语料中出现的频数，然后从高到低进行排序；一种是标准频数法，即统计词汇在语料中出现的次数，然后计算每个词在百万词语料中出现的次数。

② Zeno et al.（1995）在英语研究中，将高频词定义为每百万词出现 10 次及 10 次以上的词。在百万词语料中仅出现 1 次或少于 1 次的词，则属于罕见词。那么，位于 1 到 10 次（不包括 1 次和 10 次）的词则属于中频词。本研究依循这一研究结论。

督,韩语部分采用随堂测试的形式收集。被试可以按照自己的时间和速度完成测试,大多在20分钟内完成。

2.2.4 成绩评定

本研究结合《现汉》第6版的释义,采用赵玮(2016)成绩评定的5个级别进行评分,最低分为0分,最高分为4分。由于不同语义类型凸显的语义要素不同,对语义分值的赋值也有差异。具体标准如下:

(1)0分:未作答或完全错误。未作答包括被试没有写出语义和写"不知道"两种情况;完全错误指的是所写答案在结构和语义上与目标动趋式完全不相关,如将"合上"解释为"不管"。

(2)1分:不太正确。包括:①结构把握不准确或"$V_单$"语义不准确,即将动趋式解释为状中式,如将"跑上"解释为"뛰어가다(Ttwieoga-da,跑着去)",其中的"어(eo)"为韩语中的助词词尾,表方式,所以整个结构为状中式,语义中心在"去";②"$V_单$"语义不准确,如将"送上"解释为"แถม(tham,免费赠送)",不同于"送"的"递送"义。

(3)2分:部分正确。主要包括在语义中只体现了"$V_单$"的语义,语义基本正确。具体包括以下几种情形:①只写出了"$V_单$"的语义,并未体现趋向补语"上"的具体语义,如将"送上"解释为"보내다(Bonaeda,递、送)",并未体现出补语"上"的"到达"义。②在方向义中,趋向补语"上"的语义不准确,如将"飞上"解释为"날아가다(Naraga-da,飞走)",即将"上"识解为结果义的"走",而不是方向义;将"上"解释为方位名词,具有方向义,但与汉语成分的原义不同,如将"放上"解释为"วางบน(wangbun)",其中的"บน(bun)"与"桌子上"中的"上"语义一致,意为"上面"。

(4)3分:基本正确。动趋式的结构义及各构成成分凸显的语义基本解释出来了,只是部分构成成分的语义不够准确。具体包括以下几种情形:①将"$V_单$"的语义联想到近义或类义的动词,如在方向义中,将"跳上"

解释为"爬上";在起始义中,将"爱上"解释为"喜欢上","爱"与"喜欢"语义相近。②补语"上"的语义解释得不够准确,如将"写上"解释为"写出来",即将补语"上"的语义识解为趋向补语"出来",语义类似,且此时被试已将动趋式的结构义解释出来,不同于将"飞上"解释为"飞走"中的结果义;将补语"上"的语义识解为其相反义,如将"跑上"解释为"วิ่งลงไป(wink lung pai,跑下去)",即将"上"识解为"下去",二者在语义上是相反的,但动趋式的结构义已体现出来。③在实体接触义、目标达成义和起始义中,语义识解中包含"$V_单$"的语义和趋向补语凸显的语义特征,但不准确,如将"说上"解释为"继续说",语义识解中已包含起始的含义。

(5)4分:完全正确。词语结构及具体构成成分的语义皆正确,具体包括以下几种情形:①在方向义中,语义识解中包含动作义和方向义,如将"飞上"解释为"从下面飞上去",即将"上"识解为方向上的位移"从下面到上面";②直接将动趋式解释为母语中有对应语义的词语,如将"跑上"解释为"วิ่งขึ้น(wink khun,跑上)",其中的"ขึ้น(khun)"为泰语中表趋向的"上",可以直接作为补语放在动词后面,构成与汉语类似的动趋式;③在实体接触义、目标达成义和起始义中,语义识解中包含各构成成分的凸显语义特征,如将"说上"解释为"พูดถึง(Pood tueng,说到)",其中的"ถึง(tueng)"为介词"到达(+时间)"。

测试中,允许被试使用汉语或母语进行作答,所以我们在处理被试的答案时,邀请了高水平的母语者进行翻译转写,然后由三名汉语语言学专业的研究生根据以上评分标准对被试的答案进行评分。三名评分员的肯德尔系数为0.817,一致性较高。我们以三名评分员所评分数的平均分作为被试在每个目标动趋式中的得分,以每种语义类型中5个动趋式得分的均值作为这一语义类型的最终成绩。

三、结果

从被试的得分来看,整体处于 2 分段,且每种类型的均值并不相同,实体接触义得分最低,方向义得分最高。从母语类型来看,泰语母语的学习者在绝大多数的词语识解上都优于韩语母语的学习者。由此可见,语义类型和母语类型会影响二语者对动趋式的语义识解。那么,这种影响是否显著?两类影响因素之间是否存在交互作用?我们接下来用统计分析的方法来探究这两个问题。

我们使用 SPSS23.0 对 30 名被试四种语义类型的得分进行了重复测量方差分析,结果如表 1-17 所示:

表 1-17　不同语义类型和母语类型"$V_{单}$ + 上"动趋式语义识解的平均成绩及标准差

母语背景	语义类型			
	方向义	实体接触义	目标达成义	起始义
泰语背景	2.700（0.480）	1.800（0.370）	2.500（0.420）	2.100（0.300）
韩语背景	2.000（0.430）	1.500（0.440）	1.800（0.310）	1.900（0.240）
整体情况	2.389（0.550）	1.740（0.430）	2.220（0.500）	2.060（0.300）

结果显示:

(1) 语义类型主效应显著,$F(3, 84)=23.586$,$p<0.01$,说明"$V_{单}$ + 上"动趋式的语义类型会影响二语者的语义识解。每种语义类型中,平均值越大,说明这一类的识解难度越小。由此可知,四种语义类型的难易梯级为("<"表示"易于"):方向义 < 目标达成义 < 起始义 < 实体接触义。其中,"实体接触义"这一语义类型与其他三类的差异比较明显。

(2) 母语背景主效应显著,$F(1, 28)=22.824$,$p<0.01$,说明学习者母语所属的语言类型会影响其对"$V_{单}$ + 上"动趋式的语义识解。泰语母语

的学习者对动趋式的识解明显优于韩语母语的学习者。

（3）语义类型和母语类型存在交互作用，$F(3, 84)=3.910$，$p<0.05$，且作用显著，说明一个因素如何起作用要受到另一个因素的影响。（见图1-2）

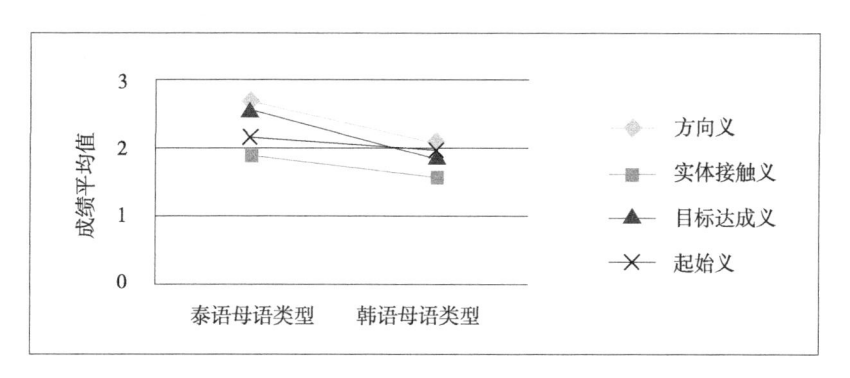

图1-2 不同母语类型的被试四种语义类型"$V_单+上$"动趋式识解成绩

为此，我们又对这两个因素进行了简单效应检验。在本测试中，简单效应检验主要进行了母语类型下语义类型效应的检验，我们从泰语和韩语这两种母语类型来看"$V_单+上$"动趋式四种语义类型之间的对比。

（1）泰语母语类型中，"$V_单+上$"动趋式语义类型之间交互作用显著，$F(3, 26)=16.310$，$p<0.001$，该母语类型的识解难易度梯级为：方向义＜目标达成义＜起始义＜实体接触义，与整体的难易度梯级具有一致性。其中，实体接触义、目标达成义、起始义之间的难易度梯级是比较显著的（每两种语义类型之间的p值皆小于0.001），方向义与目标达成义、方向义与起始义之间的难易度梯级亦较为显著（p值皆小于0.001），但方向义与目标达成义之间的难易度差异并不显著。

（2）韩语母语类型中，"$V_单+上$"动趋式语义类型之间交互作用显著，$F(3, 26)=5.889$，$p=0.003$。该母语背景的识解难度梯级为：方向义＜起始义＜目标达成义＜实体接触义，与整体的识解难度梯级有一定的差异。其中，实体接触义的识解明显难于其他三类（实体接触义与其他三类的p

值皆小于 0.01），但其他三类之间的难易度差异并不显著。

由此可知，实体接触义对两种母语类型的学习者来说，都属于较难识解的语义类型；方向义则属于较易识解的语义类型；而目标达成义和起始义，两种母语类型的学习者识解难易度有所不同。在不同母语类型的被试中，部分语义类型之间并非都具有显著性。

四、讨论

4.1 实体接触义识解难度最高

测试结果显示，"$V_单$ + 上"动趋式中实体接触义最难识解。表示结果的实体接触义是补语"上"的引申义，即表示动作发生后的结果，内含因果关系，具有致使性，语义较为具体，却为什么最难识解呢？原因有二：

一是在泰语和韩语中，表示接触的结果义皆已包含在动词成分中，不需要补语成分另行说明。如"合上"，被试会联想到相似结构"关上"，而在泰语中，"关门"其实就已经包含了"把门关上"这个含义，所以被试看到"关上"想到的是动词成分"关"的语义，不包含结果是否接触。在韩语中，"位移"与"路径"是直接由一个动词承担的，动作的结果也直接由动词成分承担，而且韩语的助词词尾非常丰富，如"放上"，很多学习者会翻译为韩语的"놓여 있다（Noyeo it-da，放着）"，其中"다（da）"为句末词尾，"놓（No）"为动作"放"，剩下的部分表状态，整词可以译为"放着"；此外，韩语母语的学习者会根据句子语境推断"放上"的含义，将"上"识解为一种助词词尾，而不是一种具有实在语义的补语成分。

二是测试的题型是主观释义题，测试中的"上"语义或多或少会有所虚化，语义描写较难，特别是"实体接触义"中"接触"这一语义要素，较难单纯通过汉语进行描写。而在评分标准中，为体现出语言类型上的差异，将只包含动词成分的解释直接划归到2分中，可能会忽略韩语中动词成分就已经包含了动作结果的语义这一实际情况。

4.2 方向义和目标达成义的母语类型差异最明显

根据 Talmy（2000）和 Slobin（2004、2006）的研究，泰语在位移事件表达上与韩语有较大差异，泰语中有与汉语类似的动趋式，而韩语的"动作—路径"通常由一个动词来承担，没有类似于"V_单+上"的结构。受到母语负迁移的影响，韩语母语学习者可能会用其他结构来辅助识解。

方向义中，泰语中的"ขึน（kuan）"对应汉语中的"起、上"，"มา（ma，来）"对应汉语中的"来、上、下来、出、出来、起、过、过来"（陈晨，2005）。对韩语母语学习者来说，没有相应的结构，如"跑上"，会翻译为"뛰어가다（Ttwieoga-da）"，即"跑着去"，变为以"去"为中心的状中结构。目标达成义中，以"吃上"为例，泰语母语学习者会解释为"ได้กิน（daigin，吃到）"，"ได้（dai）"这个成分放在动词前可以为助动词，相当于"了、过"，表示动作完成，放在动词后可以翻译为"能、能够、可以"；而韩语中，"吃上"解释为"먹다（Meok-da，吃）"，"다（da）"为句末词尾，直接表达动词成分的语义。

邓守信（2009：127）指出："如果母语和目标语的结构相同，将会让学习者自动地正迁移。"所以说，表方向义和目标达成义的"V_单+上"动趋式对泰语母语学习者来说，难度等级是较低的，识解成绩也较高。

4.3 泰语母语学习者识解成绩整体优于韩语母语学习者

从测试结果来看，泰语母语学习者识解成绩整体优于韩语母语学习者，且方向义和目标达成义这两种语义类型的差异最为明显。

根据 Talmy（2000）和 Slobin（2004、2006）的研究，泰语与汉语表达位移事件的方式更相似，都存在使用相应的趋向补语来表达"运动—路径"的概念。我们对 15 名泰语母语学习者四种语义类型的识解成绩分布做了统计（见图 1-3）。

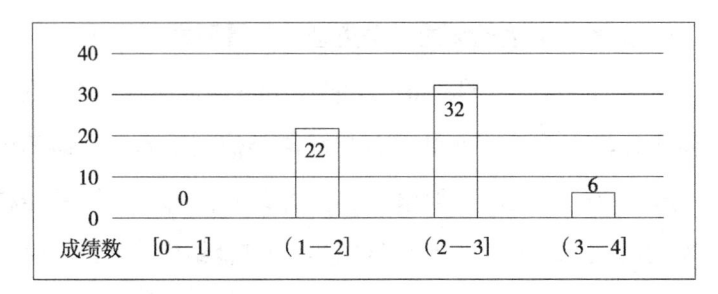

图 1-3　15 名泰语母语学习者四种语义类型"V$_单$+上"动趋式识解成绩分布

由图 1-3 可知，泰语母语学习者四种语义类型"V$_单$+上"动趋式的识解成绩主要在（2—3]区间。我们也对 15 名被试 20 个"V$_单$+上"动趋式的 300 个识解成绩进行了分析，得分在 3 分及以上的有 91 个，占总数的 30.33%，准确率算比较高了。这也解释了泰语母语学习者识解难易度梯级的显著性和准确性。

韩语母语学习者识解成绩的分布则异于泰语（如图 1-4 所示），每个语义类型的平均分主要分布在（1—2]区间。其中，得分最高为 2.8，最低为 0.93，分数跨度较小。在每个动趋式的得分中，2 分及 2—3 分的有 180 个，占总数的 60%。也许正是分数跨度小且较为集中，导致其识解难易度梯级中各语义类型之间的显著性不高。这可能与本研究测试词语不够多、被试量也不是很大有关。相较于泰语母语学习者，韩语母语学习者更倾向于将动趋式的语义识解为动词成分的语义。

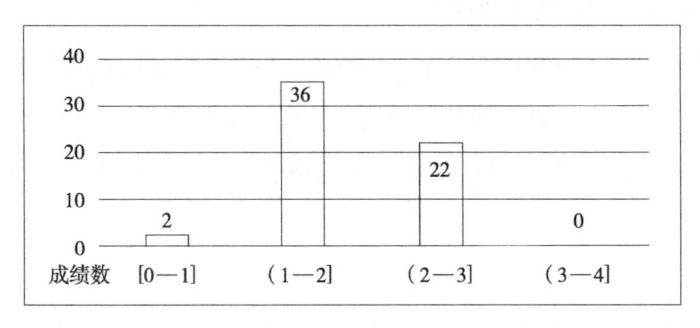

图 1-4　15 名韩语母语学习者四种语义类型"V$_单$+上"动趋式识解成绩分布

为确定是否是母语类型对动趋式识解产生了影响，我们又对15名非语言学专业的汉语母语者进行了相同的测试，成绩如图1-5所示：

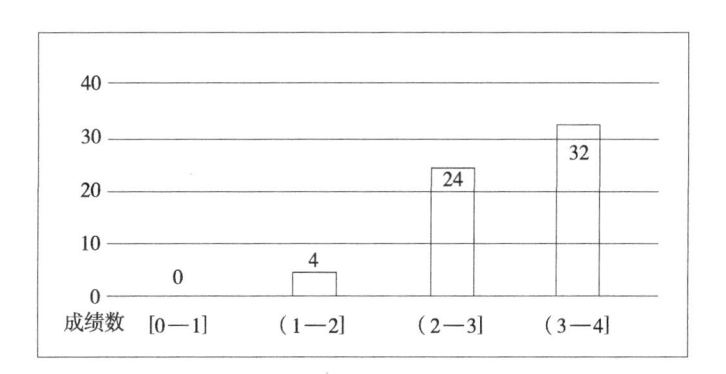

图1-5　15名汉语母语者四种语义类型"$V_{单}$+上"动趋式识解成绩分布

由图1-5可知，汉语母语者对"$V_{单}$+上"动趋式的识解成绩主要位于（2—4]区间，与泰语背景学习者的成绩分布重合度较高。此外，我们同样对15名被试20个"$V_{单}$+上"动趋式的300个识解成绩进行了分析，得分在2—3分的有54个，占18%；得分在3分及以上的有186个，占62%。可见，对于该类动趋式，汉语母语者在没有受过语言学专业训练的情况下，凭语感也能正确理解其语义。泰语母语学习者的识解与汉语母语者相似，说明母语类型的确会影响"$V_{单}$+上"动趋式的语义识解。

五、教学启示

5.1　教学顺序应尽量与识解难易度匹配并及时归纳总结

本研究中，"$V_{单}$+上"分为四种语义类型：方向义、实体接触义、目标达成义、起始义。它们并非是没有联系的，都是由基本义，即方向义（位置由低到高）出发：凸显终点，由具体到抽象引申出实体接触义和目标达成义；凸显始点，虚化出起始义。

根据本研究的测试结果，不同语义类型的识解难易度不同，所以我们认为"$V_单$+上"动趋式的教学顺序也应不一样。按照由易到难的教学原则，不同语义类型的动趋式出现的顺序和方式也应不一样，即对于"方向义、实体接触义、目标达成义、起始义"这四种语义类型，教学顺序最好与其识解难易度相对应，由易到难进行教材编写和课堂教学。此外，不同母语类型的学习者学习难点不同，也需要教师对该结构的语义和用法及时进行归纳总结，并在条件允许的情况下指出其与学习者母语对译结构的异同。

5.2　教学要考虑到不同母语类型学习者的语义识解难点

汉语中的趋向补语是位移事件的重要表达方式，其与动词构成的动趋式也是非常具有汉语特色的结构。泰语和韩语由于在位移事件概念表达上分属不同的语言类型，与汉语的相似度也不同，所以学习者会受到母语迁移的影响形成不同的学习难点。这就要求二语教学"重视语际差异，加强对比研究"（施春宏等，2017）。具体来说，对于不同语义类型的"$V_单$+上"动趋式，方向义和实体接触义的识解难易度具有共通性（方向义较易识解，实体接触义较难识解），需要教师进行集体训练；目标达成义和起始义的识解难易度具有特异性，要求教师分别对待，针对不同母语类型（尤其在本土化的汉语二语教学中）单独训练。

教师还应明确不同母语类型学习者的学习困难和相应的教学方法。邓守信（2009：127）指出，对于目的语与母语有类型对应的语言点，要采用"零教学"，即在教材中处理这些正迁移的语法时，不必进行教学或说明，只需要出现并练习即可。所以，对于以泰语为代表的与汉语动趋式具有类似表达方式的母语背景的学习者，应注重练习补语的基本义，如方向义；但对于语义结构上需要建立新的认知概念的类型，如实体接触义，则需要因材施教，重点进行讲解和说明。同样，对于以韩语为代表的与汉语动趋式表达方式不同的母语背景的学习者，则需要强调趋向补语表达"路径"的特点，突出汉外有别的表达特点。

5.3 重视"V$_单$+上"动趋式的方向义教学

为了解动趋式的教学现状，我们调查了5套汉语教材：《汉语会话301句》（康玉华、来思平，2015）、《成功之路》（邱军主编，2008）、《新实用汉语课本》（刘珣主编，2015）、《发展汉语》（李泉主编，2011）和《博雅汉语》（李晓琪主编，2013）。这5套教材都提到了"上"的结果义，其他意义仅零星提及。有两套教材将"动词+上"这一结构作为语言点单独列出，如《博雅汉语·准中级加速篇》将"动词+上"作为单独的语言点，但只强调了"表示动作或事情开始并持续下去"的语义。这也许与教材的目标学生人群以及学习时间长短不同有关，但也反映出目前教学中趋向补语"上"的教学现状。

"V$_单$+上"动趋式语义丰富，构成成分结合紧密，但整个动趋式并未成词，具有较强的能产性，所以教学多是按规则教，学习者也容易忽略其特殊性。对于该动趋式的结果义，本研究分为实体接触义和目标达成义，从测试结果来看，学习者并未因补语"上"表结果很常用而获得理想的识解效果，反而作为其基本义的方向义是最容易识解的。趋向补语"上"的结果义及更为虚化的起始义都是由方向这一基本义引申而来的。所以在教学中，教师也需要重视"上"类趋向动词作为趋向补语的意义和用法，从"上"基本的方向义出发，帮助学习者逐步构建此类源起于表达位移事件的动趋式的语义系统。

本研究对二语学习者"V$_单$+上"动趋式语义识解的实证研究表明，动趋式语义复杂，学习者的母语类型对其习得也有影响。而且，趋向补语的习得会存在"化石化"现象，有待研究的动趋式类型还有很多。希望本研究能够为不同类型动趋式的语义识解研究和趋向补语教学提供参考和借鉴。

∷ 附录 ∷

测试问卷

您好！很高兴能邀请到您参与我们这次的问卷调查。请您花费十几分钟的时间来回答问卷中的几个问题。该问卷包含两部分：第一部分是您的个人信息调查，希望您能如实填写；第二部分是问卷正文，共有20个题目。本测试完全保密！谢谢您的支持与配合！

Hello! It is very glad to invite you to participate in our survey. We need you to spare a few minutes to answer the following questions in this questionnaire carefully and authentically. And this questionnaire has two parts: the first part is about your personal information, please answer these questions according to your real situation; the second part is the body of the questionnaire, including 20 questions. Your answers will be kept strictly confidential! Thank you very much for your support and cooperation!

第一部分　个人信息　Part One　Personal Information

本部分需要您填写一些个人信息，请您如实填写。该信息是为了研究的需要，内容完全保密！您可以用**汉语**作答。

In this part, you need to fill in some personal information. We hope you can write the answers carefully and authentically in **Chinese**. We will inform you that your answers will be kept strictly confidential, and it is just for our study.

1. 您的国籍 Nationality：_____

2. 是否通过（pass）了 HSK 考试：

　　□是 Yes　等级 Level：_____

　　□否 No

3. 你学了多少年汉语？ How many years have you learned Chinese?

　　_____年_____个月

4. 你在中国学了几年汉语？ How long have you learned Chinese in China?

　　_____年_____个月

第二部分　测试正文　Part Two　Questionnaire

本测试共有20个题，请您猜猜画线词语的意思，可以用**汉语或母语**。请不要查词典，也不要问其他人，谢谢合作！

There are 20 sentences, and you can guess the phrases/words underlined using **Chinese or your native languages** without dictionaries or others' help. Thanks!

1. 我看到一个纸袋飞上天了。

　　飞上：_____

2. 升上高中后，我就不喜欢读书了。

　　升上：_____

3. 等我提上包走出门，朋友已经走了。

　　提上：_____

4. 他书包也没放下就跑上楼了。

　　跑上：_____

5. 小狗跳上我的桌子喝牛奶。

　　跳上：_____

6. 一接到电话，他就合上笔记本离开了。

　　合上：_____

7. 你可以在这里写上你的名字。

　　写上：_____

8. 房间里放上花就不一样了。

　　放上：_____

9. 他什么也没说，拿上衣服就出门了。

　　拿上：_____

10. 吃的刚放下，就围上一群孩子。

　　围上：_____

11. 朋友说在唐人街可以吃上中国菜。

　　吃上：_____

12. 这次，他终于当上班长了。

　　当上：_____

13. 没想到我考上这所大学了。

　　考上：_____

14. 吃完饭后，服务员给我们送上白开水。

　　送上：_____

15. 感谢你帮我追上那个小偷。

　　追上：_____

16. 因为孩子我才爱上画画儿的。

　　爱上：_____

17. 很久以前他就迷上音乐了。

　　迷上：_____

18. 我觉得他的故事可以说上两天。

　　说上：_____

19. 这个手机用上三年也不会坏。

　　用上：_____

20. 我们都过上幸福的生活了。

　　过上：_____

第六节　新词语的语义范畴归属及二语者的语义识解[*]

一、引言

范畴（category）是人类对外界事体属性所做的主观概括，是以主客观互动为基础对事体所做的分类（王寅，2006：97）。服装在人类文明中不可或缺，是日常活动的重要组成部分，因此服装范畴也成为一种必要的语言范畴（language category）。服装范畴中，裙子、裤子、袜子本为离散的（discrete）、界限清晰的次范畴（subcategory），正常情况下我们不难识别它们，也不难对它们进行分类并给予合适的类别名称（Ungerer & Schmid，2006/2008：7）。如《现汉》第7版对以上三词的释义分别为：

【裙子】一种围在腰部以下、没有裤腿的服装。

【裤子】穿在腰部以下的衣服，有裤腰、裤裆和两条裤腿。

【袜子】一种穿在脚上的东西，用棉、毛、丝、化学纤维等织成或用布缝成。

随着社会的发展，新式服装不断涌现，出现了类似"裤子和袜子连在一起的衣服"。这样的服装打破了原本明晰的次范畴之间的界限，次范畴边界变得模糊不清，原有词语已难以表达次范畴之间的边缘成员。这就需要创造新词语来表达这些新产生的服装。

我们发现，在表达新式服装时，有时人们会把同一种服装划分到不同的

---

[*] 本节内容曾以《新词语的语义范畴归属及二语者的语义识解——以服装范畴AB/BA型新词语为例》为题发表于《汉语应用语言学研究（第6辑）》（北京语言大学对外汉语研究中心编，北京：商务印书馆，2017年），收入本书时有改动。作者为张舒、孟凯。

次范畴中，如 AB/BA 型"裤裙 / 裙裤"，有人称为"裤裙"，说明更倾向于认为其是"裙子"；有人称为"裙裤"，说明更倾向于认为其是"裤子"。那么，"裤子和裙子连在一起的服装"〔见本节附录"测试问卷（一）"第 2 题的图片〕到底是裙子还是裤子？同一种服装为什么要在原本离散的两个次范畴"裤子"和"裙子"里分别命名？为什么要采用同素异序方式命名？这些问题都与服装范畴中新词语的语义次范畴归属有关。

本节即以属于人类基本语义范畴的服装范畴为例，通过汉语母语者和汉语二语者对其中 AB/BA 型新词语认可度（recognition degree）的比较，探讨新词语的语义范畴归属（belonging of semantic domain），并预测其生存度（subsistence degree）。同时，通过分析二语者对服装范畴新词语语义识解的测试结果，进一步探析新词语的可理解度，以期为新词语的创造和二语词汇教学提供参考性建议。

我们选取服装范畴中的两组 AB/BA 型新词语"裤裙 / 裙裤"和"裤袜 / 袜裤"为研究对象，一是因为它们属于同一种服装由两个新词语来表达的典型，说明人们对指称同一事物的两个新词语的认可度可能存在差异；二是因为它们都兼有两个次范畴的部分属性，一定程度上可以折射出汉语词汇如何表达范畴归属不清的边缘成员的问题。这 4 个新词语均出现于北京语言大学 BCC 语料库和互联网，但均未出现于《等级划分》。这可以保证母语者差不多会接触或应用到这几个新词语，而二语者在课堂学习中一般还不会接触到，主要凭语感（language intuition）或构词法知识猜测这些新词语的语义。

二、服装范畴 AB/BA 型新词语的语义范畴归属及生存度预测

2.1 服装范畴 AB/BA 型新词语的语义范畴归属

鉴于服装范畴的普遍性，本节选择对汉语母语者和二语者都展开有关这一范畴两组 AB/BA 型新词语"裤裙 / 裙裤"和"裤袜 / 袜裤"的语义认可

度测查。我们在微信上通过问卷星对200名母语者和47名高级二语者进行了相同的问卷测试〔见附录"测试问卷（一）"〕。测试形式为要求被试为图片选择最合适的名称。母语者专业背景多样，系统学过语言学知识的较少。由于服装类新词语基本不是常用词，需要二语者被试具备一定的词汇量和汉语构词法的初步知识，方能进行词语语义识解或猜测（孟凯，2012a、2016等），因此我们选择了高级二语者（HSK五级及以上）。

"裤裙/裙裤"和"裤袜/袜裤"均不是服装范畴内基本层次范畴的成员，处于两个相邻范畴的中间地带，与两个相邻范畴均有共同属性。即"裤裙/裙裤"既非裙子中的典型成员，亦非裤子中的典型成员；"裤袜/袜裤"既非袜子中的典型成员，亦非裤子中的典型成员。A、B换序并置，产生了AB、BA两个定中式同素异序新词语，表达两个服装次范畴之间的同一个边缘成员。不过，"裤裙/裙裤"和"裤袜/袜裤"与以往所研究的定中式同素异序词不同，如"砖茶/茶砖"。宋作艳（2014）指出，"砖茶"和"茶砖"指同一种事物，但命名方式不同，意思不同，"砖茶"是"形状像砖的茶"，"茶砖"是"茶做的砖状物"。尽管二者命名方式不同，但语义范畴归属清晰，即这对同素异序词的语义范畴没有改变。"裤裙/裙裤"和"裤袜/袜裤"则不然，如"裤裙"按字面义理解应是"与裤子连在一起的裙子"，"裙裤"按字面义理解则是"与裙子连在一起的裤子"，但两个词指称的事物相同，命名方式也相同，可字面义理解起来的语义范畴归属却不同。可见，"裤裙/裙裤""裤袜/袜裤"是人们不知该将这种服装划定在哪个语义范畴而权宜产生的AB/BA同素异序词语。当然，这与此类新式服装与A、B两个次范畴都具有一定的家族相似性有关。虽然这4个新词语都在使用中，但是汉语使用者（包括母语者和二语者）对它们的认可度是否相同？两个群体的认可度是否具有一致的倾向性？（见表1-18）

表 1-18　汉语母语者和二语者对"裤裙/裙裤""裤袜/袜裤"的认可度

图片	AB/BA	汉语母语者		汉语二语者	
		频次	比重（%）	频次	比重（%）
	裤裙	111	55.5	24	51.06
	裙裤	89	44.5	23	48.94
	裤袜	177	88.5	30	63.83
	袜裤	23	11.5	17	36.17

表 1-18 显示，在"裤裙/裙裤"和"裤袜/袜裤"两组 AB/BA 型新词语中，母语者和二语者都对"裤裙"和"裤袜"的认可度较高，即两个群体多认为"裤子和裙子连在一起的"为裙子，"裤子和袜子连在一起的"为袜子。不过，两组新词语的认可倾向度却有所不同：一方面，两个群体对"裤裙/裙裤"的认可倾向性都不太明显，说明这种服装作为裙子或裤子的属性都较为凸显或都不够凸显，相邻范畴之间边界不清且相互渗透（Ungerer & Schmid，2006/2008：24）使得人们不易将这种服装明确地置于某一范畴；而两个群体对"裤袜/袜裤"的认可倾向性都比较明显，尤其母语者，说明这种服装作为袜子的属性更加凸显。另一方面，母语者对两组 AB/BA 新词语的认可倾向度都比二语者要显著，"裤裙/裙裤"组的比重差比对为 11：2.12，"裤袜/袜裤"组的比重差比对为 77：27.66，说明即使是高级二语者，在面对汉语新词语时依然会产生拿捏不准语义、语感模棱两可的现象；而语感清晰的母语者对同一组 AB/BA 中的某一词会更认可，这将促使该词的使用频率增加，也会愈加排挤另一词的生存空间。

2.2 服装范畴 AB/BA 型新词语的生存度预测

上述分析让我们看到，母语者和二语者对"裤裙/裙裤"和"裤袜/袜裤"的认可倾向性基本一致，只是认可度有别。这个测试结果可以帮助我们预测这两组 AB/BA 型同素异序新词语的生存度。一般而言，在表义都比较明确的前提下，社会认可度明显较高的新词语会经得起时间的考验而留存下来，社会认可度差别不大的一组新词语共存的时间会较长。就本次测试来看，母语者和二语者的认可倾向都不是特别明显的"裤裙"和"裙裤"可能会长期共存，而两个群体的认可度差异都较大的"裤袜/袜裤"的发展趋势则可能是：认可度较高的"裤袜"或会留存下来，认可度较低的"袜裤"或会逐渐消亡。

为了考察两组 AB/BA 型新词语的大规模使用情况与本节的测试结果是否一致，我们在百度引擎上对这两组 AB/BA 型新词语进行了搜索。结果显示：裤袜 65,800,000 个，袜裤 10,700,000 个；裤裙 12,500,000 个，裙裤 31,800,000 个。"裤袜/袜裤"一组的百度检索结果与我们的测试结果一致，可进一步证明这种新式服装作为袜子的属性更为凸显，"裤袜"一词的生命力应该会更强。"裤裙/裙裤"一组的百度搜索结果与我们的测试结果并不一致，这或许与测试所选择的图片有关。打破裤子和裙子两个次范畴界限的成员比较多，有裤子和裙子连在一起的衣服〔见附录"测试问卷（一）"第 2 题图片〕、小沈阳的苏格兰裤裙、短裤前面加片独立裙摆的衣服、肥肥大大穿起来既像裙子又像裤子的长款服装等，可能长一些的更凸显裤子的属性，短一些的更凸显裙子的属性。这就使得"裙裤"在百度搜索中的出现频率比我们测试的结果高。结合百度搜索结果和本节的测试结果来看，边缘成员的多样性可能也是导致二词（如"裤裙、裙裤"）生命力都较强的因素之一。当然，也不排除"裤裙、裙裤"在未来的发展中发生分化，分别指称边缘成员内部不同式样的服装。

三、服装范畴 AB/BA 型新词语的二语者语义识解与教学启示

3.1 服装范畴 AB/BA 型新词语的二语者语义识解

AB/BA 型新词语与两个相邻范畴均有共同属性，表达的是两个服装次范畴之间的同一个边缘成员，因而语义范畴归属不明显，存在二语者将其理解为

A 或 B 的两种可能。而且，同为定中式的 AB、BA 尾成分不同，可能导致二语者认为 AB、BA 指称不同，语义范畴归属不同。鉴于此，我们对同一批 47 名高级二语者还做了 AB/BA 语义识解的问卷测试〔见附录"测试问卷（二）"〕[①]（见表 1-19）。

表 1-19　二语者对 AB/BA 语义的识解

AB/BA	A/B	频次	比重（%）	问题	是/不是	频次	比重（%）
裤裙	裙子	23	48.94	"裙裤、裤裙"是否指称同一种服装？	是	19	40.43
裤裙	裤子	32	51.06				
裙裤	裙子	15	31.91		不是	28	59.57
裙裤	裤子	32	68.09				
裤袜	袜子	36	76.60	"裤袜、袜裤"是否指称同一种服装？	是	18	38.30
裤袜	裤子	11	23.40				
袜裤	袜子	20	42.55		不是	29	61.70
袜裤	裤子	27	57.45				

由表 1-19 可知，二语者多认为 AB 为一种 B，BA 为一种 A，只有"裤裙"例外；而且，约六成二语者认为 AB、BA 指称不同。本次测试结果证实了江新、房艳霞（2012）所得出的在"只有词"的条件下，二语者常常根据构词法线索猜测词义这一结论，也得到了与肖艳丽、杨文（2014）一致的结果，即尾成分对右偏正词语识别的影响更大。这两个结论恰恰说明复合词的形义关系对应（如定中式主要是对右中心成分的一种分类）可以帮助二语者准确识解词义（孟凯，2016）。由于尾成分是定中式的中心成分，也是类别成分，其作用又强于首成分（江新、房艳霞，2012；肖艳丽、杨文，2014 等），因而具有心理加工优势（superiority of psychological

---

[①] 在对二语者实施测试时，"测试问卷（一）"与"测试问卷（二）"合并进行。

processing），在偏正式的语义识解中一般会被率先激活。所以，尾成分不同的 AB 和 BA 容易令二语者认为它们分别指的是语义范畴不同的 B 或 A。"裤裙"虽与其他几个词语的语义识解倾向不同，即不符合将偏正式 AB 认定为 B 的一般规律，但其偏差也只有两三个百分点，尚不足以影响上述语义识解规律的普遍性。

3.2 服装范畴 AB/BA 型新词语的二语教学启示

随着社会的快速发展，新事物不断涌现，尽管国际中文教材或教学中不大可能大量收录或增添新词语，但是与学习者生活比较密切的新词语可以在教学中予以补充，如"充电宝、滑板车、电动车"。

二语者以年轻人为主，接触和穿着新式服装的机会很多，对这一范畴新词语的表达需求或许更直接、更强烈。虽然服装范畴的 AB/BA 型新词语因兼有两个次范畴的属性而成为边缘成员，但我们的测试表明，二语者对此类新词语的认可倾向与母语者基本一致，语义识解也基本符合一般的定中语义，因而教学中引入这些 AB/BA 型新词语对二语者来说应该不会存在太大的语义识解问题。国际中文词汇教学在引入此类新词语时可注意以下几点：

第一，提示二语者服装范畴的 AB/BA 型新词语所指相同（辅以本节测试所用图片效果会更好），以防二语者像上文测试所得到的结果那样认为二者指称不同，从而造成词语语义识解失当。

第二，强化二语者的词汇动态观。同一种服装因具有跨范畴属性而拥有了两个同素异序命名的 AB/BA，有些 AB/BA 可能会长久共存，如"裤裙/裙裤"；有些则可能留存其一（如"裤袜"），另一同素异序词语（如"袜裤"）或会逐渐消亡。因此，教师要告诉学习者指称同一事物的一对同素异序词语的产生原因及其可能的发展趋势。

第三，与服装范畴新词语相关的问题也有必要在教学中提及，如量词选择问题。像母语者和二语者认可度都较高的"裤袜"，其量词为"条"，而非"双"。可见，虽然两个群体都倾向于将这种服装置于袜子范畴，但使用该词语时还是着眼于其连着裤子的特殊属性，从而选择了裤子的量词"条"。这种非惯常的名量搭配恐怕不易为二语者察觉，需要母语者或教师的点拨或告知。

第四，服装范畴中的这些边缘成员并非汉语独有，教师还可将此类新词语与二语者的母语进行对照，如给出对译词（裤袜/袜裤：pantyhose，裤裙/裙裤：culottes），以辅助二语者更清晰地理解、识记和使用这些新词语。

四、余论：范畴边缘成员的造词方式

本节以人类基本语义范畴之一的服装范畴为例，通过问卷测试比较了汉语母语者和二语者对这一范畴 AB/BA 型两组新词语的认可倾向，继而探讨了新词语的语义范畴归属及生存度。我们认为，两个群体认可倾向都不是特别明显的"裤裙"和"裙裤"可能会长期共存；两个群体认可度差异都较大的"裤袜/袜裤"的发展趋势可能是：认可度较高的"裤袜"会留存下来，认可度较低的"袜裤"或会逐渐消亡。同时，二语者对服装范畴 AB/BA 型新词语语义识解的测试结果表明，他们多利用构词法知识猜测词义，认为 AB 是一种 B，BA 是一种 A，多半认为 AB 和 BA 指称不同。因此，国际中文词汇教学在引入此类新词语时，既要提示二语者 AB 和 BA 指称相同，又要告诉他们产生一对指称同一事物的同素异序词语的原因及其可能的发展趋势。

需要说明的是，认知范畴不是静态不变的（王寅，2006：115），服装范畴同样处于动态变化中。如"裤袜"，现在是袜子范畴内的边缘成员，随着时间的推移，以及汉语使用者对这一词语使用频率的增加和认可度的提升，或许以后其在袜子范畴内的典型性会提升。此外，随着新式服装的进一步发展变化，边缘成员所具有的属性可能也会发生变化。如"裤裙/裙裤"本来具有两个范畴的部分属性，但随着上衣属性的增加，原有的新词语"裤裙、裙裤"可能会难以胜任精确表达的需要，因而产生更新的词语"连体裤裙、连体裙裤"等。这也印证了随着概念的复杂化，新词语有进一步向多音节发展的趋势（邱雪玫、李葆嘉，2011；刘楚群，2012；惠天罡，2014等）。

事实上，不仅表达服装范畴边缘成员的新词语有语义范畴归属的问题，其他范畴同样存在这一问题，如"沙发床、沙发椅、苹果梨、橘柚、杏梅、房车"等。Labov（1973、1978）通过对一系列杯子和类似杯子的容器所做的实证研究，认识到相邻范畴边界的模糊性，但是并未给范畴边界模糊的事物命名。可以说，范畴之间边缘成员的产生和命名对新词语研究提出了新的挑战。

周荐（2016：37）指出："每个词的创制都需要一定方法，需对其进行分析，予以归类，可使人在新造词时有所遵循。"通过对服装范畴新词语的个案研究，我们发现，从造词法来看，表达范畴边界模糊不清的边缘成员，可将两个关涉范畴的核心构词成分并置来构造偏正式，前位成分以关联义（与……连在一起）或喻指义（像……）修饰限定后位成分，新词语主要是对后位"类"成分的次分类，因而与后位成分具有更多的家族相似性，如"鞋袜、衬衫裙"。这种造词方式彰显了所表达的新事物兼具两个语义范畴属性的特点。不过，它也有一定的局限性。以"裤裙/裙裤"为例，由于无法明确这种服装到底与裙子范畴拥有更多的家族相似性，还是与裤子范畴拥有更多的家族相似性，人们对这两个词语的认可倾向就不明显，结果可能导致这对同素异序词语长期共存，这并不符合语言经济性原则。

本节仅以服装范畴内的两组AB/BA型新词语"裤裙/裙裤"和"裤袜/袜裤"为个案管窥范畴边缘成员的造词方式。其实，范畴之间的边缘成员多种多样，其语言表达方式也丰富而复杂。即使服装范畴也还有表达边缘成员的其他方式，如"连衣裙、连体裤"（为什么不是"连衣裤、连体衣"？）、"连体裤裙/连体裙裤"（为什么不是"连衣裤裙/连衣裙裤"？）、"鞋袜"等，这些表达又体现了什么造词问题？其他语义范畴新词语的创制是否也像服装范畴这样多样化？如何统一认识并解释跨范畴新词语的造词法问题？这些都有待于进一步的深入研究。

:: 附录 ::

测试问卷

母语者和二语者相同的测试问卷（一）

1. 选择您认为最合适的名称。（　　）

   A. 裤袜　　B. 袜裤

2. 选择您认为最合适的名称。（　　）

   A. 裤裙　　B. 裙裤

二语者测试问卷（二）

您通过了 HSK（　　）级。

   A. 五级　　B. 六级　　C 其他

1. 您认为"裙裤"是（　　）。

   A. 裙子　　B. 裤子

2. 您认为"裤裙"是（　　）。

   A. 裙子　　B. 裤子

3. 您认为"裙裤"和"裤裙"是同一种服装吗？（　　）

   A. 是　　B. 不是

4. 您认为"裤袜"是（　　）。

   A. 裤子　　B. 袜子

5. 您认为"袜裤"是（　　）。

   A. 裤子　　B. 袜子

6. 您认为"裤袜"和"袜裤"是同一种服装吗？（　　）

   A. 是　　B. 不是

第二章 两类动宾复合词的二语词汇教学

词根语素复合的构词方式使复合词形成表层语法结构（syntactic structure）和深层语义结构（semantic structure）两种关系。通常情况下，复合词的语法结构关系与语义结构关系是对应的（corresponding），如主谓复合词对应陈述关系、动宾复合词对应支配关系、定中/状中复合词对应偏正关系、动补复合词对应动作—结果或动作—趋向关系。这反映出汉语复合词构词成分之间的结构关系和语义关系与句法结构具有高度一致性（参看 Chao，1948、1968；陆志韦等，1957；任学良，1981；朱德熙，1982；周荐，1992；苑春法、黄昌宁，1998；沈家煊，2006 等）。不过，不可否认的是，汉语词法的特异结构相当多，表层语法结构和深层语义结构的不对应远比句法层面复杂（戴昭铭，1988；刘叔新，1990；黎良军，1995；周荐，2003；董秀芳，2004；张博，2008a；贺阳、崔艳蕾，2012；施春宏，2017 等）。音节的限定性（主要是双音节）使得复合词有时难以兼顾语义结构和语法结构的和谐匹配，会以特异形式出现，从而造成复合词形义失谐。致使性动宾复合词（causative VO-compound）即属此类形义失谐的复合词。本章将聚焦致使性动宾复合词，首先论证此类复合词的构式性，再讨论此类复合词构式对汉语二语学习者词义识解、词语接受度的影响，最后有针对性地提出此类复合词的二语词汇教学建议。

本章还要讨论早已为学界所关注的动宾离合词，其研究成果十分丰硕，我们主要从整词离析度和离析形式的常用度角度对动宾离合词的离析教学进行细致、深入的分析。

第一节　致使性动宾复合词的构式性与二语词汇教学[*]

一、致使性动宾复合词的构式性

致使[①]性动宾复合词是现代汉语致使复合词（causative compound）中的一类[②]，其表层形式是一个语法性质不确定的成分"X"与一个名词性成分"N"[③]的线性组合"X + N"，N 充当致使宾语，语义角色为役事（causee）。致使性动宾复合词可以形式化为"X + N$_{役事}$"，意义是"使 N$_{役事}$发生 X 的变

---

[*] 本节部分内容曾分别以下面三个题目发表：《"X + 人"与"X + 心"致使复合词的差异及教学——以"烦人/烦心"、"醉人/醉心"为例》（《国际汉语教学实践与思考》，袁焱、印京华主编，北京：外语教学与研究出版社，2010 年）、《"X + N$_{役事}$"致使复合词与留学生的词义理解——兼论词义与词法的对应关系与对外汉语词汇教学》〔《云南师范大学学报（对外汉语教学与研究版）》2012 年第 2 期〕和《复合词的形义关系对二语学习者词义识解的影响及教学——以致使性动宾复合词为例》〔《汉语应用语言学研究（第 5 辑）》，北京：商务印书馆，2016 年〕，收入本书时有改动。作者均为孟凯。

[①] 学界在研究致使结构时所用术语不尽一致，有"致使、使役、使成、使动、致动"等，本节只在必要时予以区分，一般统称为"致使"。引用文献中的术语保留。

[②] 现代汉语致使复合词包括四类：转移型（如"充实、丰富"）、"X + N$_{役事}$"动宾型（如"焦心、喜人"）、"X + Y$_{结}$"动结型（如"提高、推翻"）和使令成分型（如"致使、引起"）。（参看孟凯，2011a）

[③] 关于构词成分（即语素）是否可做语法类别的区分，学界颇有争议（参看尹斌庸，1984；苑春法、黄昌宁，1998 等）。"国外的大多数词法研究者给出的回答都是肯定的。吕叔湘（1962）指出：'语素分类问题基本上就是词类问题。当然，黏着语素的分类比自由语素要困难些，但是原则上没有什么不同。'"（董秀芳，2004：47）而且，很多语素是由古汉语的词历时演变而来的，应当具有与词相应的语法性质。本节从此论，径称"××的语法性质"（"××"为语素），某一语法性质的语素称为"动词性××""名词性××""形容词性××"。

化"。以双音节为主,如"便民、斗鸡、健身、美发、兴国、喜人、醉心";也有三音节的,如"倒胃口、滚雪球"。这类动宾复合词的语义结构并非一般动宾结构所体现的支配关系,而是非常规的致使关系,即复合词的表层语法结构(动宾)与深层语义结构(致使)不对应[①]。

孟凯(2010、2011b、2012b)借鉴构式语法理论(Construction Theory,参看 Goldberg,1995、2003、2006 等),将"X + N$_{役事}$"确定为现代汉语致使性动宾复合词构式,并发现其构式性主要体现在:(1)"X + N$_{役事}$"是一个形义规约体(conventionalized form-meaning pair);(2)X 和 N 之间的致使语义关系既不是二者意义的直接加合,也不可完全由先前已有的"X + N"结构的惯常组合义(偏正或支配)推知或预测,而是"X + N$_{役事}$"这个结构本身所固有的独立意义;(3)"X + N$_{役事}$"具有强大的能产性,且语域有特定化的类推趋向。

基于致使性动宾复合词"X + N$_{役事}$"显著的构式性,在考察了《现汉》(第 6 版)、《新华新词语词典》、《常用词表》、孙茂松等研制的《信息处理用现代汉语分词词表》和研究者日常收集的使用频率较高的共计 575 个"X + N$_{役事}$"的基础上,孟凯(2012b)依据 X 和 N$_{役事}$的语法语义性质,将致使性动宾复合词构式分为"Vt + N$_{役事}$""Vi + N$_{役事}$"和"Adj + N$_{役事}$"三类(详见表 2-1)。

由表 2-1 可知,三类致使性动宾复合词构式有各自的语义特点,尤其是"Vt + N$_{役事}$"和"Adj + N$_{役事}$"的语义比较集中,前者体现出与动作性的强对应,后者则表现为与性状和心理/感受的优势关联。这与 Vt 和 Adj 自身的语义属性大有关系。同时,三类致使性动宾复合词构式之间也存在着明显的语义关联,以"Vi + N$_{役事}$"具有兼容性和过渡性的丰富语义体现得最为显

[①] 动宾结构典型的语义关系是支配,即宾语成分是受事,致使宾语成分是一种非典型的宾语成分。其他非典型的宾语成分还包括施事、时间、处所、方式、原因、目的、结果等。(参看孟琮等编,1987)

著。因此，致使性动宾复合词的表层动宾结构受音节所限（以双音节为主），无法将复合词构式复杂的深层语义体现出来，而这种潜存的深层语义将会是影响二语学习者能否准确识解此类复合词词义的关键因素。

表 2-1 致使性动宾复合词构式 "X + N$_{役事}$" 分类 [①]

复合词构式类型	词义	X 的语义特征	N$_{役事}$的语义特征	词数 / 比重	词例
Vt+N$_{役事}$	使 N$_{役事}$发出 X 的动作		[+ 动作]	43	插身❶，撤军，分神❶，接吻，开口¹❶，扭头❶
	使 N$_{役事}$产生 X 的心理/感受		[+ 心理/感受] [+ 生命]	2	96/ 16.70% 恨人，怕人❷
	对 N$_{役事}$发出 X 的动作		[+ 动作] [−生命]	51	分家❶，关门¹❶，合股，合资，开幕❶
Vi+N$_{役事}$	使 N$_{役事}$发出 X 的动作或产生 X 的行为	[+ 结果]	[+ 动作/行为] [+ 生命]	65	侧身❶，斗鸡❶，回首❶，凝眸，努嘴，起身❸，屈膝，退兵❶❷，住手
	使 N$_{役事}$产生 X 的心理/感受		[+ 心理/感受]	27	294/ 51.13% 动人，死心，羞人，醉人❶，醉人❷，醉心
	使 N$_{役事}$产生 X 的行为或性状		[+ 行为/性状] [± 生命]	202	败家，侧耳，反光❶，滚雪球，回眸，降级，隆胸
Adj+N$_{役事}$	使 N$_{役事}$产生 X 的心理/感受		[+ 心理/感受] [+ 生命]	81	傲人，便民，烦心❶，焦心，劳神❶，清口，壮胆
	使 N$_{役事}$产生 X 的性状		[+ 性状] [± 生命]	104	185/ 32.17% 富国❶，干杯，丰胸，活血，空腹，正骨，壮阳

[①] 多义复合词中 X 义相同，则多个义项号统一标于词后，如"退兵❶❷"；多义复合词中 X 义不同，则分别在词后标义项号，如"醉人❶，醉人❷"。

二、致使性动宾复合词的二语词义问题与词汇教学

复合词普遍具有的形义对应是留学生准确理解、记忆、运用或类推词语的保证和关键。那么，类似致使性动宾复合词这类形义不对应的复合词对汉语二语学习者的词汇学习，确切地说，是二语学习者的词义识解（word meaning construing），以及对新生词的接受程度会产生怎样的影响？致使性动宾复合词的二语教学又该依循什么教学原则，采取怎样的方法、策略以及手段来合理、有效地消解这些影响？

2.1 致使性动宾复合词的二语词义问题

2.1.1 国际中文教学中发现的词义误解

初级国际中文教材的课文中出现了以下句子：

① 当葡萄熟了的时候，那一串串紫红色的葡萄，真是<u>喜人</u>。〔《汉语教程》（第三册·上）第68课《吃葡萄》〕

当被问到"喜人"的意思时，很多学习者认为是"喜欢、高兴、舒服"，甚至"好吃"，只有极少数能说出"使人喜爱；令人高兴"[①]。可见，多数学习者关注的是语素"喜"的意思，而没有考虑"喜人"这个复合词的整体意义。那么，为什么学习者能清楚地知道"打人、咬人；好人、坏人"的意义，但在学过"喜"有"喜欢、高兴"义之后，却不能猜出"喜人"的意义呢？

"喜人"是致使性动宾复合词，它与"打人、咬人"这样的动宾结构不同。"打人、咬人"是受事动宾结构，体现的是支配语义关系，表层动宾语法结构与深层支配语义结构相对应，词语意义也是语素义的直接加合，因

[①] 本节的词语释义如不特别标明，均引自《现汉》第6版。李晋霞、李宇明（2008）说明了使用《现汉》词语释义的缘由："为保证词义分析的公允，本文以有声望的词典为重要依据。当然，词典释义不完全等同于词义，但高水平的辞书的释义，必然能较好地表述词义。"本节以《现汉》作为释义参考的理由同此。

而学习者理解或猜测起来比较容易。"喜人"的意义结构则不同。语素"喜"有动词性的"喜欢"义和形容词性的"高兴"义,"喜人"可能被学习者理解为动宾结构"喜欢别人"或定中结构"高兴的人"。事实上,"喜人"只能理解为一种结构类型——动宾式,但又不是常见的受事动宾,而是致使性动宾,其词义"使人喜爱;令人高兴"是典型的致使义。由于受事动宾是常规的动宾结构,致使性动宾是非常规的动宾结构,因此,学习者难以猜出致使性动宾复合词"喜人"的意义也就容易理解了。

2.1.2 二语学习者对致使性动宾复合词词义的理解

为了考察二语学习者理解或猜测"X+N_{役事}"致使义的整体倾向性,我们于2008年4月对北京语言大学汉语学院(留学生学院)和国际商学院(中国学生学院)各约50名学生展开了相关测试(问卷见本节附录)。在汉语学院,我们选择了汉语言本科专业四年级下的留学生作为被试,他们是汉语言本科专业水平最高的学习者,并学过汉语构词法的基础知识;在国际商学院,我们选择了金融系一年级下的中国学生作为被试,他们是非语言专业的学生,没有学过系统的语言学知识,基本是通过语感来完成测试。之所以要选择母语者进行测试,是因为致使性动宾复合词的意义在动宾式复合词中属于非常规义,母语者或许也不能完全理解并表达出来(测试的结果也证实了这一点);而且,中国学生的理解倾向既有助于清晰地定位致使性动宾复合词,也可以与学习者的测试结果互参互证。

测试问卷中,从构词成分来看,与"喜人"最相似的"惊人、累人、迷人、怕人、吓人、怡人"都是比较典型的致使性动宾复合词[1](词性与典型性的关系参看孟凯,2009b),最能体现被试自主理解词义的水平和能力。我们将上述几个致使性动宾复合词及相关词(见附录"写出下列句子中画线词语的意思"一题)的测试结果,再加上这几个词在《常用词表》中的频序号

---

[1] 这7个致使性动宾复合词"X+人"基本都是形容词,典型性比较高。

（数字越小说明越常用）列成表2-2，以观察被试猜测"X + N$_{役事}$"致使义的倾向性。

表2-2 "写出下列句子中画线词语的意思"一题测试结果汇总（单位：%）[①]

复合词	频序号	致使义	学习者		母语者	
			致使义	非致使义	致使义	非致使义
惊人	5521	+	75.47	24.53	81.25	18.75
累人	32775	+	59.18	40.82	87.50	12.50
迷人	7927	+	39.58	60.42	77.08	22.92
怕人	19168	+	70.37	29.63	93.75	6.25
喜人	9928	+	46.81	53.19	89.58	10.42
吓人	13865	+	51.02	48.98	81.25	18.75
怡人	47245	+	55.26	44.74	82.98	17.02
宜人	14185	−	27.08	72.92	42.55	57.45

表2-2显示，母语者在理解"吓人、累人、迷人、喜人、惊人、怕人、怡人"这7个致使性动宾复合词"X + 人"时准确率较高，都在77%以上。可见，在没受过语言学专业训练的情况下，大多数母语者凭语感仍能正确理解"X + N$_{役事}$"的致使义。当然，不排除部分被试通过试题猜出测试目的而类推词义的可能，42.55%的母语者（远高于学习者的27.08%）将"宜人"认定为致使性动宾复合词就可能受此影响。学习者在理解上述7个"X + 人"时，有三分之二以上准确写出了"惊人"和"怕人"的致使义，超过一半理解了"累人、吓人、怡人"的致使义，近40%写出了"迷人"和"喜人"的致使义，但后两者的比重比母语者都低得多。在已初步接

---

① （1）测试问卷中添加了少量非致使义的干扰词，如"宜人"；（2）统计结果只区分被试写出的词义属"致使义"还是"非致使义"，忽略其准确与否；（3）被试并非每个词都写出了意义，只在写出词义的问卷中统计百分比。

触了汉语构词法知识且也可能学过这些词的情况下，仍有很多学习者不能理解并掌握上述 7 个"X + 人"，错判率较高，说明他们对致使义的感知度较低，这不能不引起我们对语法结构常规（动宾式）、语义结构非常规（致使义）的致使性动宾复合词的关注。

具体来看，造成学习者对致使性动宾复合词的致使义感知度较低的因素主要有：

（1）一般而言，比较典型的致使性动宾复合词（如"Vi + N_{役事}"和"Adj + N_{役事}"中的很多词）在汉语中不是常用的高频词，在国际中文教学中更是罕见。① 而有一些国际中文教学中比较常见、常用的致使性动宾复合词，如"Vt + N_{役事}"中的"关门、开门、开口、停车、张嘴"等，又不是这类词中的典型成员。这种交错性矛盾使得学习者在理解此类词时容易产生误解，将其理解为非致使词。

（2）高频致使性动宾复合词的错判率相对较高。尽管 7 个致使性动宾复合词"X + 人"都不属于现代汉语常用词中的绝对高频词，但相对高频的"惊人、迷人、喜人"中，后两者的错判率都超过了一半，只有"惊人"例外，正确率最高。高频使用容易磨蚀复合词的致使义，令学习者整体感知并记忆复合词，在析词释义时容易产生偏差、偏误。"惊人"的错判率不高可能与教师曾经强调过有关。

（3）高频 X 可能会影响"X + 人"致使义的析取。如"累人"中的"累"（❶ 形 疲劳；❷ 动 使疲劳；使劳累）《常用词表》频序号为 2179，"吓人"中的"吓"（动 使害怕）《常用词表》频序号为 8339，二者都是较常用的单音节，但由它们构成的致使性动宾复合词"累人"和"吓人"的错判率却都在 40% 以上，说明学习者或许已形成单音词的使用习惯，尤其像高频

---

① 如前文所引初级汉语教材中出现的致使性动宾复合词"喜人"就未收入《汉语水平词汇与汉字等级大纲》（修订本）（下文简称《等级大纲》）和《等级划分》，可见其并非现代汉语的常用复合词。

使用的"累"在日常交际中很少用到致使义,"吓"尽管是致使性的,但已不大为汉语使用者所感知(母语者的错判率也有 18.75% 亦可证明),学习者很难感知到单音成分在复合词中的致使义。

(4) X 的句法独立性可能会影响学习者的词义理解。如"喜人"和"怡人"中的"喜"(快乐;高兴)和"怡"(快乐;愉快)都是不能独立使用的非词语素,学习者在言语交际中很少接触到,即使接触到,也多是在复合词中,一般不会去单独考虑其意义,因而也不易拆分理解致使性动宾复合词的意义。

在解释这 7 个致使性动宾复合词"X + 人"的意义时,学习者中出现了大量根据语境灵活释义的现象,如将"惊人"解释为"卓越、优秀、很强",将"怕人、吓人"解释为"害怕",将"怡人"解释为"优美、舒适"等。对意义的灵活理解一方面表明学习者基本了解测试词的意义,有些理解与语境还是比较相符的,如对"惊人、怡人"的理解;另一方面说明学习者并未感知到致使性动宾复合词的构词理据和两个构词成分的语义关系,而是将两个成分作为一个整体,仅凭语感或语境解释词义。因为被试是汉语言本科专业的留学生,已学过构词法的基础知识,理应较好、较准确地理解诸如致使性动宾复合词的意义,但事实是,他们对此类词的词法结构、词义的感知和理解却并不令人满意。因此,这种普遍性理解倾向就很值得关注。

2.1.3 致使性动宾复合词与新词接受度

问卷测试还让我们发现了另一种现象,即学习者对新生致使性动宾复合词"X + N$_{役事}$"的接受度普遍偏低。这在很大程度上表明,他们在不大理解词义的情况下不容易接受新产生的复合词。

测试问卷中,我们要求学习者凭语感判断近年来刚刚出现的 15 个致使性动宾复合词是否合理(见附录"你认为下列句中的画线词语合理吗?"一题),其中包括 7 个典型词"活血、健身、静心、美甲、美容、美体、纤体"

和 8 个边缘词"活肤、健胃、洁面、亮发、美足、嫩肤、舒筋、顺发"。结果显示，由于这些致使性动宾复合词都属新生词，在国际中文课堂教学中很少遇到，学习者对它们的接触和认知主要来自日常生活，因此，无论是典型词还是边缘词，接受率都不太高（见表 2-3）。

表 2-3　15 个新生致使性动宾复合词的接受率

致使性动宾复合词		接受率（%）	
		留学生	中国学生
典型	活血	63.46	98.00
	健身	94.44	74.00
	静心	56.60	86.00
	美甲	83.02	85.71
	美容	92.45	95.92
	美体	37.74	73.47
	纤体	54.00	76.00
边缘	活肤	36.54	70.00
	健胃	52.00	86.00
	洁面	64.00	94.00
	亮发	75.00	90.00
	美足	37.74	81.63
	嫩肤	62.00	80.00
	舒筋	71.15	90.00
	顺发	62.00	88.00

表 2-3 显示，在 7 个典型的致使性动宾复合词中，学习者对比较常见的"美甲、美容、健身"的接受率分别高达 83.02%、92.45% 和 94.44%，其他 4 个词"活血、静心、美体、纤体"的接受率都不是很高。这 7 个词

均收录于《现汉》,是现代汉语的合格词,其接受度理应较高。后 4 个词较低的接受率说明,对学习者而言,这几个词还比较陌生〔可能与某些词(如"活血、静心")语域相对特定有关〕,其普遍性和常用性还只是对母语者而言的。①

学习者对 8 个边缘的致使性动宾复合词的整体接受度反而比典型词要高一些。"健胃、洁面、亮发、嫩肤、舒筋、顺发" 6 个词的接受率都高于 50%,其他 2 个词"活肤"和"美足"的接受率都超过 30%,与典型词"美体"的接受率相当。这个测试结果有些出人意料,毕竟边缘词是由致使性动宾复合词构式在线生成的后起词,大多还没有得到公众的普遍认可,尚处于观察期,其接受度理应低于存在时间较长、也较稳定的典型词。学习者对边缘词的接受度相对较高的原因可能是,测试词多为化妆品或保健美容行业的新词,而被试又多为女性,她们对这些行业的词汇相对熟悉或了解,因而更能接受。不过,总体来看,学习者对所测的 15 个新生致使性动宾复合词的整体接受度不算高。而且,他们对这些词的词义结构和成分关系也不太了解,在没见过或不清楚某些词(如"静心、美体"等)的情况下并不对其进行分析,只是盲目地加以判断。

2.1.4 致使性动宾复合词"X + 人"与"X + 心"的个案考察

系统考察致使性动宾复合词"X + N_{役事}"时我们发现,"X + 人"和"X + 心"是其中构词力最强的两组(以 N_{役事}为视点)。作为最重要的表征生命的人体器官,"心"常被赋予超乎其生理性之外的、体现人类心理状态的功能,体现于致使性动宾复合词就产生了诸如"安心、分心、焦心、闹心、伤心、醉心"等词。同样,"X + 人"也凭借"人"的整体功能表达人的心理状态,如"动人、焦人、迷人、闹人、伤人、怡人、醉人"等。因此,我们决定选取使用频率较高、能产性较强、具有较强代表性、能独立

---

① 母语者对"健身"的接受率如此之低,十分出乎意料,可能还需要更广泛的调查予以验证。

使用的双音致使性动宾复合词"X+人"和"X+心"进行比较研究,集中探讨这两组词的语法语义差异,并给出参考性的教学建议。

2.1.4.1 "X+人"与"X+心"的基本情况和问卷测试

双音致使性动宾复合词"X+人"共35个,"X+心"共23个,见表2-4:

表2-4 双音致使性动宾复合词"X+人"与"X+心"①

X+人	傲人, 馋人, 愁人, 动人, 乏人, 烦人, 服人, 感人, 恨人, 急人, 焦人, 骄人, 惊人, 困人, 利人, 累人, 留人, 迷人, 难人❶, 恼人, 闹人, 腻人, 暖人, 怕人❷, 气人, 疼人, 误人, 喜人, 吓人, 羞人, 怡人, 悦人, 正人, 醉人❶, 醉人❷	35
X+心	安心², 烦心❶, 分心❶, 合心❷, 灰心, 焦心, 静心, 净心, 宽心, 劳心❶, 闹心❶, 暖心, 齐心, 清心❷, 伤心, 爽心, 死心, 松心, 酸心, 铁心, 同心, 专心, 醉心	23

表2-4显示,"X+人"的数量多于"X+心",尽管很多"X+人"并不典型,但致使性动宾复合词构式"X+人"强大的构词力和类推性却不容忽视。由于"X+人"和"X+心"数量较多,难以全部进行测试,我们选取了其中有对应的主谓复合词"心+X"且X均收于《等级大纲》的"烦人、烦心、心烦"和"醉人、醉心、心醉"("烦"为丙级词,"醉"为乙级词)两组复合词进行个案考察。本节附录中的"判断下列句子是否正确"一题可以让我们了解并初步掌握学习者和母语者对上述两组复合词词义的理解和语法特性的感知情况。(见表2-5)

2.1.4.2 "X+人""X+心"与"心+X"的语义语法差异

(1)"X+人""X+心"与"心+X"的语义纠葛与接受度

---

① 《现汉》未收录的双音节以下画线标示。

表 2-5 "X + 人""X + 心"与"心 + X"语句判断题的测试结果[①]

结构类型	正确判断	学习者（50—55）				母语者（52）			
		判断为 √		判断为 ×		判断为 √		判断为 ×	
		份数	比重（%）	份数	比重（%）	份数	比重（%）	份数	比重（%）
烦人	√	42	76.36	13	23.64	45	88.24	6	11.76
醉人	√	41	82.00	9	18.00	33	64.71	18	35.29
让我烦人	×	12	22.22	42	77.78	47	92.16	4	7.84
让人醉人	×	9	18.37	40	81.63	44	86.27	7	13.73
烦心	√	14	26.42	39	73.58	16	31.37	35	68.63
醉心	√	15	31.25	33	68.75	17	33.33	34	66.67
让我烦心	√	36	66.67	18	33.33	44	86.27	7	13.73
让人醉心	√	32	65.31	17	34.69	33	64.71	18	35.29
心烦	×	15	28.30	38	71.70	47	92.16	4	7.84
心醉	×	15	31.25	33	68.75	49	96.08	2	3.92
让我心烦	√	39	72.22	15	27.78	50	98.04	1	1.96
让人心醉	√	36	75.00	12	25.00	50	98.04	1	1.96

"X + 人"和"X + 心"是致使性动宾复合词，"心 + X"是主谓复合词，"X + 心"与"心 + X"理应不存在语义混淆问题。但是，有些"X + 心"是多义词，就容易打破二者之间的界限。如：

【烦心】❶ 形 使心烦：别谈这些～的事情了。

❷〈方〉动 费心；操心：孩子太淘气，真让人～。

"烦心 ❶"是致使性动宾复合词，可充当定语，如《现汉》的例句；也可充

[①] "结构类型"一栏只提供本题所涉及的 12 个测试对象。学习者两次测试的有效回收问卷分别为 50 份和 55 份，基本与母语者的有效回收问卷 52 份相当。有些问卷回答不完整，因此部分题目的份数与总数有出入，但比重之间的比较还是可信的。

当谓语，如测试中"他的话真烦心"。但当"烦心"出现于"让……烦心"结构（如测试中"他的话真让我烦心"）时，其意义似乎就不能简单地理解为致使性的❶义了，此时"烦心❶"就容易与主谓式的"心烦"产生语义难辨的情形，甚至会导致语言使用者不清楚"他的话真让我烦心"这样的用法是否合理[①]。"烦心❷"虽非致使性动宾复合词，但当它出现于前加使令动词的结构时，其意义亦易与"心烦"产生纠葛。这样，"烦心"的多义性及其与分析型致使句（analytic causative structure，如"使/让……VP/AP"）的杂糅就很容易造成语义理解失当。

此外，致使性动宾复合词"X+心"也可能影响"心+X"的语义理解。如学习者对"心烦"和"心醉"（测试中"他的话真心烦"和"他的钢琴曲是心醉的"）的错判率为30%上下，与对"烦心"和"醉心"的判断大致相当，很可能是受到后者的语义影响或二者彼此影响所致；但母语者对前者的错判率高达90%以上，比后者的错判率60%高出不少，这无法用语义影响来解释，还需进一步研究。[②]

尽管"X+人"和"X+心"同为致使性动宾复合词，但表2-5显示，母语者和二语者对"烦人"和"醉人"的判断正确率还比较高，为64%—89%。相比之下，母语者和二语者对"烦心"和"醉心"的错判率却高得惊人，均为66%—74%。也就是说，在母语者和二语者的语感中，"X+人"作为致使性动宾复合词出现于语境中更可接受，如测试中的"他的话真烦人"和"他的钢琴曲是醉人的"；而"X+心"单独作为致使性动宾复合词

[①] 此句的判断正确率不是很高，学习者为66.67%，母语者为86.27%，亦可为证。

[②] 现在流行一种说法："真心+Adj/V心理"，如"天气真心好、我真心喜欢汉语"，其中的"真心"是程度副词，意即"十分、真"。不排除方言可能有这样的表达，但是，此用法目前并不是汉语普通话的规范用法，《现汉》第5版也没有给形容词"真心"标注副词义。若"真心"的这一用法在我们施测的2008年就在口语中存在，或可解释母语者认为"他的话真心烦"是合法的，只是他们理解的"真心+烦"已非本研究的"真+心烦"。但是，"他的钢琴曲是心醉的"仍然得不到合理的解释。可见，把"真心"理解为副词无法解决本研究的问题。

出现于语境的接受度就很低,如测试中的"他的话真烦心"和"他的钢琴曲是醉心的"。可见,潜隐于汉语母语者和学习者语感中的对"X+心"致使义的认知度远低于"X+人"。

(2)"X+人""X+心"与"心+X"的语法差异

致使性动宾复合词"X+人""X+心"和主谓复合词"心+X"之间不同程度的语义纠葛在语法结构中亦有所体现。与可以跟分析型致使结构共现的致使性动宾复合词"X+心"和主谓复合词"心+X"相比,致使性动宾复合词"X+人"不能与分析型致使结构搭配使用,即测试中的"*他的话真让我烦人"和"*他的钢琴曲是让人醉人的"都是不合法的。因为"X+人"中已经出现了"人","*让人烦人、*让人醉人"无论在结构上还是语义上,都是叠赘的。同时,"X+人"也不容许"让+人称代词/人名"置于其前,如"*让我烦人、*让刘明醉人"也不可接受。其原因是,尽管"人"只是泛指性成分,但人称代词或人名所辖范围均内含于"人","X+人"与人称代词或人名叠用同样是语义冗余的,结构上不符合语感。但是,测试结果显示,母语者的判断结果却很反常,"让我烦人"和"让人醉人"的错判率高达85%以上,而学习者却只有20%左右。这个结果匪夷所思,或需展开更大规模的测试方能更全面地把握母语者的判断是否具有普遍性。

致使性动宾复合词"X+心"和主谓复合词"心+X"一般都可以与分析型致使结构连用,但是,在分析型致使结构已将致使性显化于句子表层的情况下,"X+心"中隐含的致使义就显得无足轻重,也不会得到彰显,语感上与主谓复合词"心+X"的语义差别也就微乎其微了。而在与分析型致使结构连用时,主谓复合词"心+X"的接受度更高(中外学生的判断皆然),这更可说明致使性动宾复合词"X+心"是游离于致使与非致使之间的边缘性矛盾体,无论它单独做谓词表致使,还是与分析型致使结构连用,其致使语义的辨识度和接受度都不太高。

2.1.4.3 针对"X + 人"与"X + 心"的教学建议

通过对测试问卷所展现出的"烦人、烦心、心烦"和"醉人、醉心、心醉"两组复合词语义语法差异的分析，我们看到，同构的致使性动宾复合词之间、致使性动宾复合词与异序的主谓复合词之间存在着错综复杂的关系，可能会互相影响，令学习者和母语者产生混淆、误解、使用不当等现象。因此，针对较常用的致使性动宾复合词"X + 人"和"X + 心"以及相关的主谓复合词"心 + X"的国际中文教学，我们提出以下建议：

（1）致使性动宾复合词"X + 人"和"X + 心"不会集中出现于教材中，但这类复合词的意义关系却不是常规易懂的支配关系，因此，应当遇到一个强调一次其致使语义关系，以加深学习者的印象，强化他们对词义关系的熟识、理解和把握。

（2）异序构词是汉语部分双音词汇的特点，也是汉语词汇学习的难点之一。致使性动宾复合词"X + 心"和主谓复合词"心 + X"恰巧将这一特点与"X + 心"的致使性以及词的多义性交织在了一起，因此，异序的"X + 心"和"心 + X"应当得到更多的关注、辨析和练习。

（3）语法结构上体现出特殊性的致使性动宾复合词"X + 人"应作为一个词汇教学重点来处理，否则，缺乏语感的学习者有依托"X + 心"和"心 + X"的语法结构进行类推的可能。

（4）通过对致使性动宾复合词"X + N$_{役事}$"的逐步讲授，帮助学习者逐渐理解汉语词汇系统的形义对应关系，提醒学习者注意并记忆那些形义对应性不强的复合词，如致使性动宾复合词"X + 人"和"X + 心"，以利于他们更好地了解汉语词汇系统的规则性和特异性。

2.2 针对致使性动宾复合词的教学建议及其他

2.2.1 致使性动宾复合词的形义关系对二语词汇学习的影响

前文测试结果显示，致使性动宾复合词的形义关系对二语学习者的词义感知、识解与词语接受度确有影响，主要表现在：

（1）二语学习者对致使义的感知度较低，容易将致使性动宾复合词误解为非致使词。本节2.1已述，比较典型的致使性动宾复合词不是汉语的高频词，国际中文教学中更是罕见。而有一些国际中文教学中比较常见、常用的致使性动宾复合词，如"开门、停车、张嘴"等，又不是这类词中的典型成员。这种交错性矛盾使得学习者在识解致使性动宾复合词的词义时容易产生误解。表2-2显示，对于测试中7个比较典型的致使性动宾复合词"X+人"（惊人、累人、迷人、怕人、喜人、吓人、怡人），其致使性的判定结果并不理想，有超过40%的学习者将"累人、迷人、喜人、吓人、怡人"判定为非致使词，"迷人"的错判率甚至高达60.42%；"惊人"和"怕人"的错判率虽不及以上5词，但也都高于24%。而且，在解释这7个词的意义时，出现了不少根据语境灵活释义的现象，如前文已述将"惊人"解释为"卓越、优秀、很强"，将"怕人、吓人"解释为"害怕"。较高的错判率和随语境释义都说明，学习者并未感知到致使性动宾复合词的构词理据和两个构词成分的致使性语义关系，因而无法准确识解词义。

（2）二语学习者对新生致使性动宾复合词的接受度普遍偏低。学习者对近年来出现的15个致使性动宾复合词（见表2-3）的合理性进行了判断，总体来看，由于这些词属于新生词，在国际中文课堂教学中比较少见，学习者对它们的接触和认知主要来自日常生活，因此除了比较常见的"美甲、美容、健身"的接受率分别达到83.02%、92.45%和94.44%外，其他词的接受度普遍不高。通过与部分学习者的访谈，我们了解到，很多学习者认为这些新生致使词不太合理的一个重要原因是，他们不大清楚这些词的意思，故而不敢贸然判断其是否合理。

（3）语义相近的同构致使性动宾复合词（如"X+人"和"X+心"）之间、致使性动宾复合词与异序的主谓复合词（如"X+心"和"心+X"）之间存在着错综复杂的语义语法关系，可能会互相影响，令学习者产生混淆、误解或使用不当。对"烦人、烦心、心烦"和"醉人、醉心、心醉"两组复合词的个案考察让我们发现,"X + 心"和"心 + X"语义纠葛难辨,"X + 心"又不像"X + 人"那样不能与分析型致使结构连用(如不能说"*他的话真让我烦人",但可以说"他的话真让我烦心"),这两点使得很多学习者对"X + 心"致使义的认知度远低于"X + 人"。可见,语义相近的同构复合词及其异序词的学习对学习者来说是一个容易产生偏误的词汇难点。

测试结果显示出的几种情况都指向了同一个问题:学习者不注意汉语词汇的结构关系和语义关系,词法知识比较匮乏,缺乏词义分析能力,这导致他们无法对词义进行合理的判断或解释。当然,由于致使性动宾复合词在母语者日常生活中的使用频率也不是很高,一些使用频率较高的致使性动宾复合词(如"开门、停车")的致使性又在多种因素(如复合词的常用度高、X 具有及物性等)的作用下有所弱化或磨蚀,从而不易为公众感知。因此,国际中文教材或教学中不可能大量收录或增添致使性动宾复合词。但是,教学中零星出现的致使性动宾复合词却不能不引起重视,否则,长久的词义误解或文意理解的不确切将可能导致学习者学习致使性动宾复合词的"化石化",进而影响其对汉语词法知识和词汇系统的整体认识和把握。

2.2.2 针对致使性动宾复合词的教学建议

基于上述分析,我们对致使性动宾复合词的国际中文教学提出四点建议:

(1)国际中文教师首先要注意到致使性动宾复合词的特殊性。当教学中遇到这类词,如教材中出现"喜人"这样的致使性动宾复合词时,教师首先要意识到这是一类意义比较特殊的复合词,其隐含的致使性可能不会为学习者所感知,也可能会令学习者将其与非致使义的相关词语混淆,如将致使性动宾复合词"喜人"理解为"喜欢、高兴",故而可能混淆"喜人"和"喜欢"。因此,教师需要特别提醒学习者。直接讲解也好,启发诱导也罢,总之要让学习者也注意到并理解这类词的特殊意义和构词成分之间的关系。这对他们后续相关的致使性动宾复合词的学习和全面准确地理解含致使性动宾复合词的文意都有好处，对提高他们理性认识汉语复合词的形义对应关系并掌握汉语词法知识更会有所助益。

（2）致使词的显隐教学。虽然致使性动宾复合词"X + N_{役事}"在相应构式的作用下都带有致使性（这样才能被统一归入同一范畴），但各个复合词的致使性是不均等的，为尚未建立起汉语语感的学习者所感知的概率也是不同的。有些词（如"Adj + N_{役事}"）的致使性非常明显，如"喜人、烦心、健身"等，有些词（如"Vt + N_{役事}"）的致使性就比较弱，如"撤军、开门、升旗"等，那么，针对致使程度不同的"X + N_{役事}"的教学策略当然也不应相同。对于致使性比较凸显的"Adj + N_{役事}"或词义为性状、心理/感受类的致使性动宾复合词，应该采取显性教学，即教材在生词注解或翻译中直接显现致使义，教师则要着重强调致使性，让学习者充分体会，加深记忆；对于致使性已弱化或磨蚀、易与受事动宾式相混淆的"Vt + N_{役事}"或词义为动作类的致使性动宾复合词，应该采取隐性教学，即教材的生词部分或教师授课都不强调词义隐含的致使性，因为强调了学习者也不容易感知到。而且，这类致使词不典型，也无须强调致使义，倒不如就呈现合适的词义，如以一般的谓宾句解释"开门"，以"把"字句解释"升旗"等，其中隐含的致使性学习者是否体会得到并不重要。

（3）分类型教学与分层次教学相结合。所谓"分类型教学"，就致使性动宾复合词"X + N_{役事}"而言，指的是根据三类"Vt + N_{役事}""Vi + N_{役事}"和"Adj + N_{役事}"的特点进行有针对性的教学。如前一教学建议提及的教授"Vt + N_{役事}"可采用隐性教学法，教授"Adj + N_{役事}"可采用显性教学法，就是分类型教学。而且，"Vt + N_{役事}"动词性的语法特点比较突出，教学中应该按比较典型的动宾式动词来处理；相对而言，"Adj + N_{役事}"形容词性的语法特点更凸显，教学中应当提供更丰富的形容词语境进行讲解和练习。

对于兼容的"Vi + N$_{役事}$"而言,其语义特点和语法功能都有过渡性,特点不是那么明显,要视各致使性动宾复合词的个性进行教学。当然,也可以大而化之地按照词性进行类型教学,但致使性动宾动词"Vi + N$_{役事}$"和致使性动宾形容词"Vi + N$_{役事}$"在语法功能上有纠缠难分的情形,仅以词类归属作为依据恐有疏失或不当。总之,分类型教学是对同一范畴内不同性质的复合词采取的教学策略,这样可以达到以简驭繁、条分缕析的效果。当然,在充分重视类型特点的前提下,还是要针对每一个复合词的个性设计教学,这是词汇教学的基本方法。

所谓"分层次教学",指的是根据学习者的汉语水平对致使性动宾复合词"X + N$_{役事}$"进行有层次、差别化的教学。处于初级、中级、高级不同阶段的学习者对汉语的感受力、理解力、领悟力和应用能力都有差异,教学内容和方法当然也不能一以贯之,即使同类复合词(如致使性动宾复合词)亦如此。对于初级水平的学习者来说,词义的讲解就足够了,完全没有必要涉及致使性或构词法的教学。其实学习者更需要的是,在了解词义的基础上,教师能够以多种形式提供词语适用的语境,如举例、完成句子、情景练习等,让他们知道怎么使用一个词。因此,讲解点到为止,更多地带着练习是教授初级汉语水平学习者的重要途径。也只有在充分练习、掌握用法的不断积累下,学习者才能在后续的学习和教师的引导下进行理性的总结和归纳,使词法和词汇系统的学习渐入佳境。

对于中高级水平的学习者来说,在他们接触并掌握了一定数量汉语词汇的基础上,教师可以由浅入深、由零散到系统地逐步教授一些构词法知识和技巧,让他们逐渐体会汉语复合构词法对猜测词义的作用。因此,适当地讲解致使性动宾复合词的致使性、构词成分的特点是可行且必要的。同时,也可以在教学中适当引入日常生活中常见、常用的新生致使性动宾复合词,如"健身、健胃、美发、美甲、美容、润肤、爽肤"等。这些现实生活中听得到、用得着的复合词是学习者掌握得最快、也最乐于学习的词,学习这些词也有利于他们更好地了解、理解、选择、适应、探求汉语词汇，还能够培养他们多观察、多发现、多思索的学习意识。

致使性动宾复合词"X + N$_{役事}$"的分类型教学与分层次教学的结合就是按照学习者的汉语水平，针对三类复合词的功能特点和语义特点进行教学。具体而言，教授初级汉语水平的学习者时，对三类致使性动宾复合词要"不求甚解"，只讲清词义就好，至于是否将致使性体现在词义中，可视致使性动宾复合词的类型而定。"Adj + N$_{役事}$"就最好体现出致使义，否则可能无法讲清词义，可以适当地指出其中的 Adj 的意义，但这不是要求学生必须掌握的内容；其他两类致使性动宾复合词完全不必涉及致使问题，采用致使义的隐性教学即可。

教授中高级水平的学习者时，对三类致使性动宾复合词就应该逐步"求甚解"一些。尤其教授高级汉语水平的学习者时，应该讲明由 Adj 或 Vi 带 N 而形成致使性动宾结构"X + N$_{役事}$"这样的构词特点、由 Adj 构成的致使性动宾复合词的致使性更凸显、致使性动宾复合词的意义具有多表性状或心理/感受的倾向等问题，这有利于学习者更好地从整体上把握这类复合词。

（4）教学中的构词问题。由于现代汉语词汇多采用复合的方式构词，因此，构词法在词汇系统中就特别凸显。而复合词的结构关系与语义关系又保持着很强的对应性（张博，2007a；孟凯，2009a），这就使得对构词法的了解和掌握可以成为学习和拓展词汇重要而有效的途径。当然，构词法的教学也是分层次的。对于初级学习者来说，掌握较常用的基本词汇（2000—2500 个）是关键，不必一开始就教授构词法，但可以视学习者的学习目的、水平和意愿适当地引入简单的构词问题，如讲解动宾离合词时可以点出两个构词成分是"动"和"名"，所以后面一般不再出现其他名词。这就是我们在国际中文词汇教学中更多地提倡"构词问题"，而非强调"构词法"的原因。构词问题不分水平或层次，也不必那么系统、严格，点到为止，逐步渗透给学习者，可以让他们慢慢地自行领悟；构词法既为法则和规律，就需要系统、严整地教授，并要求学习者掌握和运用，这对不同水平的学习者来说是不太现实的，也是难以操作的。

对于已掌握汉语基本词汇并初步培养起一定的汉语语感的中高级学习者来说，由浅入深地讲授构词法就是必要的了，这将有利于成年学习者理性地理解和掌握词汇系统的规则，比较便捷、高效地学习词汇。那么，对于既在现代汉语构词法之内（属于动宾式复合词的一类），又不是结构关系与语义关系相对应（动宾结构一般与支配语义对应）的致使性动宾复合词，其构词方面的教学更是很有必要。其中，结构关系的讲解是次要的，因为过于强调结构容易令学习者忽略这类复合词语义上的特殊性；语义的讲解和用法的练习是主要的，因为从明义到使用是词语学习和语言学习的重要目的之所在。总之，构词意识是国际中文教师在词汇教学，特别是中高级词汇教学中应当秉持的一种重要的教学意识，教师有责任培养学习者逐步建立这种意识，并引导他们认识词法和词义的关系，这样可以对汉语词汇的学习起到提纲挈领、事半功倍的作用。

2.2.3　致使性动宾复合词所体现的汉语复合词的形义关系

国际中文词汇教学既不能忽视对汉语词汇结构关系的教授，亦不能忽视词义关系的提示和教授。尽管现代汉语复合词与句法／短语的结构具有高度同构性，意义结构也与语法结构存在着显著的对应关系，但是，词法特异性的存在同样会成为困扰学习者词汇学习的难题。国际中文教师在逐步帮助学习者树立汉语复合词语素意识和义项意识的同时，也应启发他们关注语素义与语素义、语素义与词义之间的关系，这样既有利于他们对70%以上与结构吻合的复合词词义（苑春法、黄昌宁，1998）进行类推性理解，又有助于学习者遇到非规则性的复合词时能够留心学习、单独记忆，还能逐渐培养他们分析汉语复合词的结构关系和意义关系的能力。

更深入地来看，表层语法结构关系与深层语义结构关系不对应的致使性动宾复合词"X + N_{役事}"所体现的深层次的语言关系就是汉语复合词的词义与形式的非对应性，即复合词的形义失谐问题。当然，在现代汉语复合词中，词义与形式相对应还是主流的、常见的，如主谓复合词对应陈述关系，动宾复合词对应支配关系，定中/状中复合词对应偏正关系等。而且，张博（2007a）和孟凯（2009a）在研究以"单音节反义词 + 同一语言成分"的方式构造的复合词时也发现，绝大多数〔如孟凯（2009a）统计，有 80.88% 的复音反义属性词〕是属于语义与构词相对应的，如"冷饮：热饮、外宾：内宾、父系：母系、轻型：重型"。词义与形式之间普遍存在的对应性成为学习者准确理解、记忆、运用和类推词语的保证和关键。

反之，词义与形式不对应的特异性复合词则会因形义失谐而令学习者不易理解、理解不确切，甚至误解。动宾复合词中，此类特异结构较多，这令动宾复合词词义的内部关系相当复杂，宾语类别也丰富多样。举其要者，除受事宾语（如"钓鱼、灭火"）外，施事宾语（如"动身、回温"）、处所宾语（如"出站、进站、居家、骂街、在线"）①、时间宾语（如"点卯、立秋"）、工具宾语（如"拌嘴、打拳、扎针"）、原因宾语（如"告老、救火、脱贫、养伤"）、目的宾语（如"逃命、逃生"）、结果宾语（如"制衣、作文"）等所构复合词都属形义失谐的复合词。动宾结构潜隐着如此复杂多样的词义关系必然会让学习者在词汇学习的不同阶段遇到理解和使用上的困难。因此，这些形义不对应的复合词（尤其是动宾复合词）理应成为国际中文词汇教学的着力之处，教师在教学或练习中应向学习者指出复合词中潜存的这种形义不对应，以强化学习者的记忆。

国际中文教学中发现的问题往往是母语者习焉不察却又具有研究价值

---

① 处所宾语的内部也不匀质，如"出站、退场、下场"中的处所是动作的起点，而"进站、出场、登场、上场"中的处所是动作的终点；同是"出 + 处所"（出站、出场），其中的处所表示的起点、终点亦不同（参看范立娜，2014）。动宾复合词宾语性质之复杂由此可见一斑。

的，对这些问题的研究既是国际中文教学对汉语本体研究的推动，也是对本体研究领域的拓展。希望本节对致使性动宾复合词"X + N_{役事}"在学习者词义理解、词语接受度等方面的探讨能为致使性动宾复合词的教学和国际中文词汇教学提供一些有价值、有意义、有实际效用的参考信息，同时有助于将词义与形式的对应关系同国际中文词汇教学结合起来，为学习者更清楚地认识汉语复合词的形义关系、更好地了解并掌握汉语词汇系统提供一些帮助。

尽管现代汉语复合词与句法/短语的结构高度一致，意义结构也与语法结构显著对应，但是，词法的特异性仍是学习者词汇学习的难题之一。因此，词汇的形义关系应该在本体研究中获得更多的关注和探讨，亦应得到国际中文词汇教学的重视和强调。对于形义统一的复合词，教师应着重于构词法/构词问题的教学；对于形义失谐的复合词，如致使性动宾复合词"X + N_{役事}"这种表层语法结构（动宾）与深层语义结构（致使）不对应的复合词，教师应着重讲练，以强化记忆。希望国际中文教学中发现却又为母语者习焉不察的此类语言现象，能够促使相关的汉语本体研究和教学研究有所推进。

∷ 附录 ∷

测试问卷

你的国籍：_____ 专　　业：_____

性　　别：_____ 你现在上_____年级（上、下）

HSK 是_____级

请不要查词典，谢谢合作！

测试问卷（一）

一、请选择最适合下列词语或画线词语的解释（单选）。

1. 富国强兵：
   A 富足的国家，强大的军队　　B 国家富足，军队强大
   C 使国家富足，使军队强大

2. 止痛片：
   A 停止疼痛　　　　　　　　　B 让疼痛停止
   C 疼痛停止　　　　　　　　　D 把疼痛停止

3. 良药苦口利于病：
   A 口觉得苦　　　　　　　　　B 让口觉得苦（引起苦的味觉）
   C 苦苦的口

4. 国富民强：
   A 国家富足，人民强大　　　　B 富足的国家，强大的人民
   C 使国家富足，使人民强大

5. 开门：
   A 敞开门　　　　　　　　　　B 把门打开
   C 使门开开　　　　　　　　　D 门敞开

6. 停车：
   A 把车停下　　　　　　　　　B 停下车
   C 让车停下　　　　　　　　　D 车停下

7. 升旗：
   A 把旗升起来　　　　　　　　B 旗升起来
   C 升起旗　　　　　　　　　　D 使旗升起来

8. 扭头：
   A 转动头　　　　　　　　　　B 把头转动
   C 头转动　　　　　　　　　　D 使头转动

9. 合眼：

　　A 合上眼睛　　　　　　　　B 把眼睛合上

　　C 使眼睛合上　　　　　　　D 眼睛合上

二、判断下列句子是否正确（正确的画 √，错误的画 ×）。

　　他的话真烦人。（　）　　　　他的话真让我烦人。（　）

　　他的话真烦心。（　）　　　　他的话真让我烦心。（　）

　　他的话真心烦。（　）　　　　他的话真让我心烦。（　）

三、你认为下列句中的画线词语合理吗？（合理的画 √，不合理的画 ×。）

1. 这家<u>美容</u>院经营的项目很多，<u>美体</u>、<u>美足</u>、<u>美甲</u>都包括。

　　　（　）　　　　　　（　）（　）（　）

2. <u>静心</u>口服液，女人的首选。（　）

3. <u>活肤</u>新产品，一试就知道。（　）

4. <u>健身健美</u>，请来张贝。（　）

5. 这种药可以清热解毒，<u>舒筋</u> <u>活血</u>。

　　　　　　　　　　　　（　）（　）

四、写出下列句子中画线词语的意思（请用汉语或英语写）。

1. 家里事多，在外也难<u>安心</u>。

2. 海边的气候最<u>宜人</u>。

3. 人人都说西湖最美，我去了一看，果然风景<u>怡人</u>。

4. 没电的时候，屋里黑得<u>怕人</u>。

5. 他拥有<u>惊人</u>的办事能力。

测试问卷（二）

一、写出下列句子中画线词语的意思（请用汉语或英语写）。

1. 山洞又深又黑，真<u>吓人</u>。

2. 孩子小的时候非常累人。

3. 颐和园景色迷人。

4. 他相信自己没做错，所以心安理得。

5. 看到孩子喜人的成绩，妈妈哭了。

二、判断下列句子是否正确（正确的画 √，错误的画 ×）。

他的钢琴曲是醉人的。（　　）　　他的钢琴曲是让人醉人的。（　　）

他的钢琴曲是醉心的。（　　）　　他的钢琴曲是让人醉心的。（　　）

他的钢琴曲是心醉的。（　　）　　他的钢琴曲是让人心醉的。（　　）

三、请选择最适合下列词语或画线词语的解释（单选）。

1. 瘦身：

　　A 让身体变瘦　　　　　　　B 身体很瘦

　　C 瘦弱的身体

2. 减肥：

　　A 减轻肥胖的程度　　　　　B 使肥胖的程度减轻

　　C 肥胖的程度减轻

3. 聚精会神：

　　A 集中精神；集中注意力　　B 把精神、注意力集中起来

　　C 使精神、注意力集中　　　D 精神、注意力集中

4. 专心：

　　A 集中注意力　　　　　　　B 让注意力集中

　　C 注意力集中　　　　　　　D 集中的注意力

5. 关门：

　　A 使门关上　　　　　　　　B 关上门

　　C 把门关上　　　　　　　　D 门关上

6. 开口：

　　A 张开嘴说话　　　　　　　B 把嘴张开说话

　　C 嘴张开说话　　　　　　　D 使嘴张开说话

7. 转身：

    A 使身体转过去　　　　　B 身体转过去

    C 转过身　　　　　　　　D 把身体转过去

8. 降价：

    A 把价格降下来　　　　　B 使价格降下来

    C 价格降下来　　　　　　D 降下价格

9. 撤兵：

    A 使军队撤退　　　　　　B 撤退军队

    C 军队撤退　　　　　　　D 把军队撤退

四、你认为下列句中的画线词语合理吗？（合理的画 √，不合理的画 ×。）

1. 健胃消食片，常备常舒坦。（　　）

2. 这种新出的嫩肤霜效果不错。（　　）

3. 我们用的是同一个牌子的洁面乳。（　　）

4. 顺发 亮发，合二为一。

    （　　）（　　）

5. 一股流行的纤体瘦身热潮正在席卷全国。（　　）

第二节　基于整词离析度和离析形式常用度的动宾离合词离析教学*

一、引言

离合词是汉语中一类比较特殊的词语，它们可离可合，时离时合；合用时像词，分用时像短语。尽管特殊，汉语母语者却基本不会用错这类词，甚至都不会感觉到其特殊之处。但是，对于二语学习者而言，这类词就显得"太难、太复杂"了，他们使用离合词（本节指"动宾离合词"，下同）的偏误也较多。以下误例出自北京语言大学 HSK 动态作文语料库：

① * 对我来说，见面这样一个人，他使我走人生的道路，这不是影响最大的人吗？（韩）

② * 六年前我去新疆旅游，那时我看到七八个很可爱的当地的小男孩，所以我要照他们的相。（日）

③ * 有一种歌曲和以前只唱的歌曲不一样，一边跳舞着一边唱歌而让听众们得到另一种的乐曲。（韩）

④ * 感觉饿的时候，干什么都没有精神，睡不觉着。（日）

⑤ * 爸、妈，我有个好消息，考完了期中考试我校放假了一个星期。（印尼）

⑥ * 可是不知怎么回事，那天我睡觉得很早。（韩）

⑦ * 这次，我有的课没上课。（日）

例①②是离合词与宾语的位置关系问题，属于合用时的偏误；例③—

---

* 本节内容曾以同题发表于《国际汉语教学研究》2017 年第 3 期，收入本书时有改动。作者为孟凯、王丽丽。

⑤是离合词离析使用时的偏误，分别为动态助词"着"、可能补语、动态助词"了"和数量名短语与离合词的位置关系不明；例⑥可以不使用离合词，用单音动词"睡"表述为"睡得很早"，如若使用离合词"睡觉"，必须重复第一个动词性成分，表述为"睡觉睡得很早"，属于离合词使用中的重动问题；例⑦是离合词内的宾语成分已前置，离合词中不应再出现宾语成分，即离合词的离析使用与成分倒置的叠加。

以上偏误让我们看到，离合词的误用既有其与宾语关系的问题，也有其与插入成分、提取成分关系的问题。初级学习者前一类偏误比较凸显，随着汉语水平的提高，此类偏误逐渐得到克服，而后一类偏误的改善状况却不尽如人意。原因在于，离合词的插入成分类型繁多，且经常叠置插入，对学习者来说过于复杂，难以掌握。即使是上述几例中的常用离合词，其偏误在不同水平的学习者中也都比较常见。可见，动宾离合词的偏误有"化石化"倾向。

目前，与离合词教学、习得有关的研究或集中于分析不同语别/国别学习者的离合词偏误类型及其成因（王瑞敏，2005；萧频、李慧，2006等），或探讨离合词不同扩展形式的习得问题（何清强，2009；兰海洋，2012；林才均，2015等），或研究离合词的教材编写和教学方法、策略等（高书贵，1993；杨庆蕙，1995；李炳生，1996；饶勤，1997；刘春梅，2004；范妍南，2007；周琳、李彬鑫，2015等）。

离合词的国际中文教学包括合用和分用两类，二者性质不同，需区别对待。对于整词合用的教学，离合词作为不及物动词充当句法成分（如"我们终于见面了""马上睡觉并不难"）对学习者来说较容易，可不做重点处理；而像例①②所涉及的离合词的句法框架应成为教学重点。框架一般都是离合词合用时的高频结构，规律性强，如若不教，学习者很可能会产出例①②这样的误例，也不一定知道是"给……照相"还是"对……照相"。

尽管绝大部分离合词合用多于分用（本节表2-6的数据可证实这一点），但是，"离合词的教学，难度主要是其扩展形式的教学"（王瑞敏，2005）。尤其常用离合词的离析使用比较普遍，离析形式复杂多样，叠合插入成分也比较常见，因此离析形式的教学应当成为常用离合词教学的重点。具体来看，除了数量多寡和使用频次高低，离析形式类别的丰富程度是否会对离合词的学习产生影响？离析度的梯级呢？离析形式的常用度在离合词教学中又有什么作用？简言之，本节主要回答两个问题：是否所有常用离合词都是教学重点？是否常用离合词的所有离析形式都是教学重点？

二、动宾离合词的离析使用率、离析形式与离析度

2.1 动宾离合词的离析使用率

本节以《等级大纲》甲级词（占该大纲收词总数的11.7%）中的22个离合词与《等级划分》普及化等级词汇一①和一②（占《等级划分》收词总数的12.1%）中44个离合词的交集作为研究对象，即13个常用离合词：放假、见面、看病、起床、请假、上课、上学、睡觉、跳舞、握手、洗澡、下课、照相。

我们在北京大学中国语言学研究中心语料库（下文简称"CCL语料库"）现代汉语语料库中对这13个离合词（语料总字数近500万字）进行了逐一检索，统计了它们的使用频次、离析使用频次和离析使用率（见表2-6）。

由表2-6可知，13个离合词中使用频率最低的3个词"洗澡、跳舞、请假"的离析使用率都比较高，可见，离合词的使用率与离析使用率并不成正比。同时也可以看到，即使对于常用离合词而言，离析使用频次也不是很高。管中窥豹可知，离合词虽然具有离析性，但仍以合用为常。离合词离析使用率的高低只能表明哪些离合词相对来说更可能离析使用，并不能表明离合词离析使用的程度或难度。因为有的离合词可能离析使用率较高，但离析

形式比较单一；而有的离析使用率不是那么高，但离析形式可能比较多样。因此，还需进一步量化和细化 13 个离合词的离析形式。

表 2-6　13 个动宾离合词离析使用情况[①]

序号	离合词	使用频次	离析使用频次	离析使用率（%）
12	洗澡	2365	660	27.91
11	睡觉	5000	1195	23.90
10	跳舞	4763	894	18.77
9	请假	3555	486	13.67
8	握手	5000	677	13.54
7	上课	5000	368	7.36
6	放假	5000	353	7.06
5	看病	5000	98	1.96
4	起床	5000	52	1.04
3	见面	5000	39	0.78
2	下课	5000	23	0.46
2	照相	5000	23	0.46
1	上学	5000	7	0.14

2.2　动宾离合词离析形式统计

离合词的离析形式是离合词的所有非合用形式。关于离合词的离析形式或扩展方式，学界主要探讨了离析形式的类型（段业辉，1994；饶勤，1997；王素梅，1999 等），以王海峰（2011：46—47）基于大规模语料库得

[①] 本节所研究的 13 个离合词都是常用词，语料动辄上万，但 CCL 语料库只允许检索 5000 条语料，语料不足 5000 条的 3 个词统计全部语料，语料超过 5000 条的统计可检索的 5000 条。检索时间为 2012 年 1 月。为便于后文离析度的计算，本表按最后一列"离析使用率"逆序排列，数值相同，序号相同。

到的 13 种扩展方式最为详细。但仅仅知道离合词有多少种离析形式还是不够的，因为每个离合词离析形式的种类不同，其间的差别非常大。因此，依据离析形式的统计结果划分离析度，实现离析形式的分级，对离合词的教学意义更大。

借鉴以往的研究成果，依据离析形式的性质、插入成分的性质及其复杂性，我们将离合词的离析形式分为五大类：插入补足成分、插入饰限成分[①]、插入补足和饰限成分、动词重复、宾语前置。其中，前三类都与插入成分有关，而复杂的插入成分既是离合词可离析特性的最有力表现，又是离合词的使用难点之所在。因此，我们又将前三类插入成分进一步细分为不同小类，以表明其重要性与复杂性（详见表 2-7）。

表 2-7 显示，13 个离合词的离析形式在总量、类别量和各类的分布上差别相当大。以离合词同时"插入补足和饰限成分"为最多（193），如"睡起大觉来、睡上一会儿安稳觉"；以"插入动态助词'了'"最为普遍，13 个离合词都可以插入"了"；由于"插入补语"类型繁多且比较复杂，可单独充当饰限成分的类型也不少，因而这两类离析形式都比较丰富（108、116），占到了相应大类的五六成；两类"叠合插入"型的数量也不少（70、54），如"洗了一次澡、洗一个舒服的热水澡"；"宾语前置""插入强调性的助词'的'"和"动词重复"是普遍性较弱的离析形式，只有"洗澡、跳舞、上课"同时具备这三种形式。

总体来看，离合词在离析使用时以插入成分（包括叠合插入补足、饰限或兼有这两类成分）为主，类别分布不均。

---

① "饰限"即"修饰、限定"的缩略。

表 2-7　13个动宾离合词离析形式汇总（单位：种）[①]

序号	离合词	插入补足成分					插入饰限成分		插入补足和饰限成分			动词重复	宾语前置	离析形式类别总量
		插入动态助词			插入补语	插入"的"	叠合插入助词和补语	单独插入饰限成分	叠合插入饰限成分	插入两项	插入三项	插入三项以上			
		了	着	过											
12	睡觉 160	1	1	1	27	—	9	19	21	22	22	—	12	25	11
11	洗澡 100	1	—	1	15	1	10	14	12	21	10		7	8	11
10	请假 88	1	1	1	20	1	21	12	1	17	13				10
9	跳舞 79	1	1	1	15	1	10	21	4	11	4	—	9	1	12
8	上课 76	1	1	1	7	1	4	17	9	13	17	3	1	1	13
7	放假 56	1	—	1	5	1	5	16	4	17	5	1	—	—	10
6	看病 31	1		1	9		4	11		1			2	2	8
5	握手 26	1	1	1	2		4	3		7	1		6		9
4	见面 16	1		1			2		3	3	2				7
3	照相 8	1		1	1			2		1			1		7
2	上学 4	1		1	1		1								4
2	起床 4	1			2		1								3
1	下课 3	1													3
	总计	13	5	11	108	6	70	116	54	114	75	4	38	37	—
								170			193					

[①] 第二列离合词后的数字为该词离析形式的总种数，最后一列类别总量是对左侧列出的13个大小类别的汇总。有些表内显示为不存在的离析形式在现实语感中是可说的，如"放假、照相"可以插入动态助词"着"，"睡觉、上学"可以插入表强调的"的"；而有些表内显示语料库存在的离析形式在语感中却有些可疑，如"？请着假"。我们未进行人工干预，暂按语料库检索结果统计。这些细微差异基本不影响离析度的分析。本表按第二列离析形式总种数逆序排列，数值相同，序号相同。

2.3 动宾离合词的离析度

离合词的离析度就是离合词可离析的程度。离析度既与离合词的离析使用率有关，也与离析形式的量有关。而离析形式的量又分为总量与类别量，总量多并不意味着类别丰富，如"请假（88）"比"跳舞（79）、上课（76）"的总量多，但"请假"离析形式的类别（10）却不及后两者（12、13）。也就是说，不能说"请假"的离析度比"跳舞、上课"高。基于此，我们综合离合词的离析使用率、离析形式的类别总量和小类类别量三项指标来考量离析度，即将表2-6的序号、表2-7的序号与表2-7最后一列的数据相加，从而获得13个常用动宾离合词的离析度序列（见表2-8）①：

表2-8　13个常用动宾离合词离析度序列

离合词	睡觉/洗澡	跳舞	请假	上课	放假	握手
离析度	34	31	29	28	23	22
离合词	看病	见面	照相	起床	上学	下课
离析度	19	14	12	9	7	6

13个离合词的离析度级差相当大，大体呈现出三个梯级（以最高值与最低值之差的三分之一作为级差标）：

高离析度（离析度序列值≥25）："睡觉、洗澡、跳舞、请假、上课"5个词在这一梯级。前4个词的离析使用率和离析形式的总量都很高，"上课"的这两项指标则居于中上水平；这5个词离析形式类别多样，（叠合）插入补足成分、（叠合）插入饰限成分及同时插入这两类成分等内部类别和句法表现都很复杂。另据初步统计，尽管语料显示这5个词不都能插入"了、着、过"，但在插入"了、着、过"时它们的使用频次很多是相当高的，如：请了假（71）、洗过澡（62）、洗了澡（52）、睡过觉（41）、跳过舞（35）、

---

① 因版面所限，无法排成序列，暂以表格呈现。

跳着舞（32）。这表明这5个词最能体现离合词的离析属性。

中离析度（25＞离析度序列值≥15）："放假、握手、看病"3个词在这一梯级。它们离析形式的总量都处于中等水平，但"握手"的离析使用率（13.54%）远远高于其他两个词（7.06%、1.96%）；3个词离析形式的类别尚算丰富，但不同类别的分布和使用差距明显，如"插入两项补足和饰限成分"中，"放假（17）"比其他两词之和（8）的两倍还要高；另据"插入可能补语"的统计，"看病"的使用频次为5，"放假、握手"都为0。可见，这几个离合词离析形式的分布已愈显非匀质，离析使用的句法表现个性增强。

低离析度（15＞离析度序列值）："见面、照相、上学、起床、下课"5个词在这一梯级。它们的离析使用率和离析形式的总量都很低，离析形式的类别出现大量空缺，多数词各类别的空缺项多于允准项，说明这几个离合词的离析能力已十分微弱，更倾向于整词合用，离析特征不明显。

三、动宾离合词离析形式的常用度

深入到各个离合词具体的离析形式中可以发现，某一离析形式使用频次的高低与其是否成为教学重点亦有关系。因此，需要对各个离合词不同离析形式的常用度进行分析。

由于13个离合词的离析形式纷繁复杂，数量众多，我们无法在有限的篇幅内提供几百个离析形式的序列，因此，就只列出出现20次（及以上）的高频离析形式，共38个（括号内为离析使用频次）：

握着某人的手（353）、睡不着觉（216）、握住某人的手（212）、洗个澡（148）、睡一觉（138）、睡大觉（120）、放暑假（116）、跳起舞来（104）、睡不好觉（75）、洗完澡（73）、请了假（71）、睡懒觉（63）、洗过澡（62）、睡午觉（56）、放寒假（54）、洗了澡（52）、睡好觉（50）/跳跳舞（50）/跳起了……舞（50）、洗了个澡（47）、起了床（45）/放长假（45）、请个假（42）、睡过觉（41）/ 跳起……舞（41）、睡了一觉（40）/ 请病假（40）、跳过舞（35）、跳着舞（32）、睡上一觉（30）、洗个热水澡（27）、请长假（26）/ 握住了某人的手（26）、跳着……舞（25）、放了假（23）、下了课（21）、睡个午觉（20）/ 上了一课（20）

这些高频率离析形式中，"睡觉"的离析形式有11个，"跳舞"7个，"洗澡"6个，"请假、放假"各4个，"握手"3个，"上课、起床、下课"各1个。这组数据表明，离合词的离析度与高频离析形式的种类有成正比的倾向。

具体来看，除"握手"的2个超高频的离析形式外，使用频次排序靠前的离析形式普遍都以插入单一成分为主，或者单独插入动态助词，如"请了假、洗过澡、跳着舞"；或者单独插入补语，如"睡不着觉、跳起舞来、洗完澡"；或者单独插入饰限成分，如"洗个澡、睡一觉、睡大觉、请病假"。这一结论与表2-7所显示的离合词在离析使用时以叠合插入成分为主的倾向有所不同，原因在于，表2-7是离析形式各类总体使用频次比较的结果，而上述结果是由离析形式个体使用频次的比较获得的，因而会出现中离析度的"握手"虽只有三种高频离析形式，但有两种的使用频次出奇地高，居于常用度序列的一、三位，比高频离析形式较多的"睡觉、跳舞、洗澡"都要高这样看似不合情理却又合乎情理的现象。词的离析度和离析形式的常用度是不同观察视点之下的产物，二者在总体一致（普遍呈正比关系）中亦有差别。只有将二者结合起来，才能更好地把握住离合词离析教学的重点和关键。

四、动宾离合词的离析教学与教材编写

4.1 动宾离合词的离析教学

离合词离析度的高低决定了其教学讲练的精简程度。一方面，并非所

有离合词都是教学重点，离析度越高，其离析形式越应该重点讲练；另一方面，即使是重点教授的离合词，也并非其所有离析形式都是教学重点，常用度高的离析形式（如上节所列的38个）应当获得更多的教学关注。综合两者观之，离析度越高的离合词，成为教学重点的离析形式往往也越多，像38个高频离析形式多集中于5个高离析度离合词，如"睡觉、跳舞、洗澡"等，这些一定要重点操练；3个中离析度离合词离析形式的数量和类别也不少，尤其有些词的高频离析形式十分凸显，像"握手"占据一、三位的2个离析形式，自然也是教学重点。

我们以离析度和高频离析形式总种数都最高的"睡觉"为例，结合汉语水平、语法点大纲和通行汉语教材，基本秉承由易到难、由短语到句子的教学原则，给出一套具体的、可操作的离合词离析教学方案。其他离合词教学可仿此进行，但比"睡觉"要简括。

"睡觉"的离析教学案例：[①]

根据课型特点和要求，可适当拓展或缩减。

（1）初级水平

  动态助词：睡了觉（18）→睡了一觉（40）→我下午睡了一觉。

       →我睡了觉就去超市。/

       我睡了觉就去超市了。

  睡着觉（14）→他睡着觉（呢）。（可强调"着……呢"的连用）

  睡过觉（41）（"睡过觉"现实语感中不是那么高频，不必过多操练）

      →我睡过觉就马上起床了。

      →睡过一觉（6）

[①] "睡觉"各离析形式后括号内标出的数字为该形式在CCL语料库中的使用频次，下画波浪线者为前举高频离析形式，例后括号内的宋体字为教学提示或相关说明。

饰限成分：睡一觉（138）→睡一大觉（8）→睡了一大觉

→昨晚我睡了一大觉。

睡大觉（120）（可问学习者睡多长时间是"大觉"；若有学习者说"睡小觉"，可补充"睡一小觉"，并问学习者大概睡多久是"小觉"）

→睡一大觉（8）

结果补语：睡完觉→睡完一觉（"睡完觉"不大常用，不必过多操练）

可能补语：睡得着觉（6）→睡不着觉（216）（强调"着"的发音，告诉学习者可以说"睡得着、睡不着"）

睡不好觉（75）→睡得好觉（告诉学习者可以说"睡得好、睡不好"）

睡不了觉（13）→什么让你睡不了觉？

时量补语：睡一会儿觉（6）→睡半小时觉→中午睡一会儿/半小时/一小时觉是个好习惯。

动词重复：睡睡觉（3）→睡一睡觉

→睡了睡觉

→睡不睡觉（1）

睡觉睡得不错（1）→最近睡觉睡得不错。

（2）中级水平

结果补语：睡上一觉（30）→睡上一大觉→睡上一个好觉→好希望睡上一个好觉啊！

→好好地/美美地/香香地睡上一觉→我真想好好地/美美地/香香地睡上一觉。

→睡上一个美美的/香香的觉

趋向补语：睡起觉来（3）（强调复合趋向补语与宾语成分的位置）

饰限成分：睡懒觉（63）（问学生谁喜欢，为什么）→睡个懒觉（2）

睡午觉（56）→睡个午觉（20）→美美地睡个午觉

→睡个美美的午觉

睡好觉（50）→睡个好觉（10）→幸福地睡个好觉

（"睡懒觉、睡午觉、睡好觉"亦可在初级出）

宾语成分前置：一觉睡到天亮/某时（14）、一觉睡醒（1）、一觉睡去（1）；连觉也睡不着（5）、连觉也没睡好（1）；觉也没睡（1）、觉睡得安稳（2）；把觉睡过劲儿了（1）……（亦可在高级出）

（3）高级水平

所有离析形式的适当复现和复杂化，以插入可能补语和插入形容词修饰成分为主。

上述教学方法同样适用于本节考察范围之外的离合词。大体操作步骤为：(1) 检索语料库，大致确定哪些离析形式是高频的，未必穷尽式检索，因为本节所考察的13个离合词虽然基本是最常用的，但其中某些离合词的离析度已不是那么高，至于其他不那么高频的离合词，其离析形式在语料库中可能会一目了然，很快就能确定哪些更常用。(2) 对离析形式进行分类，整体上秉承结合语法点、先易后难的原则，先教插入成分较为单一的离析形式，再教插入成分相对复杂的，循序渐进。如《等级划分》的二级词"散步"也是个较常用的离合词，粗略检索CCL语料库，其离析形式"散（一）会儿步、散了一会儿步、散上一会儿步"使用频次较多，应当作为初、中级的教学重点。若每个离合词都按此教学方案处理，学习者就可以在多种课型中多次、反复接触和操练离合词的离析形式，进而能够分步骤、分阶段、由浅入深地逐步掌握各离合词的离析用法。

4.2 离合词的教材编写

国际中文教材作为学习者学习汉语的主要载体和教师教授汉语的重要

依据，其处理离合词（也包括动补离合词）的方式会对学习者了解和掌握离合词"可离可合"的特点产生一定的影响。动词合用是常态，离析使用属特例，汉语教材如不对后者进行特别标示和说明，学习者忽视离合词的离析使用也就无可厚非了。目前来看，国内应用得比较普遍的国际中文教材对离合词还是给予了不同于普通动词的差别化呈现，只是标注形式不统一，在是否提供搭配和是否作为语法点方面处理得也不一致。我们考察了国内国际中文教学界 7 部应用比较广泛的初中级综合课教材对离合词的处理，以"睡觉"为例进行说明（见表 2-9）：

表 2-9　7 部国际中文教材对离合词"睡觉"的处理

教材	拼音	词性标注	生词表中离析形式的常用搭配	作为语法点或注释
汉语教程（第二册·上）	shuì jiào	—	—	+
尔雅中文：初级汉语综合教程（下 2）	shuì//jiào	动词	+	+
桥梁：实用汉语中级教程（上）	shuì jiào	动	—	—
成功之路·顺利篇（1）	shuì jiào	—	—	+
新实用汉语课本（1）	shuìjiào	VO	很少	—
博雅汉语·初级起步篇（Ⅰ）	shuì jiào	—	—	—
发展汉语·初级综合（Ⅰ）	shuì jiào	V	—	+

表 2-9 显示，多数教材采用拼音分写的方式给离合词注音，《尔雅中文》则与《现汉》一致，以"//"将拼音分开。这两种方式都在学习者最先关注的拼音上显性地表明了离合词可离析的特性。《新实用汉语课本》的标音与一般动词无异，无法让学习者在拼音上辨识出来，但其词性标注很特别，以 VO 揭示动宾离合词的内部结构关系，可以弥补注音无辨识性的不足。

有 3 部教材直接标动词，学习者无法从词性上将离合词与一般动词分开，须与拼音结合起来才能看到离合词的特殊之处；有 3 部教材离合词的词性标注处是空白，也算是以较显明的方式彰显了离合词离析时的非词属性。不过，有些教材对某些非离合词也采用不标词性和拼音分写的方式，如《博雅汉语·准中级加速篇（Ⅰ）》对动词"据说"的处理就与离合词完全相同，这不利于凸显离合词的特点。

是否提供常用搭配方面，一般教材或囿于篇幅，生词表一律不提供搭配，《尔雅中文》意识到离析形式的重要性，多半离合词都提供了搭配；《新实用汉语课本》给离合词提供的搭配以合用为主，离析形式甚少。有 4 部教材将离合词作为一个语法点进行处理。

综合考虑以上 7 部教材对离合词的处理，《尔雅中文》除不宜直接标"动词"外，其他方面做得还比较理想。借鉴现有教材的编写经验和既往研究成果（高书贵，1993；刘春梅，2004 等），参考本节对动宾离合词离析形式的分析，秉承以明显的方式呈现可以让学习者关注离合词"可离"的特点这一原则，我们建议：

（1）教材首先应以显性标记给予离合词特殊待遇，以示区别，即拼音宜分写或以"//"分开，推荐后者，以与通用工具书（如《现汉》）打通。

（2）把离合词标为"动词"不利于与一般动词区分，以不标词性为宜，因为空白是一种显豁的标记，提示作用较强。但此种方式最好只用于处理离合词，短语可标"短语"或"VO"。

（3）生词表提供常用的典型搭配是目前教材编写的发展方向之一，毕竟学习者是在多样的搭配中理解和使用词语的。因此，生词表应有倾向地提供离合词的常用框架（如"给……照相、跟……见面"）和典型的离析形式，以达以简驭繁、事半功倍之效。

（4）作为与各类语法成分关系最密切的汉语复合词，离合词数量大，须逐一教授和学习，但有必要将其作为一个语法点，至少作为一个注释呈现在教材中。这能引起学习者对其特殊结构特点的关注。要强化拼音和词性标注的辨识作用，使学习者日后遇到此类词时能够自行辨认，进而为掌握其句法框架和离析形式打下基础。

（5）作为离合词前位构词成分的单音节往往是可独立使用的动词（主要在离析使用时），最好排在相关离合词之下，以提示学习者这一构词成分的句法独立性和常用性。

（6）课后练习对离合词的搭配、句法框架和离析形式等应给予不同练习形式的复现，以强化学习者对离合词的感知和使用。

∷ 本节涉及教材 ∷

陈　灼主编（2012）《桥梁：实用汉语中级教程（上）》（第3版），北京：北京语言大学出版社。

黄　立、钱旭菁（2012）《博雅汉语·准中级加速篇（Ⅰ）》（第2版），北京：北京大学出版社。

刘　珣主编（2015）《新实用汉语课本（1）》（第3版），北京：北京语言大学出版社。

任雪梅、徐晶凝（2013）《博雅汉语·初级起步篇（Ⅰ）》（第2版），北京：北京大学出版社。

荣继华（2011）《发展汉语·初级综合（Ⅰ）》（第2版），北京：北京语言大学出版社。

魏新红主编（2014）《尔雅中文：初级汉语综合教程（下2）》，北京：北京语言大学出版社。

杨寄洲主编（1999）《汉语教程（第三册·上）》，北京：北京语言大学出版社。

张　莉（2008）《成功之路·顺利篇（1）》，北京：北京语言大学出版社。

第三章 反义属性词的类推性、对应性与二语词汇教学

属性词,即学界通称的"区别词"或"非谓形容词",《现汉》"对所收的现代汉语的词做了全面的词类标注"(2005年第5版说明),将这类词作为形容词的附类,统一标注为"属性词"。本章即采用《现汉》标注的"属性词"这一术语进行研究。

属性词具有非常显著的成对成组对应性(孟凯,2008),这种对应性有不少来自成组属性词中的反义构词成分,成组属性词也由此表现出较强的反义性。本章将通过问卷测试考查留学生在使用反义属性词时所产生的合理类推和过度类推,并分析两类类推的成因;还将分析反义属性词的对应性表现与汉语二语词汇教学的关系。

第一节 留学生反义属性词的类推及其成因[*]

一、引言

在国际中文教学中我们发现,留学生在掌握了一定数量的单音节反义词

---

[*] 本节内容曾以同题发表于《汉语学习》2009年第1期,收入本书时有改动。作者为孟凯。

后，就有可能出现下列问题：由"发短信"造出"*发长信"，由"高级汉语"造出"*低级汉语"，由"老板觉得他太低能"造出"*老板认为他很高能"之类的错误语句。这些语误促使我们思考，留学生为什么能从单音反义词联想到以其作为构词语素的复音反义词，或者造出词形对应而语义并不对应的复音词？这其中有什么机制在起作用？由单音反义语素参与构词的复音词能否保持反义关系的影响因素又有哪些？

为了解答上述问题，我们对留学生进行了一次反义形容词的问卷测试。[①]问卷中的复合词选取了反义属性词，一则属性词功能比较单一（做定语或状语），可以尽量排除句法的影响；二则利用反义语素构造反义属性词已成为成组属性词的一个显著的构词特点（孟凯，2008），与我们要考察的单音反义词及由其作为语素所构成的复音词之间的关系相吻合。反义属性词是反义形容词中的一类，而且是功能比较典型的一类[②]，可以代表并反映出反义形容词的主要特点。

我们的测试包括下列两种题型[③]：

1. 请在（　）中写出反义词（如果你认为有两个或多个，请都写出来）。

①　大——（小）　　快——（慢）　　母——（父）
　　新——（旧/老）　老——（新）　　西——（东）

[①] 我们主要选取《等级大纲》中的甲、乙级词作为测试词，问卷中并未提示是针对形容词的测试。被试方面，考虑到初级汉语水平的留学生复合反义词学得较少，辨识存在一定困难，高级水平的基本都学过测试词，很难检测他们的类推情况，因此我们选了北京语言大学汉语学院中级汉语水平（二年级）的留学生作为被试。

[②] 已有不少研究（如张伯江、方梅，1996：220；沈家煊，1999：258等）指出，形容词的基本句法功能是做定语，而属性词的主要句法功能恰恰就是做定语。可以说，属性词是典型的形容词。

[③] 文中所列为部分测试题，两种题型不同时出现于同一份问卷，以避免诱导性。（）中的词（无论对错）为多数留学生所填，测试中学生基本都只填出一个词。

2. 请在（　）中写出句中画线词的反义词（如果你认为有两个或多个，请都写出来）。

② 叔叔和姑姑是（父系）亲属，姨妈和舅舅是母系亲属。

③ 大量学习用品源源不断地涌向市场，其中，只有（少量/*小量）质量不合格。

④ 麦克得的不是慢性胃炎，而是突然发作的（急性/*快性）胃炎。

⑤ 西式服装不太适合东方女性，（中式/*东式/*亚式）的旗袍更符合中国人的审美观。

⑥ 我们分析了课文中的正面人物，下面我们再看看（反面/*负面/*后面/*背面/*侧面）人物的表现。

⑦ 你的行为正面影响一点儿没有，（负面/*反面/*后面/*背面/*侧面）影响却不小。

⑧ 口头表达很重要，（书面/*纸上/*书试/*笔试/*文书/*口尾）表达也应该重视。

题①中，留学生一般都能准确地写出测试词[①]的常见反义词，同时写出"新"的两个反义词"旧/老"的学生较多，这可能与二词的出现频率都较高有关。题②—⑧中，我们提供了语境，以利于学生更好地理解词义。可以看出，在构造双音反义词时，留学生明显地利用了构词语素的反义关系进行类推。类推词对错皆有，甚至有汉语中根本不存在的非词二字组（如题⑤中的"东式/亚式"），类型也各不相同（后文详析）。可见，在汉语作为第二语言的学习过程中，在尚未建立起目的语语感的情况下，类推机制在留学生生成反义复合词时起着不可忽视的作用。

---

① 本节语例以加下画线标示"测试词"，留学生所填词无论对错，无论是否成词，一律统称为"类推词"。

二、留学生反义属性词类推的基本类型

反义属性词是指语义对立的一对或一组属性词。成对反义属性词比较常见，如题②中的"父系❶：母系❶"；成组反义属性词是反义的一方包含同 / 近义词，如题⑥ ⑦中的"正面❸：反面❷/ 负面"（为节约篇幅，将原为同一列的诸词横排，外加□表示同属一列）。我们穷尽性地检索了《现汉》第 5 版标注的属性词，共得 550 个属性词和 615 个属性词义项。整理分组（按义项）后，得到反义属性词 80 组（见本节附录）。其中，组内的属性词全部是复合词的有 68 组。① 我们以 80 组反义属性词作为参考范围，以 68 组反义复合属性词作为考察对象，来研究留学生反义属性词的类推。

反义属性词的类推（antonymous analogy，下文简称"反义类推"）是在已知语义关系相反相对的前提下，依据某种内化的语言范型对语言形式的对应类推。内化的语言范型是潜存于语言使用者认知中的、具有普遍性的抽象关系范型（张博，2007a）。对语言形式的对应类推在反义属性词中表现为同素反义类推，即反义类推词与测试词含有同一构词语素，另一反义构词语素是由类推获得的。从理论上讲，反义类推的结果都应该是语义相反、形式对应的。但是事实上，反义属性词语义与形式的对应并不是绝对的，某些组别表现出一定程度的不对应。这也就造成了留学生在利用反义类推机制时不可避免地会出现错误。不过，留学生的类推失误有些是受汉语词汇本身某些不对应的影响产生的，有些则是由留学生在学习汉语词汇过程中的过度类推造成的。总体来看，留学生的反义类推主要有两类：一类正是语义对立、形式对应的合理类推，如题②中的"父系：母系"；另一类表现为过度类推

---

① 具有等级关系的属性词组别不予考察，因为等级序列中的反义关系会随着语境的不同而变动，如"大型：中型：小型 / 微型 / 袖珍"一组，"大型"与"小型"反义，但一定语境中"大型"与"微型"也存在反义关系（我们的测试也证实了这一点）。若将"小型"和"微型"同时计为"大型"的反义词，又有悖于这一序列的等级性，故等级性组别未进入本节的考察范围。

（overgeneralization，英译依罗立胜等，2006），即类推词与测试词形式对应，但不能构成反义词。主要表现为：类推词与测试词语义不对立、词性不一致、搭配不协调以及留学生的自造非词等，如题③—⑧中标*的类推词都是由过度类推所致。合理类推与过度类推这两大类即是依据类推结果的正确与否，对留学生反义属性词的类推所进行的基本分类。

测试还让我们看到了两种不属于反义类推的情况。一种是题⑧中"纸上／书试／笔试／文书"之类的词语。从这些词可以看出，留学生知道"口头"的反义词含有"字面的、书写的"意思，但找不到恰当的同素反义词来表达，就把跟"写"有关的语素拼凑成了与"口头"异素的"纸上／书试／笔试／文书"等。某种程度上说，这几个词语可以被认为与"口头"语义相对，但它们与"口头"之间却不存在形式对应关系，即与"口头"不同素，属于留学生根据反义关系自造的或想到的无形可依的反义词语，不在我们所讨论的反义类推词的范围内。类似的还有"有偿：*免费""高级（汉语）：*基础（汉语）"等。另一种是以否定形式出现的反义词语，也不是由类推机制促动生成的。这些否定词语也不在本节讨论范围内，例如：

⑨ 肯定的答案？（*不肯定／*不一定）的答案？他的表情让我们猜不出来。

三、留学生反义属性词的合理类推及其成因

3.1 留学生反义属性词的合理类推

在测试中，留学生由单音节反义词类推出的复合反义属性词多数都属合理类推，即类推词与测试词既在形式上对应，又保持了语义对立。例如题②中，留学生由单音节反义语素"父：母"分别与同一构词语素"系"结合而类推出的"父系：母系"形式完全对应，词义保持相反相对，就是典型的合理反义类推。下面各例中的反义词也都是由留学生合理类推而来的：

⑩ 这座桥<u>重</u>型汽车不能通过，（轻型）的还可以。

⑪ （<u>上列</u>）各项工作都要抓紧抓好，<u>下列</u>内容也不能放松。

⑫ 我们饭店不提供<u>有偿</u>服务，我们愿意（无偿）地为您做这些事。

⑬ <u>单向</u>教育已经不再适应现在的社会了，师生之间的（双向）交流更重要。

3.2 留学生反义属性词合理类推的成因

3.2.1 反义属性词语义与构词的显著对应性

在 68 组反义复合属性词中，以"单音节反义词+同一语言成分"[①]方式构词的有 55 组，占 80.88%，如"编内：编外""单向：双向"等。反义属性词这种语义与构词的显著对应性在很大程度上为留学生生成正确的反义类推词提供了有利条件。同时，汉语词汇还常常利用最佳反义成分来构造属性词，比如题①中的单音反义词和题⑩—⑬中的"重：轻""上：下""有：无""单：双"都是最佳单音反义词。Murphy & Andrew（1993）指出："如果有一个更好的词充当反义词（或近义词、下位词），那么这个词就会阻止其他词成为最佳反义词（近义词、下位词）。"单音节最佳反义词是最常见、共现频率最高、最容易被率先激活的反义词，也应该是留学生在进行反义类推时最先联想到的。所以，最佳单音反义词成为留学生构造反义复合属性词时最重要的语义基础和形式依据。而反义属性词形义之间的显著对应性也因此对留学生的合理反义类推产生了积极影响。

3.2.2 语义关系范型

张博（2007a）将类比原有词语的构成成分、结构形式和意义，用反义成分与同一语言成分组合构词的方式称为"反义类比构词"，并给出了一种早已被语言使用者认知化的抽象的语义关系范型，即：

[①] "单音节反义词"应为"单音节反义成分"或"单音节反义语素"，因为词内无词。但是，此构词方式出自张博（2007a），此处仅是引用，因此对原式予以保留。

```
  +词义           +语素义＋X
  ─────    ←    ─────
  -词义           -语素义＋X
```

这是一种看起来完全对应的语义范型：利用构词形式"单音节反义词＋同一语言成分（以 X 表示）"来表达复合词意义的对立。由于属性词的词义多由构词语素义加合而成，很少产生引申义（与属性词具有区别或分类的作用有关），因此反义属性词的词义结构十分符合上述范型，即反义词词义由反义语素义与同一语素义的加合来表达。学习汉语的留学生在类推反义属性词时，很可能也受到了这种具有普适性的语义范型的潜在影响。在反义属性词语义与构词的显著对应性与语义关系范型二者的共同作用下，留学生便生成了大量正确的反义类推词。

3.2.3 反义属性词义项的高度对应

单义属性词与多义属性词之间及多义属性词各义项之间所体现出的对应程度的高低会对反义类推产生影响。在 80 组反义属性词中，义项整齐对应的有 74 组，占 92.5%。可见，反义属性词具有义项上的高度对应性。而在义项不对应的 6 组中，有 5 组都是单音反义属性词（单❶：双❶、单❷：双❸、负❾：正⓫、负❿：正⓬、副[1]❶：正❾），与反义类推无关。可以说，反义属性词（尤其是反义复合属性词）义项的高度对应有利于类推机制的应用，也有利于留学生生成正确的反义类推词。例如（视需要列出词条在《现汉》中的相关信息）：

【父系】形属性词。❶在血统上属于父亲方面的：～亲属。❷父子相承的：～家庭制度。

【母系】形属性词。❶在血统上属于母亲方面的：～亲属。❷母女相承的：～家庭制度。

题②中的"父系：母系"是❶义，二词的❷义也是对应的反义属性词。虽然"父系"和"母系"都是多义词，但各义项之间整齐对应，对留学生反义类推的正确性不会产生负面影响。

四、留学生反义属性词的过度类推及其成因

4.1 留学生反义属性词的过度类推

过度类推指的是学习者"将目的语的某些规则过度化而造成语言误差"（Richards，1971，中译引自罗立胜等，2006）。很显然，过度类推的结果都是不正确的。在类推机制的作用下，留学生写出的反义类推词与测试词往往形式对应，但是在语义、词性、搭配等方面却可能出现不和谐。这就形成了样态丰富的过度类推。根据类推词在现代汉语中是否存在，我们将过度类推分为两大类：过度类推汉语词和自造非词。

4.1.1 过度类推汉语词

此类反义类推词都是现代汉语中可以自由使用的词，而且与测试词形式对应，但二者却无法构成反义属性词（在一定的语用条件下）。它们主要从语义、词性、搭配三方面显示出了留学生过度类推的特点。

（1）类推词与测试词语义不对立。例如题④中的"慢性：*快性"，留学生由最佳单音反义词"慢：快"类推出的"快性"与测试词"慢性"的语义和谐度较低（后文详析），没有成为"慢性"的反义词。

（2）类推词与测试词语义虽然对立，但是不符合语境要求，且词性不一致。例如，"正面"是个多词性的多义词，既有属性词义项，又有名词义项。

【正面】❶ 名 人体前部那一面；建筑物临广场、临街、装饰比较讲究的一面；前进的方向（区别于"侧面"）。

❸ 形 属性词。好的、积极的一面（跟"反面"相对）。

❹ 名 事情、问题等直接显示的一面。

题⑥⑦中"正面"的3个类推词"后面/背面/侧面"是名词"正面❶"或"正面❹"的反义词，与属性词"正面❸"不构成反义关系，与⑥⑦两句的句意也不相符。看来，留学生仅从词义对立的角度来填写复合反义词，并没有考虑词性、语境等的限制。

（3）类推词与测试词语义对立、词性相同，但搭配不协调。例如题③中的"大量：*小量"、题⑥中的"正面：*负面"、题⑦中的"正面：*反面"，这几个类推词原本都是测试词的反义词，但是在一定的语境中，它们的搭配域与测试词不再相合，因而不能再与题中的测试词构成反义词。

4.1.2 自造非词

类推词与测试词形式对应，但类推词并不存在于现代汉语中，属于留学生自造的非词字组。例如题⑤中的"*东式/*亚式"，前者是留学生依据最佳反义词"西：东"而造的，后者是依据亚洲与西方的语义对立而造的，都不为汉语社团所使用。又如，题⑧中的"*口尾"是留学生依据反义词"头：尾"自造的，不仅不为现代汉语使用，意义也与题⑧不相合。

4.2 留学生反义属性词过度类推的成因

4.2.1 反义属性词语义与构词的不对应

尽管反义属性词具有显著的形义对应性（80.88%），但我们知道，词义与词法之间的对应关系是错综复杂的，复合词词义的对立未必完全由反义语素义来反映，反义语素义在进入词义后也不一定都能体现出复合词词义的对立。语义与构词的不对应尽管不是主流，但也足以影响留学生反义类推的正确性。

在利用"单音节反义词+同一语言成分"这一方式构造反义词时，为了更好地实现语义对应，汉语社团会从语素的同一性与排歧性、语素义之间的和谐度等方面来考虑语素选择问题。但是，留学生并不了解汉语社团这一构词过程的多重限制，往往只按照最佳（/常见）反义词去单纯类推，或者说，最佳反义词对其他反义词的阻遏作用在他们的类推中产生了效应,致使过度类推在所难免。例如在题④中,留学生由最佳反义词"快:慢"类推而来的"快性"与测试词"慢性"不构成反义词,主要是因为除了"快"以外,"慢"的反义词还有"急"。只是作为最佳反义词,"快"在留学生类推时被率先激活了。而汉语社团选择"急性"而不是"快性"作为"慢性"的反义词,是基于多重考虑的。首先,"快"有"愉快"和"迅速"两个同音同形义项,相应地,复合词"快性"也有两个同音同形义项"性情爽快"和"迅疾。多指快速处死,使受刑者少受痛苦"(此义参见《汉语大词典》缩印本)。这样,"快性"这一词形就没有对同音同形词进行有效排歧,容易引起混淆。其次,"快性"的"迅疾"义在历史演变中已多用于特定意义"快速处死",再用于"发作急剧的"这一意义也容易产生歧义。再次,"快性"一词的两个意义在现代汉语中都较少使用(尤其"迅疾"义,《现汉》第5版未收,说明其在现代汉语中已罕用),缺乏应用上的普遍性。最后,"急"的诸义项都含有快速、急剧义,所构复合词"急性"的各个义项也都与快速义有关,恰好可以与表"缓慢发作的"的"慢性"形成语义上的最佳对立。因此,"慢性:急性"更适合成为语义明确对立的反义词,尤其是应用于疾病领域。这一小类(类推词与测试词语义不对立)和自造非词都是由于留学生不了解汉语构词中的语素选择条件而产生的过度反义类推。

4.2.2 词的多义性与反义属性词义项的不对应

属性词中有很多多义词,多义义项的词性也不尽相同,这成为影响反义类推正确性的因素之一。例如,上文论及的题⑥⑦中"正面"的两个名词义项❶和❹影响了留学生正确类推属性词"正面❸"的反义词,从而导致"后面/背面/侧面"等几个反义名词的出现。另外,反义复合属性词多义义项的不对应虽然很少,也同样导致了类推失误。例如:

⑭(工作/*专业)时间要充分利用,因为业余时间我没空,得上培训班。

"业余"和"专业"都是多义词,"专业"还有非属性词义项。

【业余】形属性词。❶工作时间以外的。❷非专业的。

【专业】❸形属性词。专门从事某种工作或职业的。

"业余❷:专业❸"是一对反义词,都可以与"活动""演员"等搭配。"业余❶"可以与"时间"搭配,但没有反义的"专业"与之对应。留学生在知道了"业余❷:专业❸"这对反义词后,根据语义关系范型,将"专业"和"业余"识别为多个义项上语义对立的反义词,在类推意识的驱动下就认为"专业时间"也成立,于是就出现了题⑭中的过度类推。

4.2.3 同/近义词的互补性或特异性

反义属性词的多元组至少包含一列同/近义词,这些同/近义词之所以能共存,是因为它们在对应的语义、搭配域或常用性等方面存在着细微差别,呈现出某种互补性或特异性。例如,"公营/国营:私营/民营"虽各有一列同/近义词,但"公营:私营""国营:民营"在语义上的优先对立是一目了然的。又如,题⑥⑦中"正面"的两个反义词"反面/负面"语义相同,但搭配域有所不同。根据 CCL 现代汉语语料库的检索(词后括号内为频次),"反面"(1325)主要与表人的名词搭配,显现出 [+ 具体]、[+ 有生] 的语义特征,搭配词多为"人物"(113)、"典型"(62)、"教员"(40)、"角色"(21)等;"负面"(854)的搭配域主要显现出 [+ 抽象]、[+ 结果性] 的语义特征,强调社会效应,搭配词多为"影响"(343)、"效应"(166)、"作用"(37)、"效果"(18)等。可见,除使用频率有差距之外,"反面"与"负面"在搭配域上具有较强的互补性。所以,题⑥只能说"反面人物",题⑦也必须是"负面影响"。再如,题③中"大量"的两个反义词"小量/少量"的语义也基本相同,但 CCL 语料库的检索结果显示,"少量"(1556)明显比"小量"(108)常用,"少量"的搭配域十分广泛,

"小量"则主要与财物、药物等义域的名词搭配[①]，搭配域具有一定的特异性。因此，留学生在题③中填写的"小量"不符合句意。可以说，"小量"是"大量"的类推反义词，但不是语言交际中的常用反义词。对上述同/近义词的互补性或特异性不甚明了的留学生，往往容易忽略汉语同/近义词之间的细微差别，从而产生不同语境下同/近义词的误用。

五、反义属性词教学及其相关问题

我们分析了留学生反义属性词的类推类型及其成因，为了更加清晰地显示其间的层次关系，我们将上述类推类型图示如下（图3-1）：

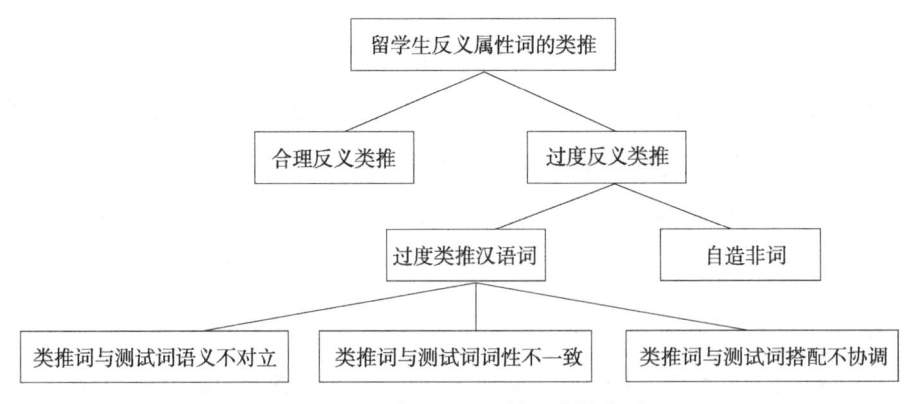

图 3-1　留学生反义属性词类推类型

通过对留学生反义类推及其成因的探讨，我们认为，属性词的教学在强调其明确的句法功能和句法位置时，以往容易被忽视的词义与词法之间的对应性、词的不同义项之间的对应性、同/近义词的互补性或特异性等问题也应该得到足够的重视，因为这些问题关系着留学生词语生成的准确性和地道性。而类推机制能够得以应用也与反义属性词词义与词法之间的显著对应性

[①] "小量"在语料库中还有一种出现频率较高的搭配"主观小量"，是科学术语，其中的"小量"不是属性词，不在本节讨论范围内。

有关。因此，我们对国际中文教学中的反义属性词教学及相关的词汇教学提出以下几点建议：

（1）充分重视反义属性词语义与构词及义项上的显著对应性，这是促使合理类推产生的重要因素。在国际中文教学中，教师可以引导留学生先自行探寻上述对应特点，进而以公式化的语义关系范型来深化学生对这些对应性的理解与把握。这样既可以让留学生体会汉语词汇形式与意义之间的对应关系，在实践中激发他们自主思考的潜能，又可以使教学方法灵活多样，避免完全输入式的教学。例如，在讲授"高倍""高层""高产"等属性词时，留学生应该不难猜出它们的反义词"低倍""低层""低产"，教师可以据此鼓励学生找出各反义词对的构词规律，再辅助他们进一步抽绎出语义关系范型，以达到由具体而抽象、逐步深化记忆的目的。

（2）反义属性词中容易引起过度类推的语义与构词的不对应或义项的不对应要着重强调，以降低其消极影响。此类反义属性词（如"西式：中式""慢性：急性"）最好处理成同现形式，或者同现于课文，或者同现于练习，这样既能降低过度类推的出现概率，又可以加深学生对这些不对应的印象。教师还可以适当解释造成不对应的原因，再配以一定量的强化练习，效果会更明显。

（3）教师应当帮助留学生逐步认识汉语反义词之间并非是严整的一一对应关系这一特点。尽管最佳反义词（主要是单音节词）在人们的认知中具有普遍的心理现实性，也是留学生应当最先掌握的，但是，当单音反义词以语素的身份进入构词法时，复合词未必会选择最佳反义成分来构词，而是要多重考虑语素的选择限制条件。如题④中的"慢性：急性"就没有选择最佳反义性的"慢：快"来构造复合词。留学生不明此理，这就要求国际中文教师要有意识地多提供反义词操练的语言环境，带动留学生从反义词的最佳对应（如"慢：快"）开始，逐步过渡到反义词的一对多（如"慢：快/急"）、多对多（如"慢/缓：快/急""公/国：私/民"）关系。这个学习过程可以使留学生由浅入深地接触并领会汉语反义词之间的对称与不对称，对增强他们的汉语构词法意识会有所助益。同时，这样的训练过程也有助于提高留学生认识并应用同/近义词（如"快/急"）的能力。

（4）留学生需要树立多义词意识，建立"义项观"。单义、多义属性词不同义项之间的复杂对应以及多义词不同词性的义项是引起留学生过度类推的重要因素。只记词形不分义项、囫囵吞枣式的词汇学习只会令留学生更加忽视汉语词汇的系统性。因此，国际中文教师有必要帮助留学生逐步建立"义项观"，按义项成组学习（反义）属性词，这对他们了解和掌握汉语词汇系统的规则性与特异性会大有裨益。

∷ 附录 ∷

现代汉语反义属性词（80组）

二元组（64组）

必然❶：或然	编内：编外	长款¹：短款¹	长途❶：短途	长线❶：短线❶
长线❷：短线❷	初等❶：高等❶	雌：雄❶	大号²：小号¹	单❶：双❶
单❷：双❸	单❼：夹	单口：对口❶	单向：双向	低倍：高倍
低层❷：高层❷	低层❸：高层❸	低产：高产❶	低端：高端❶	定期❷：活期
额定：额外	恶性：良性❶❷	非分❷：应分	分内：分外❷	否定❷：肯定❷
负❾：正⓫	负❿：正⓬	副¹：正❾	父系❶：母系❶	父系❷：母系❷
感性：理性❶	刚性❷：柔性❷	公²❹：母❸	共时：历时	官办：民办
横向❶：纵向❶	横向❷：纵向❷	宏观❶：微观❶	急性❶：慢性❶	简装：精装❷
静态❷：动态❸	客观❶：主观❶	空心：实心❷	口头❷：书面	老牌：新兴
劣质：优质	名优²：伪劣	男¹：女❶	内向❷：外向❷	内在❶：外在
逆时针：顺时针	轻型：重型	上上❶：下下❶	上上❷：下下❷	同性❶：异性❶

无偿：有偿　　无机：有机 ❶　　无形 ❶：有形　　西式：中式　　夕阳 ❷：朝阳 ❷
显性：隐性　　业余 ❷：专业 ❸　　正牌：冒牌　　正牌：杂牌

多元组（16 组）

次要：首要 / 主要　　　　大量 ❶：小量 / 少量　　　短程：长程 / 远程

干 [5] ❻：亲 ❷ / 亲生　　　惯常 ❶：偶尔 ❷ / 偶发　　家养：野 ❹ / 野生

家种 ❶：野 ❹ / 野生　　　历届 / 往届：应届　　　　柔性 ❸：刚性 ❸ / 硬性

私立 ❷：公立 / 国立　　　下列：上列 / 上述　　　　天然：人工 ❶ / 人造

新式：旧式 / 老式　　　　正面 ❸：反面 ❷ / 负面　　反季 / 反季节：应季 / 应时 ❶

公营 / 国营：私营 / 民营

第二节　反义属性词的对应性及其对留学生反义类推的影响*

一、引言

上节对留学生的反义词测试只呈现了两种题型，其实我们还进行了第三项测试（前两项测试也重录如下，部分语例有变动）：

1. 请在（　）中写出反义词（如果你认为有两个或多个，请都写出来）。
① 大——（小）　　快——（慢）　母——（父）
　新——（旧/老）　老——（新）　西——（东）

2. 请在（　）中写出句中画线词的反义词（如果你认为有两个或多个，请都写出来）。

② 叔叔和姑姑是（父系）亲属，姨妈和舅舅是母系亲属。

③ 大量学习用品源源不断地涌向市场，其中，只有（少量/*小量）质量不合格。

④ 麦克得的不是慢性胃炎，而是突然发作的（急性/*快性）胃炎。

⑤ 西式服装不太适合东方女性，（中式/*东式/*亚式）的旗袍更符合中国人的审美观。

⑥ 这是一个正面的例子，接下来我们再举一个（反面/负面/*后面/*背面/*侧面）的例子。

⑦ 口头表达很重要，（书面/*纸上/*书试/*笔试/*文书/*口尾）表达也应该重视。

---

* 本节内容曾以《反义属性词的对应性与汉语反义教学》为题收录于《基于中介语语料库的汉语词汇专题研究》（张博等著，北京：北京大学出版社，2008年），收入本书时有改动。作者为孟凯。

3. 下边的短语或句子你认为能说吗？能说的画√，不能说的画×。①

⑧ 专业演员（√）　　专业时间（×）

　　业余演员（√）　　业余时间（√）

⑨ 长途旅行（√）　　长途汽车（√）　　他在打长途。（√）

　　短途旅行（√）　　短途汽车（√）　　他在打短途。（×）

第一、二项测试留学生很少写出两个或多个同/近义的反义词，一般都只写一个。第一项测试中，留学生一般都能准确地写出测试词的常见反义词，同时写出"新"的两个反义词"旧/老"的较多，这可能与二词的出现频率都较高有关；而"老"的反义词留学生写出的基本都是"新"，零星可见"少/幼"。第二项测试让我们看到，在语境的辅助下，留学生明显地利用了构词语素的反义关系进行类推来构造双音反义词。他们所填的词有些是正确的，如题②③，"母系"的反义词是"父系"；"大量"的反义词是"小量/少量"，留学生如果根据反义词"大：小"类推的话，得到的只能是"小量"，很难推出一般与"多"反义的"少（量）"（只有极少数学生填了"少量"，可能已掌握了该词）。题④—⑦有少数留学生填出了正确的反义词，但更多的结果是错误的。如"慢性（胃炎）"的反义词是"急性（胃炎）"，"西式"的反义词只有"中式"，"正面"作为属性词的反义词是"反面/负面"，"口头"的反义词是"书面"。这几个词包含了几种不同类型的反义类推问题，上节已析，后文还将进一步分析。

第三项测试意在检测留学生在搭配方面的反义类推情况。题⑧上节已析，"专业演员"与"业余演员"都是合法的，"业余时间"也可以说（两个短语中的"业余"分属两个义项），于是，学生自然而然地认为"专业时间"也没问题。这是将"业余❶：形属性词。工作时间以外的"类推到没有相应的反义义项的"专业"上了。题⑨则是在前5个都成立的情况下，把"长

————————

① 第3题提供的是正确判断，而非留学生的判断结果。

途❷：[名]指长途电话或长途汽车"类推到尚未演变出反义名词义项的"短途"上而产生的误判。

留学生的反义类推问题我们已在上一节进行了细致分析，这一节将进一步通过对反义属性词对应性的多角度观察，探寻其在留学生反义类推中的正面和负面影响。

二、反义属性词的对应性

前文已述，反义属性词共 80 组（见上节附录），包括 152 个属性词、172 个属性词义项（下文涉及的"属性词"均为单一义项上的属性词）。孟凯（2008）从音节数、词目数、构词方式、义项和语义（语义内容和适用范围）五个侧面论述了成组属性词的对应性。这些角度同样也适用于反义属性词，因为成组属性词中的大部分是反义的（另外一些是类义或等级性的）。因此，我们参照孟凯（2008），简析 80 组反义属性词的对应性。

第一，音节数的对应性。反义属性词主要体现为按音节数成组对应，单单成 9 组，双双成 66 组，三三成 1 组（"逆时针：顺时针"），共 76 组，占 80 组的 95%。有 4 组音节数不对应：3 组单双并存（干[5]❻：亲❷/亲生，家养：野❹/野生，家种❶：野❹/野生），1 组双三并存（反季/反季节：应季/应时❶）。音节数对应是反义属性词最显著的对应性特征。

第二，词目数的对应性。组间体现为二元组（如"低倍：高倍"）与多元组（如"私立❷：公立/国立""公营/国营：私营/民营"）的对立，组内体现为对应的一对一形式（如"低倍：高倍"）、二对二形式（如"公营/国营：私营/民营"）和不对应的一对二形式（如"私立❷：公立/国立"）。二元组两个词目一一对应，彼此对称，是最典型的词目对应，共 64 组，占总数的 80%；多元组中的 2 组二二对应也属于组内的词目对应；多元组中的 14 组一对二形式则属于词目数的不对应，占总数的 17.5%。

第三，反义复合属性词构词方式的对应性。完全由复合词组成的 68 组反义属性词常常采用"反义语素＋同一语素"的方式构词，如"编内：编外""单向：双向"。这样构词的55组（54个双音组＋1个三音组）占68组的80.88%。这体现出反义复合属性词在构词方式上的显著对应性。

第四，义项的对应性。单义属性词与多义属性词（包括义项均为属性词义和义项不都是属性词两类）交叉成组形成了80组反义属性词义项上的复杂对应：(1) 单义对单义，属于完全对应，如"单向：双向""短程：长程/远程"。(2) 单义对多义，形成不完全对应，如"单❼：夹""私立❷：公立/国立"。(3) 多义对多义，可细分为三类：A. 多义词各义项均为属性词义项，且整齐对应，如"父系❶：母系❶""父系❷：母系❷"。B. 多义词各义项不都是属性词义项，但属性词义项数相同，且彼此对应，如"低层❷：高层❷""低层❸：高层❸"。C. 多义词各义项不都是属性词义项，属性词义项数也不同，形成不完全对应，如"业余❷：专业❸"（"业余❶"也是属性词，"专业"的其他义项都不是属性词）。

第五，语义的对应性。80组中，语义内容和适用范围都对应的共67组，占83.75%。例如：

【低倍】倍数小的。

【高倍】倍数大的。

其余13组存在着不同程度的语义不对应，主要表现为：(1) 语义内容相反相对，适用范围有所不同，如"急性❶：慢性❶"词义相反，虽然《现汉》第7版给二者都括注了搭配域"(病)"，但CCL语料库显示，"急性❶"的搭配域比"慢性❶"宽泛。(2) 语义相反，形成对应，但其他方面还表现出一些语义不对应，适用范围也不尽一致。有些语义不对应是由非反义的语素义带来的，如"家养：野❹/野生""家种❶：野❹/野生"中的"养""种"；有些则没有表现在语素义上，而是语义本身的差异影响适用范围的不同，如"额定：额外""刚性❷：柔性❷"。（以上两点详参孟凯，2008）

三、留学生反义类推的类型

类比推理，即"类推"或"类比"，"作为一种重要的逻辑推理和创造性思维方法"（李玉兰，1995），已广泛运用于自然科学和社会科学的多个领域。应用于语言研究的类推也不一而足，本节所涉及的反义类推只是其在汉语作为第二语言（CSL）学习中的一种应用。

反义类推就是根据复合词的结构特点类推出对应的反义词。第一节3.2.2已述，张博（2007a）提出的早已被语言使用者认知化的抽象的语义关系范型会对留学生的反义类推产生影响。

我们根据反义属性词的对应性，对测试所反映的留学生反义类推的几种主要类型予以分析。

（甲）反义语素的对应类推。完全符合上述语义关系范型的类推，在反义类推中占大多数，应该是留学生按照构词形式进行反义类推时的优先选择。留学生根据常见单音节反义语素去类推反义复合词，产生的结果有两种：

（甲1）正确的典型类推。如题②中的"父系：母系"，题⑥中的"反面：负面"，都是由典型反义词类推出的正确答案，只不过"反面"与"负面"的使用频率和搭配域有所不同（参看第一节4.2.3）。

（甲2）过度类推。单纯依据常见反义词进行类推很容易产生过度类推，如题⑤中出现的"西式：*东式"，由反义词"西：东"推出的"东式"并不存在，虽然它看起来也是符合句意的。而"西式"的反义词"中式"则是因西洋式样的引进而由"西式"反义类比构词而来的（详参张博，2007a）。题⑦中出现了"口头：*口尾"，过度类推而得的"口尾"是并列短语，意思与属性词"口头"毫无关系。类似的过度类推还有"单口（相声）：*双口（相声）""活期（存款）：*死期（存款）"等。

（乙）词义的反义类推。当无法找到符合上述语义关系范型的反义词时，留学生开始对原词义进行整体类推，如题⑦中出现了"口头：*纸上 /* 书试/*笔试/*文书",留学生找不到与语义关系范型相吻合的反义词,于是单纯根据意义的对立推出了几个不确切的反义词。同样的还有"高等(教育):*基础(教育)"等。

(丙)非属性词义项的反义类推。在测试中我们没有提示词性,于是,有的留学生只顾写出反义词,而忽略了语义和谐。如题⑥中"正面:*后面/*背面/*侧面",这几个词是名词"正面❶"或"正面❹"的反义词,不是属性词"正面❸"的反义词,意思也都与句意不符。类似的还有题⑨中的"他在打长途:*他在打短途"。

(丁)搭配中的反义类推。反义属性词的义项数不同,各义项的搭配域也不同。留学生往往容易忽视以义项区分的搭配规律,将某义项的搭配域类推到不对应的反义词义项上。如题⑧中的"业余:专业",第一节4.2.2已述,二词反义对应的义项是"业余❷:专业❸",搭配域相同,都可以与"演员"组合;"业余"的另一个属性词义项"❶工作时间以外的"可与"时间"搭配,但没有反义对应义项的"专业"则不能与"时间"搭配。缺乏语感的留学生依据"业余时间"进行搭配类推,就将"专业时间"也误判为正确了。类似的还有"有机地结合:*无机地结合"。

四、反义属性词的对应性对留学生反义类推的影响

反义属性词五个侧面不同程度的对应性对留学生反义类推产生的影响不可一概而论。完全对应或对应性强的部分是主流,也是留学生反义类推得以实现的合理基础;对应性弱或不对应的部分只是少数,但其影响力却不容忽视,因为它们可能导致的过度类推是留学生难以觉察的,也是教学中应该注意的。

在留学生反义类推中,音节对应性最强。我们的测试显示,98%以上的被试填写的反义词无论对错,音节都是对应的,即在第一项测试中填的是单音词,在第二项测试中填的几乎都是双音词。可见,留学生已基本掌

握了反义属性词乃至整个汉语词汇讲求节律对称的语言特点。音节数不完全对应的4组全是多元组，其中也都包含音节对应的反义词，如"干⁵❻：亲❷/亲生""家养：野❹/野生""反季/反季节：应季/应时❶"。音节数的显著对应（95%）在留学生猜测反义词时发挥了积极作用，音节的类推错误率极小。

词目的二元对立（80%），即组内词目的一一对应，属于高度对称，恰合了反义关系的实质，有利于留学生准确地类推出反义词。尽管我们不否认反义关系不必是严格的二元对立（如多元组的存在），但必须承认的是，二元对立将相反相对的语义关系体现得最彻底、最纯粹。即使在二二对应的形式中，如"公营/国营：私营/民营"，也有"公营：私营""国营：民营"这样的优先选择。相比之下，多元组中一对二的不对称形式词目不对应，在猜测反义词时比较容易造成混淆。因此，反义属性词更多地选择二元成对，也为（甲1）的正确类推提供了保证。所以，留学生在由题③中的"大量"进行反义类推时，更容易推出它优先选择的反义词"小量"，尽管是错的。

义项的整齐对应有利于类推方法的运用，如题②中"父系：母系"属于义项对应的（3A）类，反义类推的正确率很高。而义项的非整齐对应（如单义对多义）则可能造成类推的失误，即产生过度类推，（丙）和（丁）就属此类情况。如题⑥中"正面"的非属性词义项影响了留学生对属性词"正面"的反义词的猜测，导致"后面/背面/侧面"等几个反义名词的出现。又如题⑧中，"业余❷"与"专业❸"反义，另一属性词"业余❶"并没有反义的"专业"与之对应，但留学生在类推意识的驱动下会把"业余时间"的合法性过度类推到"专业时间"上，从而造成搭配误判。

构词方式的对应性与语义对应大有关联，因为它们体现的正是语言形式与意义的关系。人们在概念对立的基础上寻求语义对立，落实到形式层，就要构造最能凸显同一语义范畴内的语义差别的形式。就反义属性词而言，"反义语素+同一语素"的构词方式十分符合上述要求，"同一语素"表明语义范畴同一,"反义语素"显示对立的语义差别。因此,反义复合属性词主要就采用这种方式来构词(80.88%)。加之语义上的强对应性(83.75%),二者在很大程度上为(甲1)的生成创造了有利条件。所以,测试中的很多题目留学生通过反义类推都答对了(不排除留学生可能已学过并掌握了测试词,不是类推而来)。但是,答错的题目也彰显出词义与词法之间交叉相错的复杂关系。

语义对应的有时构词不对应,构词对应的有时又难以做到语义对应。不过,语义对应应当是第一位的,因为这是语言传递与交际的基础。因此,在力求语义对应的前提下,构词形式"反义语素+同一语素"对其中的语素选择提出了要求,包括对同语素的同一性、异语素的排歧性及语素之间的和谐度等的考虑。如题④中,留学生单纯地按照反义词"快:慢"去类推,就会出现(甲2)的错误。因为反义关系不一定是一一对应的,除了典型反义词"快"以外,"慢"还有"急"等反义词,只不过最佳反义词会率先被激活。"快:慢"就充当了彼此的最佳反义词,类推时最容易被率先激活。但是,"慢性"选择"急性"而不是"快性"作为反义词是有原因的,可参看第一节4.2.1。总之,并非一一对应的反义关系(主要是反义语素之间)与复合词的语素选择要求影响了留学生反义类推的准确性。

此外,复合词之间的反义关系又不同于单纯词,尽管以"反义语素+同一语素"的形式构成的反义属性词均含有同一语素,词义的可离析性也比较强,但反义关系未必完全体现在反义语素义的简单对立上,而是要由整体词义来实现。于是,对整词义的反义类推也是一种类型,即(乙)类,也是准确率很低的一类。由于缺少了可以依凭的形式,留学生很难推出恰当的反义词。如题⑦中出现的几个不同形式的类推词"纸上/书试/笔试/文书"就都是错误的。

还有一个问题值得注意。14个一对二的三元组中,反义的一方都包含2个同/近义词,但其中的很多同/近义词在常用性或搭配域上是不同的,呈现出一定的互补性。如题③中"小量/少量"按《现汉》的释义是同义词，但根据 CCL 语料库的检索，"少量"（1556）明显比"小量"（108）常用，而且，"少量"的搭配域相当广泛，"小量"则主要与财物、药物等义域的名词搭配。可以说，"小量"是"大量"的典型类推反义词，但不是交际中的常用反义词。可是留学生缺乏汉语语感，反义类推得到的只能是"小量"。所以，反义类推只是一种猜词的过渡手段，逐步掌握汉语词汇系统的规则才是学习词汇的根本，努力培养目的语语感才是二语习得的捷径。

第四章　含特殊成分复合词的二语词汇学习

汉语复合词来源多样，构词成分复杂，词内语义关系丰富，有一些含有特殊成分的复合词对二语学习者来说会产生一定的学习困难。本章讨论的两类含特殊成分的复合词就对二语学习者的词语感知、理解、学习产生了不同程度的影响，也形成了不同的词汇学习要求。

由句法结构词汇化而来的双音词"可X"具有不同程度的语义磨蚀，这对二语学习者的词汇学习形成了一定的影响；以"打"为代表的虚义动词性成分参构双音词（如"打扮、打赌、行贿、行窃、作答、作陪、为难、做礼拜"），既体现出虚义动词性成分的功能分工与语义作用，也对二语学习者感知和理解双音动词"$V_{虚}+V$"产生了影响。本章将聚焦这两类复合词，对其词法特点及相关的二语学习进行深入分析。

第一节　词汇化导致的语义磨蚀对二语者词汇学习的影响[*]

一、引言

词汇化（lexicalization）是汉语双音词的主要衍生方式（董秀芳，2002）。其中，由句法结构衍生双音词虽然不及由短语衍生双音词那么多、那

---

[*] 本节内容曾以《词汇化导致的语义磨蚀对汉语二语学习者词汇学习的影响——以双音词"可X"为例》为题发表于《汉语学习》2018年第2期，收入本书时有改动。作者为孟凯、崔言燕。

么丰富，但却有十分显著的词汇发展特点。能够衍生双音词的句法结构是指"由语法性成分与词汇性成分共同组成的句法单位"（董秀芳，2002：219），"其中的语法性成分的结合范围很广，可以与很多词汇性成分相搭配，能产性比较高。在汉语史上，一些句法结构由于其中的语法性成分功能的衰退而发生了词汇化"（董秀芳，2002：208）。伴随着功能衰退，语法性成分会在不同程度上产生语义磨蚀（semantic abrasion）。本节所说的"语义磨蚀"主要指构词成分义在演变过程中逐渐偏离本源义的语义变化。[①]语义磨蚀得越严重，距离本源义越远。一般来说，语义磨蚀与语法功能的改变密不可分。

双音节"可X"就是一个由助动词性的"可"与一个动词性或形容词性成分X组成的句法结构，如"可爱、可贵、可怕、可惜"，其词汇化过程既与语法性成分"可"的功能衰退有关，也导致"可"义发生了一定程度的语义磨蚀。当然，因词汇化发生语义磨蚀的双音词不止句法结构词汇化而来的这一类；句法结构词汇化而来的双音词也不止由助动词结构词汇化而来的这一类，还有由语法标记词汇化（如"所"字结构）、代词结构词汇化（如"相X"）而来的；助动词结构词汇化而来的双音词也不止"可X"，另如"容易"。并非所有词汇化都会带来成分的语义磨蚀，如同为句法结构词汇化而来的"相X、自X"就几乎没有发生语义磨蚀。也有一些由跨层结构词汇化而来的，如"否则、因而、关于、几乎、何必、极其"等，其成分义磨蚀得更深刻，词义在现代汉语中几无解析性，已完全作为一个意义单位被识记或提取，汉语二语者一般也不会产生词义误解。"可X"处于词汇化是否导致语义磨蚀的两端之间的过渡地带，而且其内部的语义磨蚀程度又有梯级（见后文），因此成为本研究的考察对象。

[①] 我们没有采用西方早已出现的"语义漂白"（semantic bleaching）、"语义弱化"（semantic weakening）等术语，是因为这些术语"主要是针对词义的变化由实而虚"（沈家煊，1994），但语义磨蚀有时是语义向泛化、抽象化等发展，可能仍是实义内部的变化，未必由实而虚。

此外，还有两个原因让我们选择"可 X"作为研究对象。其一，"可 X"十分能产，其中的很多词又是现代汉语常用词，如"可爱、可见、可靠、可怜、可怕、可惜、可笑"，是二语学习者较早接触并使用的双音词；其二，"可 X"中的 X 很多是可以独立使用的常用单音节，如"爱、见、靠、怕、笑、信"，对二语学习者来说，X 或由 X 参构的双音词（如"怕—害怕—恐怕、信—相信、靠—依靠"）的学习一般都早于"可 X"或与"可 X"的学习时间大致相当，这更容易加重二语学习者对 X、由 X 参构的双音词与"可 X"的混淆。可见，"可 X"所引出的词义识解或词语混用问题比较复杂，适于探讨词汇化导致的不同程度的语义磨蚀对二语学习者词汇学习的影响。

二、双音词"可 X"的类型

《说文》："可，肯也"。李明（2016：34）认为，"可"义为"合宜"，"动词义'许可'在先秦也很常见，它可能是由形容词'可'的意动用法发展来的"。"许可"是个表意愿的动词，动作性弱（张博，2008b）。李明（2016：34）"推测助动词'可'是由于形容词'可'带上 VP 而产生的"。

现代汉语中，"可"有两个助动词义，一为"表示许可或可能"（标为"可$_1$"），如"可见、牢不可破"；一为"表示值得"（标为"可$_2$"），如"可悲、可怜、可惜"（参看《现汉》第 7 版）。两个助动词义密切相关，"可$_1$"即"可以"，可理解为"允许或让人（做某事）"；"可$_2$"可理解为"达到一定的标准而令人愿意（做某事）"。二义都隐含一定的致使性，表现在句法上，就是由二义的"可"参构的"可 X"都不能进入分析型致使结构，如"*（以上数据）让人可见／令我们可悲／使我们可惜"[①]。只是两个助动词义所隐含的致使性的强度有所不同，"可$_1$"所隐含的致使性较弱，所参构的"可$_1$X"可以直接理解为"可以 X"，因为"可以"是现代汉语的常用助动词，所以"可

[①] "可怜"不像其他"可 X"是形容词，它是个形动兼类词，能够进入分析型致使结构的"可怜"是动词，如"他的样子让人可怜（他）"。

₁X"理解起来比较容易;"可₂"所隐含的致使性较强,辞书往往用"令人X"对"可₂X"释义,只是这种致使性并未显现于词形,而是间接地包孕于构词成分"可"的意义之中,如不着意强调,已很难为一般的汉语使用者(包括母语者和二语者)所感知和理解。

我们检索了《等级划分》,共得到16个双音词"可X":

一级(普及化,相当于初级):可爱₋②、可靠₋③、可怕₋②

二级(中级):可见、可怜、可惜

三级(高级):可悲、可耻、可观、可贵、可谓、可恶、可笑、可信、可行、可疑

"可见、可谓、可行"为"可₁X",其他13个为"可₂X"。16个X中,"爱、见、靠、怕、贵、笑、信、行"8个是成词语素,且都是一级词,二语学习者应该较早就会学到;其他8个"悲、耻、观、怜、惜、谓、恶、疑"是非词语素,二语学习者较早或差不多同期会学到由其构成的一、二级词,如"<u>悲</u>伤、参<u>观</u>、珍<u>惜</u>、无所<u>谓</u>、怀<u>疑</u>"等。这样,16个"可X"中的大部分X都是二语学习者认识或学过的。

测查二语学习者16个双音词"可X"的学习情况包括词义识解和词语使用两个方面。基于现有研究资源,利用大规模汉语中介语语料库测查词语使用是比较便捷可行的,而测查词义识解一般需要进行专项测试,尚无可以利用的语料库。因此,我们首先考察16个"可X"在汉语中介语语料库中的使用,再以之为参考,进一步设计二语学习者"可X"词义结构识解(word meaning structure construing)的测试。词义结构识解与词义识解(word meaning construing)不同,后者是心理学或二语习得比较关注的,"识"是认识组成词的字,"解"是对词义的理解,即主要研究熟字生词的词义理解,多采用要求被试直接提供词义的测试形式;而词义结构识解则不囿于熟字生词,像"可X"对被试来说基本都是熟字熟词,关键是测试词容易与其他词语混用,如汉语二语者就很容易将"可X"与X或含X的另一双

音词混用，说明二语者很可能无法正确理解测试词的词义或无法辨别测试词与其他词的词义差别，因而多采用选词填空、判断或选择词义结构等形式进行测试。经前期对"可X"汉语中介语语料库的测查（参看下文），其更适于进行词义结构识解测试。

三、双音词"可X"汉语中介语语料库使用情况

我们在北京语言大学HSK动态作文语料库、汉语中介语语料库（200万字）、印度尼西亚玛拉拿达大学萧频教授在印尼本土收集的85万字印尼学生汉语中介语语料中对16个"可X"进行检索，"可怜、可谓、可信、可观、可耻、可疑"6个词全部使用正确，其他10个词的正误率不等（见表4-1）。

表4-1显示，总体来看，二语学习者使用"可X"的正确率比较高，16个词中的37.5%（6个）达到了100%正确，正确率为90%—100%的有一半（8个），只有12.5%（2个）的正确率为80%—90%，说明二语学习者能够比较准确地使用"可X"。

从偏误来看，以下几点值得关注：

（1）两个一级词"可怕、可靠"的偏误比重较突出，说明这两个词虽是常用词，但二语学习者（包括不少高级二语学习者）要准确地掌握它们也有一定的难度。

（2）除"可见、可行"外，其他8个产生误用的"可X"与其混用词都是含X的同素词。即"可X"或与单音X混用，如"可怕—怕、可笑—笑、可爱—爱"，即例①③④；或与由X参构的双音词混用，如"可贵—珍贵/宝贵、可怕—害怕/恐怕、可靠—依靠、可悲—悲伤、可惜—珍惜/爱惜"，即例②、例⑤—⑪。[①]

[①] 为了凸显本节的研究问题，我们对误例的其他语言问题进行了适当修改。例后括号内宋体字为当用词。

表 4-1　双音词"可 X"汉语中介语语料库的使用情况[①]

可 X	等级	语例	正确 数量	正确 比重（%）	偏误 数量	偏误 比重（%）	混用词
可贵	三	58	49	84.5	9	15.5	珍贵 5
							宝贵 4
可怕	一[②]	204	178	87.3	26	12.7	害怕/怕[②] 25
							恐怕 1
可靠	一[③]	61	55	90.2	6	9.8	依靠
可恶	三	16	15	93.8	1	6.2	恶
可悲	三	58	56	96.6	2	3.4	悲伤
可笑	三	100	97	97.0	3	3.0	笑
可见	二	253	248	98.0	5	2.0	可以见到
可行	三	53	52	98.1	1	1.9	可以
可爱	一[②]	295	291	98.6	4	1.4	爱
可惜	二	444	441	99.3	3	0.7	珍惜 2
							爱惜 1
可怜	二	269	269	100	/	/	/
可谓	三	30	30	100	/	/	/
可信	三	17	17	100	/	/	/
可观	三	15	15	100	/	/	/
可耻	三	10	10	100	/	/	/
可疑	三	8	8	100	/	/	/

---

① 混用词为两个时，在词后分别标出偏误数量。表格按偏误比重排序。
② 动词"害怕"与"怕"虽韵律不同，但语义几无差别，很多语境中都可互换。因此本节不予细别，将二者合并统计，统计结果不影响结论。

① 失败不是很怕的东西，而是好的东西。（可怕）
② 因为有的孩子们太可怕自己的爸爸，甚至是躲避爸爸。（害怕/怕）
③ 可能人家一看就要可笑。（笑）
④ 我们家四个孩子中她最可爱，很爱笑、温柔，所以都可爱她。（爱）
⑤ 我原来非常喜欢蒲公英，这是以我小时候有一个可贵的回忆为基础的。（珍贵）
⑥ 虽有人说那些景点都商业化了，不能享受真正的农村生活，但对我来说是非常可贵的。（宝贵）
⑦ 最恐怕的是即使你不吸烟，但如果旁边的人吸烟，对你也有不好的影响。（可怕）
⑧ 在日本的时候，我认为这些都是母亲应该做的事，很可靠她。（依靠）
⑨ 这篇文章里的丈夫，看到妻子的病情后非常可悲。（悲伤）
⑩ 这是很爱惜的事情。（可惜）
⑪ 可是一旦不好吃的话，就会把粮食扔掉，人们想不到可惜。（珍惜）

"可见、可行"的误例比较特殊，二语学习者将连词"可见"误用为动词短语；将"可行"与"可以"混用，属于实词与虚词/功能词之间的混用。如：

⑫ 在慕田峪可见在八达岭看不到的悠久的长城历史。（可以看见/可以见到）
⑬ 人们不是要找一个谈得来的朋友吗？答案是父母、子女都可行，大家不要错过此良机，因为与生俱来的关系不能改变，但在行为上能成为最好的朋友。（可以）

（3）有些"可X"有多个混用词，这些混用词多为同/近义词，如"可怕"与单双音同素同义词"怕、害怕"的混用占到了其偏误的96.15%

（25/26）；"可贵"的两个混用词"珍贵"与"宝贵"也是近义词，且二者与"可贵"的混淆比重相当（5/9、4/9）；"可惜"的两个混用词"珍惜"与"爱惜"也是近义词，混用教量都不太多。同/近义词本来就不容易区分，再与同素的"可X"有所纠葛，三者的混淆就更难以避免了。这势必造成二语学习者理解与使用上的困惑，以致产生偏误。

以上偏误是二语学习者"可X"的使用偏误。造成词语使用问题的因素多种多样，可能源自词义识解不确切，可能源自词语用法掌握得不全面，也可能源自语体选择不适切等。本节要探知的是词汇学习问题，词语使用是一方面，词义识解是另一方面。正如张博（2007b）所指出的："误解一般会导致误用，是误用的根源。"那么，"可X"的误用与二语学习者的词义结构识解不准确是否有关？汉语中介语语料库中没有出现误用是否说明二语学习者已完全识解了该"可X"？我们需要进一步做有关"可X"词义结构识解的测试来回答上述问题。

四、二语学习者双音词"可X"的词义结构识解

伴随着"可X"的词汇化，"可"的语义也由实义"合宜"逐渐向两个助动词义演变，其间发生了不同程度的语义磨蚀。就助动词义本身来看，"可$_1$"似乎比"可$_2$"虚化程度高。不过，回到两个助动词义所隐含的致使性及其理解难易度上，可以发现，"可$_2$"所隐含的致使性要强于"可$_1$"，因而"可$_2$"的理解难度也高于"可$_1$"。词义结构识解与词义的致使性密切相关，就这一点而言，由词汇化导致的"可$_2$"的语义磨蚀程度要比"可$_1$"深刻；相应地，"可$_2$X"的语义磨蚀程度也比"可$_1$X"深刻。而语义磨蚀程度的差异很可能引起词义结构识解难易度的不同。我们将通过二语学习者的问卷测试来探讨这一问题。

4.1 问卷设计

根据16个双音词"可X"的分级和小范围预测试的结果，我们在问卷

中设计了两种测试题（见本节附录）来考查二语学习者"可 X"的词义结构识解。为了避免被试猜出测试目的，除"可怕"出现于两种测试题以外，其他"可 X"只在一种测试题中出现。

第一项测试"请选择词语完成下面的句子"是针对汉语中介语语料库出现误用的 5 个一、二级常用词"可爱、可见、可靠、可怕、可惜"设计的，要求初、中、高级二语学习者都要完成。除了偏误率较低的"可惜"，我们特意为其他 4 个词设计了同一题内每空各填一词的测试形式，因为这 4 个词都是高频词，其中的 X（爱_②、见_①、靠_②、怕_①）也都是二语学习者较早就学到或接触到的常用词，这样设计可以考查二语学习者是否注意到并能够辨别出二者的差异（题干没有二词必须各用一次之类的提示）。"可怕"设计了两题，主要考虑到无论是汉语中介语语料库的筛查结果，还是笔者的二语教学经验，这个词的偏误率都较高，且偏误倾向明显，即主要与同素同义的"害怕、怕"混用。因此，我们想通过变换"汉语老师"和"小狗"两类不同的主、客体来测试二语学习者是否真正理解了"可怕"的词义。这项测试属控制性输出（controllable output），词义结构的正确识解是做对该题型的前提，了解测试词的语法功能和组配规律也是做对该题型的关键。因此，这一题型可以综合检验"可 X"的学习情况。

第二项测试"请选择正确的答案"主要是针对 10 个三级词和误用率较高的常用词"可怕"设计的。16 个"可 X"中有 4 个多义词，其中"可观、可靠"都是第一个义项是本节研究的"可 X"，"可靠"即测试了该义；但我们没有对母语者或二语者都较少使用的"可观❶"（值得看）进行测试，而是测试了使用频率高得多的"可观❷"（指达到的程度比较高）（见测试二第 3 题，汉语中介语语料库的使用全部为"可观❷"），这是二语学习者先学到并很可能使用的义项。我们没有对"可怜"进行测试，因为"可怜"是形动兼类词，句法位置灵活，既能受"很"修饰，又能带宾语，两种题型似乎都难以测出二语学习者对它的词义结构识解，结合表 4-1"可怜"无误用以及笔者对一些二语学习者的访谈和非正式测试，他们都能比较准确地理解"可怜"的词义，因而暂将"可怜"的问卷测试结果定为100%。"可笑"的两个义项（❶令人耻笑；❷引人发笑）都是本节研究的"可X"，我们只对❶义进行了测试。该测试题要求中、高级二语学习者完成，因为初级二语学习者学到或接触到的"可X"还是有限的，更多的"可X"会在中高级阶段出现；而且随着汉语水平的提高和词汇量的增加，二语学习者的语感也会有所提升，有些"可X"可能会正确使用，但他们是否真正理解了词义却尚未可知。因此，我们以这一题型来着重考查中高级二语学习者对"可X"词义结构的识解。

4.2 被试

本研究的被试是北京语言大学、清华大学、中国青年政治学院和北京建筑大学的汉语二语学习者，共50人。汉语水平分布为：初级11人，中级17人，高级22人；母语背景分布为：韩语21人，英语9人，印尼语7人，泰语5人，俄语4人，孟加拉语2人，赞比亚语1人，蒙古语1人。研究者之一全程监督了测试，要求被试必须在课堂上独立完成，不允许查词典或相互询问。

4.3 测试结果

测试问卷发放50份，回收50份，有效问卷50份。测试结果如表4-2所示：

表4-2显示，除"可怕"外，第一项测试的4个一、二级常用词的正确率都较高，说明二语学习者能够区分这几个"可X"与X或由X参构的双音词，这几个"可X"较高的使用频率可能有助于二语学习者比较稳定地整体识记或使用（表4-1显示，"可见、可爱、可惜"的误用率也不高）。"可怕"虽也是常用词，但两项测试的偏误率都不低，结合表4-1较高的误用率，说明"可怕"确实是二语学习者不易掌握的"可X"。

表 4-2 双音词"可 X"的测试结果（单位：%）

可 X	类型	第一项测试 正	第一项测试 误	第二项测试 正	第二项测试 误
可怕	可$_2$X	90	10	81.9	18.1
可见	可$_1$X	96	4	/	/
可惜	可$_2$X	98	2	/	/
可靠	可$_2$X	100	0	/	/
可爱	可$_2$X	100	0	/	/
可疑	可$_2$X	/	/	40.9	59.1
可贵	可$_2$X	/	/	59.1	40.9
可耻	可$_2$X	/	/	72.7	27.3
可恶	可$_2$X	/	/	72.7	27.3
可悲	可$_2$X	/	/	77.3	22.7
可笑	可$_2$X	/	/	86.4	13.6
可谓	可$_1$X	/	/	90.9	9.1
可信	可$_2$X	/	/	90.9	9.1
可观	可$_2$X	/	/	95.4	4.6
可行	可$_1$X	/	/	95.4	4.6

第二项测试的结果表明，词汇等级高的"可 X"都有不同程度的词义结构识解困难，其识解难易度表现为："可疑、可贵"以 40%—60% 的误解率高居词义结构最难识解的一端；"可耻、可恶、可悲、可怕、可笑"的误解率处于 10%—30%，词义结构识解难度居中；"可谓、可信、可观、可行"的误解率在 10% 以下，居于词义结构较易识解的一端。

分类来看，"可$_1$X"的正确率（94.1%）明显高于"可$_2$X"（81.6%）[①]，印

[①] "可怕"的正确率取两项测试的平均值：（90% + 81.9%）/2=85.95%。

证了第一节将"可 X"分为两类的理据是可靠的。也就是说，以探查二语学习者"可 X"词义结构识解为主的问卷测试结果表明，"可 X"词义内部确实存在着由词汇化导致的语义磨蚀程度的差别。

对比"可 X"的词义结构识解（表 4-2）与使用（表 4-1）可以发现，二者有呈正相关的倾向，即识解正确率高的使用正确率一般也较高，如"可爱、可观、可惜、可行"；反之，误解率高的误用率一般也较高，如"可贵、可怕"。这也印证了前文提到的张博（2007b）关于词义理解与词语使用关系的观点。不过，也有一些"可 X"的词义结构识解与使用的正误率恰恰相反，如"可靠"词义结构识解无误，但误用率却较高，而"可疑、可耻"的误解率较高，但无误用。这固然与有些"可 X"（可疑、可耻）使用得不多，可能产生误用的概率也就不高有关，不过二语学习者不使用的原因之一可能就是没有准确理解这些"可 X"的意义。而且，本节的第二项测试是提供选择项（selection）的句意理解，有一定的提示作用，但二语学习者还是不能较好地识解"可疑、可耻"等的意义结构，说明准确地理解这些词并将其与其他词区分开确实有一定难度。

总体来看，"可 X"的词义结构识解与使用普遍呈正相关。因此，我们将对二者进行综合考量，以整体把握二语学习者对双音词"可 X"的掌握情况。

五、二语学习者双音词"可 X"的掌握程度

我们采用给汉语中介语语料库的筛查结果和问卷测试结果赋值的方法来给二语学习者"可 X"的掌握程度排序。按"可 X"的偏误率、分值与词义结构识解难易度之间的正比关系进行赋值，即无偏误，赋值为 0，表示最易掌握；偏误率越高，赋值越高，表示越难掌握。这样，就可以获得"可 X"的赋值序列。

汉语中介语语料库的赋值序列如下：

可 X：可怜 / 可谓 / 可信 / 可观 / 可耻 / 可疑—可惜—可爱—可行—

赋值： 0　0　0　0　0　0　1　2　3

可见—可笑—可悲—可恶—可靠—可怕—可贵

4　5　6　7　8　9　10

问卷测试结果的赋值序列如下：

可 X：可靠 / 可爱 / 可怜—可惜—可见—可观 / 可行—可谓 / 可信—

赋值： 0　0　0　1　2　3　3　4　4

可笑—可怕—可悲—可耻 / 可恶—可贵—可疑

5　6　7　8　9　10

两个序列合并即得"可 X"的总值，也就是"可 X"的掌握程度序列：

可 X：可怜—可爱 / 可惜—可观—可谓 / 可信—可行 / 可见—

总值： 0　2　2　3　4　4　6　6

可耻 / 可靠—可笑 / 可疑—可悲—可恶 / 可怕—可贵

8　8　10　10　13　15　15　19

掌握程度：易━━━━━━━━━━━━━━━━━━━▶难

考虑到赋值结果和词量的平衡，可以将以上"可 X"的掌握程度序列按以下赋值区间进行划分（"＜"表示"易于"）：

掌握程度： 容易掌握（0—3）＜较易掌握（4—6）＜较难掌握（8—10）＜很难掌握（13—19）

可 X： 可怜 / 可爱 / 可惜 / 可观＜可谓 / 可信 / 可行 / 可见＜可耻 / 可靠 / 可笑 / 可疑＜可悲 / 可恶 / 可怕 / 可贵

以上序列表明，词汇化导致的语义磨蚀确实会对二语学习者双音词"可X"的掌握产生影响，且掌握程度有梯度。那么，词汇化所导致的语义磨蚀是怎么影响二语学习者学习"可 X"的？而且，参考第三部分所总结的误用特点（2）和（3），二语学习者经常将某些"可 X"与 X 或由 X 参构的（同义）双音词混用，说明二语学习者很可能认为某些"可 X"与后两者是同义词。也就是说，他们容易忽略某些"可 X"中"可"的意义。那么，为什么有些"可 X"中的"可"会被忽略而导致识解不确切或使用不当，而有些却能正确识解或使用？

六、词汇化导致的语义磨蚀与二语学习者"可 X"的学习

6.1 词汇化导致的语义磨蚀如何影响二语学习者"可 X"的学习

董秀芳（2002）第三章第五节以"可恶、可爱、可观、可怜、可取、可惜"等双音词为例，论述了助动词"可"与动词性成分组成的句法结构词汇化后变成了形容词（"可怜"是形动兼类词）。虽然董书认为"由'可'参与构成的这些词……在意义上的变化似乎也不明显"，主要"是经过了一个范畴的改变"（董秀芳，2002：269），但是她也承认，"'可'原有的意义模糊了，'可'与动词之间原有的词的界限失落，人们不再分析'可'与动词之间的语义关系，而把词汇化了的'可 X'形式直接看作一个密不可分的表义单位了"（董秀芳，2011：257）。"可"模糊了的意义就是隐含于不同助动词词义中的程度有别的致使义，也可以说，"可"义的致使性在双音词"可 X"中发生了语义磨蚀。显然，这种语义磨蚀是由句法结构"可 X"逐渐词汇化导致的。诚如董书所言，连汉语母语者都不再分析"可"与动词性成分之间的语义关系，甚至都无法感知二者之间的语义关系了[①]，二语学习者不易识解"可 X"的词义结构，甚至误用"可 X"，也就可以理解了。

当然，"可 X"的词义结构识解或词语使用问题不完全来自其词汇化导致的"可"的致使义磨蚀，第三部分误用特点（2）和（3）的分析已显示，二语学习者经常将"可 X"与 X 或由 X 参构的（同义）双音词混淆。复合构词是汉语词汇重要且凸显的类型特征，其中，强构词力语素往往构造出同素词，而同素词又常是同/近义词。这种同素同义词一直是二语词汇学习和

---

① 笔者就 16 个"可 X"的词义结构对未受过语言学专业训练的汉语母语者做的随机访谈也表明，母语者已难以感知或准确识解"可 X"中的致使义了。

辨析的难点（参看于洋，2015）。"可X"、X、由X参构的双音词因为都含有X而容易为二语学习者认作同素同义单双音词，从而导致混用。

进一步观察可知，出现"可X"、X、由X参构的双音词混淆情况的都是"可$_2$X"，尤其"较难/很难掌握"的8个词全部都是"可$_2$X"，说明因词汇化而语义磨蚀较重的"可$_2$X"在同素同义的基础上，增加了二语学习者准确掌握"可$_2$X"的难度。最直接的结果就是，学习者直接忽略了"可"在"可X"中的作用，认为"可X"与X或由X参构的其他双音词同义。同时，语义磨蚀较轻的3个"可$_1$X"（可见、可谓、可行）因为词义是相对清晰可辨的，因而全都"较易掌握"。这一序列证明，词汇化导致的语义磨蚀程度会影响二语学习者对词汇的掌握程度。

6.2 语义磨蚀的非匀质性影响二语学习者"可X"的掌握程度

前文已述，董秀芳（2011：257）提到，人们"把词汇化了的'可X'形式直接看作一个密不可分的表义单位了"，意思是人们不再分析词汇化了的"可X"的词义，而是整体认知、存储、提取、使用。如果完全如此，二语学习者识解"可X"的词义结构就不会有难易之别了。但事实上，语义磨蚀程度不同的"可$_1$X"和"可$_2$X"的词义结构识解度并不同，词语使用的正误率也有差别。语义磨蚀较轻的"可$_1$X"倾向于"较易掌握"，语义磨蚀较重的"可$_2$X"呈两极化分布："容易掌握"或"较难/很难掌握"。"较难/很难掌握"的"可$_2$X"（8个）比"容易/较易掌握"的"可$_2$X"（5个）多了60%，可见"可$_2$X"是以不易掌握为主的。

"可$_1$X"的"可"是常用助动词义"可以"，由于"'可'的助动词功能在后代被双音词'可以'替代了，'可'与一些动词的高频组合就发生了词汇化，从句法层面转入了词汇层面"（董秀芳，2011：257）。词汇层面的"可$_1$X"因"可"义未变且容易被率先激活而倾向于"较易掌握"，但为什么不是"容易掌握"呢？"可见、可谓、可行"这3个"可$_1$X"中，"可见"属于比较常用的二级词，二语学习者容易望文生义，直接分解其成分义而得"可以见到"

之义，从而将已虚化成连词的"可见"当作动词短语进行识解或使用；"可谓、可行"都是高级词汇，"可"的语义磨蚀程度虽不高，但"谓"是非词成分，"行"也不是以二语学习者最常用的"同意、可以"义入词，而是以非常用义"实施、推行"入词。这些因素会令"可谓、可行"的整体词汇化程度提高，利于整词表义和学习，但也会令二语学习者不那么顺利地提取它们的意义，从而使得这两个"可$_1$X"对二语学习者而言并不容易掌握。

再看语义磨蚀程度较高的"可$_2$X"。词义隐含的致使性是经由成分"可"所隐含的致使义获得的，这种辗转的、隐蔽的致使义无法在词形表征或"可"的常用义中给二语学习者提供索引，但却容易造成"可$_2$X"的误解或误用，因而"可$_2$X"较难或很难掌握就十分正常了。这正反映出词汇化导致的语义磨蚀程度对二语学习者的词汇掌握确实产生了影响。"较难/很难掌握"的8个"可$_2$X"就是最好的证明，当面对"令人X""值得X"或"X+N"等（参看附录测试二）"可$_2$X"的替换性表达时，二语学习者难以准确识解"可$_2$X"的词义结构。汉语中介语语料库的使用（表4-1）也显示，这8个词中，6个词（"可耻、可疑"除外）的误用率也排在了前六位。

现在的问题是：为什么还有一些"可$_2$X"属于"容易/较易掌握"？二语学习者在使用句法功能灵活的形动兼类词"可怜"时一般不易出错，掌握得较好；"可爱"早在《尚书·虞书·大禹谟》中已连用，现代汉语的使用频率相当高，二语学习者可能无法确切地言明其"让人喜爱"之义，但一般不会误解或误用；"可惜"的"惜"是非词语素，这使得"可惜"的词汇化程度要高一些，二语学习者可能倾向于整体识记；"可观"由于本研究测试了其非致使义，加之汉语中介语语料库中使用率不高，又全部使用正确，因此显得二语学习者掌握得不错；"可信"处于"较易掌握"一级，可能与测试题的三个选择项之一的C很容易被排除，二选一正确的概率会提高有关。这是本研究需要完善之处，因为可能有各种各样的因素会影响测试结果，但测试所呈现的总体倾向是比较明显的，只是倾向的程度会略有不同。

七、词汇化导致的语义磨蚀问题的启示

双音词"可X"是比较典型的助动词结构词汇化的产物，其中很多是现代汉语常用词，经常为二语学习者所接触和使用。但是，二语学习者却未必了解"可X"的语义结构。词汇化导致"可"义的致使性在"可X"中发生了语义磨蚀，但磨蚀程度不同。通过本节对16个"可X"二语学习者掌握程度的分析，我们知道，"可以X"义的"可$_1$X"语义磨蚀得轻，倾向于"较易掌握"；"值得X"义的"可$_2$X"语义磨蚀得重，分布呈两极化，多半"较难/很难掌握"；少数（可怜、可爱、可惜、可观、可信）"容易/较易掌握"，这与这些词的兼类词语法功能灵活、高频使用利于整体识记、词汇化程度较高以及测试的设计不足等因素有一定关系。

针对语义磨蚀程度不同的"可X"，汉语二语教学所采用的方法或策略也应不同：

（1）对于语义磨蚀较轻的"可$_1$X"（可见、可谓、可行），二语学习者相对容易由成分义直接获得词义，教学中不必过度强调，点到即可。需要注意的是，有些"可$_1$X"已发生语法化（grammaticalization），即"可见"已不再是实词，而是转化为连词，即使其意义内涵不变，语法功能的变化还是很大的。这需要汉语教师提醒二语学习者。

（2）虽然二语学习者对语义磨蚀较重的"可$_2$X"的掌握程度相差很大，但因为其词义都是"令人X"，教学宜统一处理。"可$_2$X"词义隐含的致使性是二语学习者难以自觉识解出来的，即使在语境中也很难识解出来，必须由教师明确地点出，并告知二语学习者是"可"带给了词义致使性。如果能连类而及地将二语学习者已接触或学习过的其他"可$_2$X"也一并进行解释会更理想。这样，二语学习者就能系统地识解"可$_2$X"的意义，也利于其准确地使用"可$_2$X"。同时，对于某些高频误解或误用的"可$_2$X"（如"可怕"），还要解释其与单音词X（如"怕"）或由X参构的双音词（如

"害怕、恐怕")之间的意义差异,并通过大量练习来强化二语学习者对同素词的认识和使用。

词汇化是汉语双音词衍生的主要途径(董秀芳,2002),尽管不是所有的词汇化都会导致复合词语义的磨蚀,但词义及其成分义在词汇化过程中一般会发生或多或少的变化。这种语义变化可能令二语学习者在学习现代汉语词汇时遇到难以识解词义的困惑,这就需要汉语教师的提醒与教学。因此,汉语二语词汇教学需关注词汇化导致的语义磨蚀或语义变化对二语学习者词汇学习的影响,从而采取适当的教学方法或策略来帮助二语学习者准确识解词义,正确使用词语。

:: 附录 ::

双音词"可 X"测试问卷

母语(mother tongue):_____ HSK 等级(HSK level):_____

如果没考 HSK,请写出年级:_____(If you haven't taken HSK, please write down your grade)

或者学习汉语的时间:_____(or please write down how long you have been studying Chinese)

请根据题后提示的汉语水平答题(please answer the questions according to the Chinese level written behind the title)

一、请选择词语完成下面的句子。(初级、中级、高级)

1. 这个女孩子眼睛大大的,很_____,她的朋友都很_____她。(爱、可爱)

2. 她是我最好的朋友,她很_____,我们什么话都可以说,我在学校经常她帮我学汉语。(靠、可靠)

3. 小的时候，我非常_____小狗，现在长大了，觉得小狗也不那么_____了。
（可怕、怕）

4. 我们的汉语老师看起来很_____，大家都很_____他。（怕、可怕）

5. 现在北京的大街上能_____很多汽车，_____北京人的生活越来越好了。
（可见、看见）

6. 马丁很懒，从来都不知道时间重要，就算浪费了很多时间他也不觉得_____。
（可惜、珍惜）

二、请选择正确的答案。（中级、高级）

1. "我的爸爸非常可怕"，这句话什么意思？（　　　）

    A. 我非常怕我的爸爸

    B. 我的爸爸非常怕

    C. 我的爸爸非常怕我

2. "她是一个很可悲的人"，这句话什么意思？（　　　）

    A. 她非常难过

    B. 她的生活令人悲伤

    C. 我很难过

3. "他这个月的收入很可观"，这句话什么意思？（　　　）

    A. 大家都可以看见他这个月的收入

    B. 他这个月的收入很多

    C. 他这个月的收入值得看看

4. "北京烤鸭可谓是地道的中国美食"，这句话什么意思？（　　　）

    A. 北京烤鸭可以说是地道的中国美食

    B. 北京烤鸭可能是地道的中国美食

    C. 北京烤鸭值得说是地道的中国美食

5. "这个人真是太可恶了"，这句话什么意思？（　　　）

    A. 这个人非常令人讨厌

    B. 这个人很讨厌别人

C. 这个人非常恶心

6. "他做的事情很可笑"，这句话什么意思？（　　）

   A. 他做的事情很好玩儿

   B. 他做的事情会让别人嘲笑他

   C. 他做的事情值得笑

7. "他说的话不可信"，这句话什么意思？（　　）

   A. 我们不能相信他说的话

   B. 他不相信别人说的话

   C. 他说的话不对

8. "这个办法不可行"，这句话什么意思？（　　）

   A. 我们不能用这个办法

   B. 这个办法不能让人相信

   C. 我们不喜欢这个办法

9. "那个男人很可疑"，这句话什么意思？（　　）

   A. 那个男人很疑惑，他有不明白的问题

   B. 那个男人看起来值得怀疑

   C. 那个男人经常怀疑别人

10. 下面哪句话是正确的？（　　）

    A. 他偷了别人的钱，真可耻！

    B. 他偷了别人的钱，他应该可耻他的行为！

    C. 大家都很可耻他偷别人的钱。

11. 下面哪句话是正确的？（　　）

    A. 他帮助别人的精神非常可贵。

    B. 在北京，外国的东西很可贵。

    C. 我们很可贵他的行为。

第二节 词法中的虚义动词性成分及二语者的感知与理解[*]

一、词法中虚义动词性成分的功能分工与语义作用

1.1 虚义之正名

泛义动词，也称"形式动词"（李临定，1990：105—107；胡裕树、范晓，1995：264 等）、"虚义动词"（袁杰、夏允贻，1984；朱一之、王正刚，1987：83—84；刁晏斌，2004 等）、"虚化动词"（朱德熙，1985）等（参看刁晏斌，2004：3—16），指的是那些"原来的词汇意义已经明显弱化了，因此在某些句子里把它们去掉并不影响原句的意思"（朱德熙，1985）的动词，如"做、干、搞、弄；进行、加以、给以"等。究其本质，这些是从意义、功能、演变等不同角度对同一类动词的命名。

就从意义上命名的两个术语来推敲，"泛义动词"与"虚义动词"所表达的含义其实是不同的。"泛义动词"一般是指可以替代许多具体动词，表达一种宽泛而不太确定的意义的动词，如"干（革命/仗）、搞（材料/建设）、做（事/生意）"，此类动词一般后接名词或事件类双音动词；"虚义动词"主要是指意义一般比较抽象概括的"进行、做出"、主要起功能性作用的动词，如"加以（制止）、进行（说明）、予以（警告和处罚）"，此类动词后接双音动词或动词短语。

---

[*] 本节内容曾分别以《现代汉语词法中虚义动词性成分的功能分工与语义作用——兼论轻动词性成分在词法与句法中的差异》(《世界汉语教学》2019 年第 1 期)和《汉语学习者感知和理解双音动词"打$_{虚义}$＋V"词义的调查》(《国际汉语教学的挑战与机遇——第十二届国际汉语教学学术研讨会论文集》，何文潮主编，哈尔滨：黑龙江人民出版社，2014 年）为题发表，收入本书时有改动。作者均为孟凯。

现代汉语词法中常出现的泛义/虚义动词性成分主要包括"打、干、搞、为、作、做"等。我们以"打"为例，来探讨一下词法中泛义动词性成分与虚义动词性成分的差别。

"打"意义繁多，兼有实义、泛义和虚义。"打"的词义泛化始于中古，兴于近代（祝建军，2002）。现代汉语中，"打"的泛义和虚义用法十分普遍，如《现汉》第7版所收"打"的24个动词义项中，至少以下几个可视为泛义：

打¹ 动 ❹发生与人交涉的行为：~官司｜~交道。㉑做；从事：~杂儿｜~游击｜~埋伏｜~前站。㉒做某种游戏：~球｜~扑克｜~秋千。㉓表示身体上的某些动作：~手势｜~哈欠｜~嗝儿｜~趔趄｜~前失｜~滚儿｜~晃儿。㉔采取某种方式：~官腔｜~比方｜~马虎眼。（《现汉》第7版，232页）

以上"打"的配例基本都是复合词或惯用语"打+N"，其中的"打"多承担着向N发出动作的任务，只是动作不明确或不易说清，就用语义模糊的"打"来表达。这里的"打"更倾向于充当泛义动词性成分，由其构成的复合词语可称为"打泛+N"。此类带名宾的泛义动词已广为学界所关注，研究成果丰硕，此不赘述。

另一类"打"则是与动词性或形容性成分结合为"打+V/A"：

打❸ 动 与某些动词或形容词性成分结合，构成复合词。a）与及物动词性成分结合，构成并列结构，"打"的实义虚化，作用是使结合的那个动词表示的意义泛化▷~量｜~算｜~扮｜~听。b）与不及物动词性成分结合，构成动补结构，"打"的实义虚化，作用是使结合的那个动词表示的情况发生▷~败｜~通｜我的发言就此~住。c）与形容词性成分结合，表示发生了某种状况▷花~蔫了｜后轮~滑。（《现代汉语规范词典》第3版，236页）

虽说上述"打❸"的三种情况都属于实义虚化,也有人称为动词前缀(祝建军,2003;庄会彬,2014),但是,a)与b)、c)还是有所不同,b)、c)都是动补式,"打"义还残存着不同程度的动作性(如"打败、打通、打滑")或表达状态变化(如"打蔫、打住"),不只用于构词,还常用于构造动补短语,如"打倒、打碎、打晕";a)中的"打"由于是与及物动词性成分结合,"打"义更虚了,几乎不再贡献意义,主要功用是添加于实义动词性成分之上,构成多音词语(三音节如"打问讯、打掩护、打招呼")。所以说,a)中的"打"才是典型的虚义动词性成分(打$_{虚}$),是一种位于实义动词性成分之前、主要用于构词时填充音步、基本不表义的成分。打$_{虚}$与依然负责向 N 发出动作、只是动作不明确或难以言明的打$_{泛}$不同,打$_{泛}$仍有实义,打$_{虚}$则几无实义。由包括"打"在内的虚义动词性成分构成的词语可称为"V$_{虚}$+V",是本节的研究对象。

现代汉语词法涉及的泛义/虚义动词性成分主要是"打、干、搞、为、行、作、做",通过我们对《现汉》第 7 版收录的由以上 7 个动词性成分所构词语的检索,"干、搞"没有在虚义上构词,其他 5 个构造出了 59 个"V$_{虚}$+V"[①],以"打$_{虚}$+ V"最多,36 个,占 61.02%;其他 4 个都属于零星构词[②]。(见表 4-3)

[①] 三音"V$_{虚}$+ V"(如"打游击、打招呼")是动词性的,但成词性不高,如《现汉》一般就不给动词性三音节标注词性。为便于论述,本节将三音与双音"V$_{虚}$+ V"统称为"词",构词成分径用 V 表示。

[②] 胡敕瑞(2005)在分析中古词汇从隐含到呈现时提到一类述宾式,即"抱恨、陈言、发怒、怀愁、加礼、举语、起敬、生念、行礼、有疑、作揖"等,"呈现后的动作多是具有'发生、存现'等语义特征的泛用动词",其中的前位单音动词"呈现的动作多是无实义的轻动词"。不过,"抱、陈、怀、发、举、起、生、有"等仍表示体范畴义"发生、开始、存现","加"主要与形容词性成分组合,实义较突出,这些轻动词性成分的语义虚化程度不及几乎不表示任何语法意义的"打、为、行、作"高。因此,本节暂只对现代汉语词法中能够组配"V$_{虚}$+ V"的"打、为、行、作、做"进行研究。

表 4-3　现代汉语词法中的"$V_虚 + V$"（59 个）[①]

打 +V（36 个）	打扮、打比、打喳喳、打//伏、打叠、打动、打//赌、打发、打搅、打劫、打//开、打捞、打//愣、打理、打量、打//猎、打埋伏、打//鸣儿、打磨、打拼、打扰、打扫、打算、打探、打听、打问、打问讯、打消、打//旋、打掩护、打游击、打造、打战/打颤、打招呼、打转、打//坐
为 +V（3 个）	为害、为难、为止
行 +V（8 个）	行刺、行贿、行劫、行猎、行乞、行窃、行使、行销
作 +V（11 个）	作别、作成、作答、作废、作难（nán）、作弄、作呕、作陪、作//揖、作战、作准
做 +V（1 个）	做礼拜

那么，除了主要辅助实义成分 V 实现双音化的韵律要求，这 5 个 $V_虚$ 在词法中的功能分工是怎样的？有什么语义作用？$V_虚$ 是一种轻动词（light verb）性成分[②]，其在汉语句法和词法中的表现又有什么差异？这些是本节将要讨论的问题。

1.2 虚义动词性成分在词法中的功能分工

通过对《现汉》的检索我们看到，由"打、为、行、作、做"构成的"$V_虚 + V$"远远不及由它们构成的"$V_泛 + N$"（见表 4-4）。

[①] 以"//"标示离合词，异体词"打战/打颤"计为一个词，下同。
[②] 邓盾（2017）指出，对"light verb"（轻动词）这一术语有两种不同的理解，一种理解是 Jespersen（1942）提出的英语里的助动词"do、have、be、can"（虚化程度高）和词汇语义虚化、需要借助另一个谓词进行事件表达的"take、give、make"（虚化程度低）；另一种理解是广为汉语学界所介绍和运用的生成语法中最简方案里使用的"light verb"，指在表层没有语音形式、表示抽象语法意义的功能性核心词。第二种理解是句法操作，所以，Lin（2001）、Huang（2005）等指出，轻动词属于句法的功能词，只能进入汉语句法的层面，不能在词法的层面出现（转引自邓思颖，2014）。本节在第一种理解上应用"light verb"这一术语，后文与英语的比较也在这一理解层面展开。而且，基于现代汉语词法与古代汉语句法的承继（inheritance）关系，我们认为，汉语中的单音轻动词性成分（如 $V_虚$）可以出现于词法层；英语词法中也零星使用了轻动词性成分，详见后文。

表 4-4 《现汉》收录的 5 个 V$_{虚/泛}$ 所构动词统计（数量/比重%）

V$_{虚/泛}$	打	为	行	作	做	数量总计
V$_{虚}$+V	36/20.5	3/27.3	8/32.0	11/28.9	1/3.1	59
V$_{泛}$+N	140/79.5	8/72.7	17/68.0	27/71.1	31/96.9	223
总计	176/100	11/100	25/100	38/100	32/100	282

由表 4-4 可知，"打"类动词性成分在词法中更倾向于充当 V$_{泛}$，充当 V$_{虚}$的比较少见。可见，词法中的此类成分主要发挥比较典型的带名宾的动词功能。

就 V$_{虚}$的内部分布来看，上文已析，"作/为/行/做$_{虚}$+V"合在一起的构词量（23 个）约占"V$_{虚}$+V"的 38.98%，比"打$_{虚}$+V"的比重（61.02%）要少得多。"打$_{虚}$+V"的绝对优势说明 V$_{虚}$的内部成员在词法中已形成了主要用"打$_{虚}$"来构词的分工。那么，为什么是现代汉语常用动词"打"成了词法中最主要的虚义成分，而其他几个却没有？同为现代汉语常用动词的"做"为什么在构造"V$_{虚}$+V"时与"打"相差那么悬殊？这些问题值得思考。

1.2.1 "打"与"做"的功能分工

"打"现字形的最早用例见于东汉王延寿的《梦赋》："捎魑魅，拂诸渠，撞纵目，打三颅"。祝建军（2003）指出："中古文献中'打'字出现的频率很低，且多见于口语性较强的译经、歌谣、对话中。"直至近代，大量双音节"打+V"才产生，但"打+V"并没有成为现代汉语能产的造词模式，"少数保留下来的'打-V'式词是这种颇具特色的构词现象的历史积淀，有的是因为与人们的生活联系密切，使用较广，如'打扫、打搅、打探'等。有的是在语义和用法上有了变化，如'打量、打听、打点、打发、打算'等"（祝建军，2003）。

"V$_虚$ + V"几乎都是历史遗存词,在现代汉语中都不具有能产性。相较于其他"V$_虚$ + V","打$_虚$ + V"遗留到现代汉语的最多,究其原因,与"打"自身的特点密不可分。首先,与上古就已产生的 V$_虚$ "为、行、作"相比,"打"出现得不算早,但在中古及唐宋,"打"很快便成为口语中的常用动词。高频使用使得"'打'的组合能力增强,搭配对象范围扩大"(祝建军,2002),语义发生泛化;其次,由于使用频率高,"打"的适配范围相当广泛,"打"与其后各类成分的紧邻共现频率也大大提高,"打$_虚$ + V"即在这种背景下大量出现。可以说,中古、近代出现的大量"打$_虚$ + V"是现代汉语能够遗存这么多"打$_虚$ + V"的基础;最后,"打"的语义在高频使用中也由实义"撞击"向更加概括、抽象的泛义或虚义演变,从"打$_虚$ + V"产生之初"在意义上与'V'本身没有很大的区别"(祝建军,2003)就可以一窥"打"已语义虚化的端倪。这又为"打$_虚$ + V"的不断涌现奠定了语义基础。

中古以降,"打"一直是口语中的常用动词;作为构词语素,也相当活跃且能产。所以,"打$_虚$"所搭配的 V 语义类型丰富,"打$_虚$ + V"经过历代演变,在语义和用法上有了变化,即发生了词汇化而留存到现代汉语中。那么,同样由成词 V$_虚$ "做"构成的"做$_虚$ + V"为什么在数量上远远不及"打$_虚$ + V",只留存了一个"做礼拜"呢?

"做"最早的泛义用法见于南北朝(刁晏斌,2004:242),以"做 + N/NP"为主;北宋后口语中"做"也带 V 或 VP,其间常有数量结构"一个"或量词"个",如"做一个计画、做个准备、做个商量、做指望",其中的"做"是"类似'进行、加以'的虚义动词"(赵日新,2013)。显然,这些"做 + V/VP"结构多是三音节,几乎都是短语,且发展到现代汉语也并未词汇化。方言里倒是保留了一些类词的双音节"做 + V",如福州方言里有"做赌、做喝、做拉、做吓"(梁玉璋,1991、2002)。普通话里由"做"充任 V$_虚$ 构成的动词《现汉》只收了一个"做礼拜",也不是典型的动词,《现汉》未给它标注词性。而且，"做礼拜"的意义与动词"礼拜"几近相同，这与不少保留到现代汉语的"打_虚+V"的意义与V已有所不同、已发生语义演变（祝建军，2003）的情形又不一样。可见，"做_虚"主要用作单独使用的动词，而非构词。

这样，同为成词V_虚的"打"和"做"就在现代汉语的词法和句法两个层面实现了比较明确的功能分工："打"主要用于在词法上构造"打_虚+V"，如"打扮、打猎、打算、打游击"，语义已虚化，甚至不为词义贡献意义，"打_虚"几乎不在句法上使用了；"做"主要用于在句法上充当实义动词前的形式动词，如"做调查、做研究、做准备"，义近"从事、进行、加以"。此外，由表4-4可知，"做"在词法上主要用于构造"做_泛+N"，如"做东、做戏、做人情"，表现出构造"V_泛+N"多于"V_虚+V"的倾向和优势。在这一点上，"做"比"打、为、行、作"都要明显。

1.2.2 "为、行、作"的功能分工

表4-4已显示，由现代汉语不成词V_虚"为、行、作"构成的"为/行/作_虚+V"与由成词的"打"构成的"打_虚+V"，在它们各自所构成的泛义动词和虚义动词中的比重大体相当。"为、行、作"在上古汉语中都是可以独立使用的动词，并且已能带动词性宾语（祝建军，2002）。及至中古双音化势盛，"行、作"在很多述宾式中被置于实义动词或形容词前，主要充当已基本丧失词汇语义的轻动词，如"行害、行计、行哭、行礼、行问；作愁、作护、作计、作礼、作谋、作念、作叹、作问、作想、作揖、作忧、作语"（胡敕瑞，2005、2009）；"为"主要还是用作实义动词带名宾，只是语义有所泛化。因此，发展到现代汉语，"为_虚+V"仍是"V_虚+V"中比重非常小的一类，"为害、为难、为止"中的V"害、难（nán）、止"都是弱动作性的，与能够跟"行、作"组配的V（下文详析）还是多有不同。所以说，词汇史上没有产生一定数量的"V_虚+V"，现代汉语保留下来的自然就不会很多。

进一步观察"行"和"作"的构词可以发现，现代汉语 8 个"行$_虚$ + V"中的 V 基本都是动作性较强或动作较凸显的行为，如"刺、猎、窃"具有明显的强动作性，"贿、劫、乞、使、销"是行为类动词性成分，行为过程比较凸显相应的动作。这一特点与中古产生的"行$_虚$ + V"有所不同。中古汉语中的"行$_虚$ + V"不少有相应的"作$_虚$ + V"，如前举"行计—作计、行礼—作礼、行问—作问"，"行"和"作"都充当轻动词，"作"在中古汉语中的能产性又很强，这势必会挤压或削减"行"的能产空间，所以"行$_虚$ + V"发展到现代汉语就形成了与"作$_虚$ + V"有所区别的构词倾向，即"行$_虚$ + V"中的 V 以强动作性的为主。当然，这不排除"作$_虚$ + V"中的 V 也可以是强动作性或动作较凸显的行为，如"弄、呕、揖、战"，但不可否认的是，"作$_虚$ + V"中的 V 更多的是弱动作性或动作不凸显的行为，如"别、成、答、废、难（nán）、陪、准"。这样，"作$_虚$"和"行$_虚$"在构造现代汉语"V$_虚$ + V"时就在一定程度上实现了互补。

综合来看，5 个 V$_虚$ 在词法中构造"V$_虚$ + V"的功能分工可大致展示为表 4-5：

表 4-5　5 个 V$_虚$ 在词法中构造"V$_虚$ + V"的功能分工

V$_{虚/泛}$		打	为	行	作	做
构造词法中的"V$_虚$+V"		很多	很少	不多	不多	极少
实义 V 的语义特点	强动作性或动作凸显	+	—	+	较少	—
	弱动作性或动作不凸显	+	+	—	+	

5 个 V$_虚$ 在词法中构造"V$_虚$ + V"的功能分工还是相对明确的，"打"属于强势构词，可以与几乎所有语义类型的实义 V 结合；"行"与"作"的构词力相差不多，能够与之组配的实义 V 的语义类型呈现出比较明显的互补性；"为"和"做"的构词力都较弱，"做"主要在句法上充当实义动词前的

形式动词。那么，在所构造的"V虚 + V"中充当轻动词性成分的这 5 个 V虚是否不贡献语义？它们有什么语义作用？这是我们更感兴趣的问题。

1.3 虚义动词性成分在词法中的语义作用

虚义动词性成分是轻动词性的，而轻动词是功能性的，无论在句法层还是在词法层，一般都不贡献词汇语义。祝建军（2003）在讨论为什么中古汉语大量的双音节"打+ V"没有保留到现代汉语普通话时指出，"'打-V'式词多数在使用频率上始终未能高于单音动词 V"，"双音节'打-V'词虽然满足了汉语词语双音节化的要求，但是它在意义上与'V'本身没有很大的区别，这显然不符合语言经济性原则的要求，况且单音节动词本身使用也较为灵活，其他方式双音节化词具有比'打-V'词更强的表现力"。不过，祝文也提到，经过历时发展，有的"打+V"在语义和用法上有了变化，如"打量、打听、打点、打发、打算"等。可见，现代汉语词法层面的"V虚 + V"与 V 并非完全无别，轻动词性成分 V虚在"V虚 + V"中发挥了一定的语义作用，需要深入分析。

1.3.1 V虚使"V虚 + V"比 V 语义抽象

通观 59 个"V虚 + V"，排除（1）添加完全不贡献意义的 V虚以实现单音 V（如"动❻、战²、颤、成❷、战¹❶"）的双音化（如"打动、打战 / 打颤、作成、作战"）、（2）韵律的要求（如"打怵—怵"是同义动词，韵律不同）以及（3）方言色彩（如"打愣、打拼、打喳喳、打问"都是方言词）等所导致的"V虚 + V"与 V 基本同义的现象，V虚在现代汉语词法中非常突出的一个语义作用就是使"V虚 + V"的语义比 V 抽象。这种语义抽象最显著的表现是，V 表达具体动作，而"V虚 + V"表达抽象行为，如"量❶"义为"用尺、容器或其他作为标准的东西来确定事物的长短、大小、多少或其他性质"，是进行真实测量的动作动词，而"打量 ❶"义为"观察（人的衣着、外貌）"，是个视觉动词，未必产生具体动作，语义比"量❶"抽象。这么明显的语义抽象表现在"V虚 + V"中不是那么多，"V虚 + V"比 V 语义抽象的表现多是比较隐蔽的，主要体现在如下两方面。

1.3.1.1 $V_{虚}$使"$V_{虚}$ + V"与 V 的语义倾向不同

一般而言，"$V_{虚}$ + V"与 V 会有部分共同的语义内涵，也会有各自的语义倾向，这从 CCL 现代汉语语料库中二者的组配差异可以比较清晰地看出来。如"打扫"与"扫"，相同的搭配域是"房屋、地面、垃圾、积雪"等具体事物，相异的搭配在于，"打扫"最高频的搭配是与抽象名词"卫生"组成"打扫卫生"，还常与"战场、牧场"等地域广阔甚至无界的处所名词搭配；而这两类名词都不与"扫"搭配，"扫"是一个动作性很强的动词，最高频的搭配词是单音词，如"地、房、水、雪"，还有比较常用的双音口语词，如"垃圾、院子、屋子"等。可见，"打扫"的搭配域既有具体事物，也有抽象事物，比只与具体事物搭配的"扫"广。因而，"打扫"的语义更具有泛指性，也更抽象。这使得二者的语义倾向有别，在搭配域的分工以及搭配词的音节选择倾向上都形成了一定的互补分布。类似的还有"打叠、打捞"等。

有一些"$V_{虚}$ + V"与 V 虽然意义基本相同，但搭配域的差别还是能显现出二者的语义倾向和分工的部分互补性。例如（搭配词来自 CCL 语料库）：

消❷动使消失；消除。

消 + 炎 / 肿 / 声 / 毒 / 磁 / 食 / 灾 / 愁 / 气 / 暑……

【打消】动消除（用于抽象的事物）。

打消 + 顾虑 / 念头 / 疑虑 / 担忧 / 此意 / 不信任感……

"消"与"打消"基本同义，只是"消"既能搭配具体事物，也能搭配抽象事物；"打消"所搭配的则主要是意念类抽象事物。"打消"的搭配域比"消"要窄，但其语义抽象性更凸显，所能搭配的抽象事物也比"消"丰富。类似的还有"打理、打鸣儿、打磨、打旋、打转、行刺、为止、作弄"，它们与其中的 V 语义大体一致，但搭配对象不同，多半是"$V_{虚}$ + V"的搭配域变窄了，这就使得"V$_虚$ + V"与 V 有了比较明确而集中的语域分工。

上述"V$_虚$ + V"与 V 语义不甚相同（由词典释义可知），二者的搭配差异也可以让我们看到其语义倾向的不同，由语义倾向的不同又可以看出"V$_虚$ + V"比 V 的语义要抽象。而"V$_虚$ + V"抽象的语义正是由于功能性的 V$_虚$被添加到语义具体的 V 之上而逐渐形成的。因为搭配差异是显见的，而搭配差异的深层原因就是内隐的语义差异，所以，我们选择了"由搭配看语义倾向，由语义倾向看语义抽象性"这样由显而隐的分析路线。

1.3.1.2　V$_虚$将 V 的 [+ 动作] 转变为"V$_虚$ + V"的 [+ 活动]

前文已述，有些"V$_虚$ + V"中的 V 是强动作性或动作较凸显的行为，如 8 个"行$_虚$ + V"和"作$_虚$ + 弄 / 呕 / 揖 / 战""打$_虚$ + 劫 / 开 / 捞 / 猎 / 扫 / 旋 / 转"等中的 V，前加 V$_虚$后，"V$_虚$ + V"的语义不再凸显 V 原来的 [+ 动作]，而是将其转变为凸显双音词的 [+ 活动]。这与王洪君（2001）指出的"单音动词保留了原有的单纯的强动态性，新生的双音动词则承担了新的弱动性'动—名'两栖性"一脉相承。只是 V$_虚$不贡献实义，"V$_虚$ + V"一般不像王先生所言具有"动—名"两栖性，但确实呈现弱动性，途径即是通过添加轻动词性成分 V$_虚$来弱化 V 原本凸显的 [+ 动作]，促使"V$_虚$ + V"主要显现语义特征 [+ 活动]。V$_虚$所体现的功能性从其语义可略窥一二，如《现汉》将有些"V$_虚$ + V"释义为"进行 V"，"进行"即是 V$_虚$义。"进行"义为"从事（某种活动）"，其义甚虚，主要表明活动已在开展的过程中。可以说，"V$_虚$ + V"（如"行贿、行乞、作战、打捞"）侧重于凸显以动作 / 行为 V 为主体的活动过程，而非单纯地凸显 V 这一动作 / 行为本身。

[+ 活动]，尤其是"进行 V"义的 [+ 活动]，凸显事件 / 活动的过程性（procedural）、持续性（continuous）、可分解性（decomposable），既包括具体动作 / 行为的实施过程，也包括具体动作 / 行为实施前的准备活动和具体动作 / 行为实施完毕的后续活动。因此，与主要凸显某一具体动作 / 行为的实施、往往具有短暂性（temporal）或瞬间性（momentary）的 [+ 动作] 相

比，[+活动]的语义更抽象。而"V_虚+V"之所以会呈现[+活动]，是因为 V_虚 的添加弱化了 V 的[+动作]。因此可以说，V_虚 将 V 的[+动作]转变为"V_虚+V"的[+活动]，后者的语义也因此变得抽象。

1.3.2　V_虚 使"V_虚+V"与 V 的附属义有所不同

有些"V_虚+V"与 V 基本同义，但二者的附属义却有细微差别。附属义的差异主要体现在语体上，"行_虚+V"中表现得最为明显。

"行_虚+V"的语义是"进行 V"，而《现汉》"进行❶"释义中的"注意"提到，"'进行'总是用来表示持续性的和正式、严肃的行为，短暂性的和日常生活中的行为不用'进行'"。可见，"行_虚+V"的语体都比较正式，其中的 V 若为成词语素，其常用性和口语性也都高于对应的"行_虚+V"。比如，以下"行_虚+V"在《常用词表》中的频序号都比其中可以独立使用的 V 要大得多，说明前者的使用频率比后者低：行劫 49650：劫 8095、行使 3248：使 46、行销 26230：销 4872。① 可见，V 倾向于用在较自由、随意的口语语体中，"行_虚+V"倾向于用在较正式的语体中。

"为_虚+V"和"作_虚+V"在语体方面也比其中的 V 要正式，只是在词典释义中没有体现出来，不过，"作别、作难"在词典中标出了"〈书〉"，足以说明其具有书面正式语体色彩。与"行_虚+V"相似，"为_虚+V"和"作_虚+V"的使用频率也比其中可以独立使用的 V 要低，在《常用词表》中的频序号也更大，比如：为止 4112：止 2894、作成 15557：成 93、作答 20265：答 1514、作废 20977：废 3560、作呕 36939：呕 11990、作陪

---

① 单音 V 可能是兼类词或多义词，不区分义项标注的《常用词表》所提供的频序号可能并不能准确体现"V_虚+V"与 V 的使用频率比，但比率的可信度还是较高的。如《常用词表》中"行刺 30660：刺 1221"，"刺"是个包含名词义项的多义兼类词，我们在北京语言大学 BCC 语料库中以"刺+V"和"刺+N"（已剔除"刺柏、刺槐、刺猬、刺细胞"等名词）检索出"刺"的使用频次超过 22000，"行刺"的使用频次为 103，这两个数据之比也印证了"V_虚+V"的使用频率比 V 要低。感谢硕士生靳亚笑帮忙检索语料。

28080：陪 2541。这同样说明了"为$_{虚}$ + V""作$_{虚}$ + V"与其中的 V 的语体差异，这种语体差异来自历史久远的"为、作"所具有的书面语体性在构造"为$_{虚}$ + V""作$_{虚}$ + V"时带入了这些词之中，从而形成了这些词与其中的 V 的语体分化。

反观"打$_{虚}$ + V"和"做$_{虚}$ + V"，有不少比其中的 V 更显现出口语化的倾向，如"打喳喳、打怵、打叠、打愣、打鸣儿、打拼、打问"在词典中都标出了"〈方〉"或"〈口〉"，来自方言说明是方言中的常用口语词，否则很难进入普通话；"打扮、打动、打发、打开、打量、打扫、打算、打听、打造、打招呼"等都是《常用词表》中频序号在 10000 以内的较常用词，足见这些词的口语性较强；"做礼拜"虽然不是很常用（与其专门性的语义内涵有关），但显然也不是一个书面语词。

由上述分析可知，V$_{虚}$不仅使"V$_{虚}$ + V"与 V 的语体附属义有所不同，还实现了"V$_{虚}$ + V"内部的语体分化，即"行 / 为 / 作$_{虚}$ + V"主要应用于偏书面、正式、严肃的语体，使用频率普遍比其中的 V 要低；大部分"打$_{虚}$ + V"和"做$_{虚}$ + V"倾向于应用在偏口语的日常语体中，使用频率往往也比较高。

1.3.3　V$_{虚}$使"V$_{虚}$ + V"与 V 多义关系的表现不同

V$_{虚}$使得"V$_{虚}$ + V"与 V 的多义关系表现出以下两个特点：

一是"V$_{虚}$ + V"分化多义词 V 的意义。单义词"V$_{虚}$ + V"的意义是多义词 V 义中的一个，其重要功能之一是分化 V 的意义，使 V 的一个意义主要由"V$_{虚}$ + V"来承担，而 V 的另一个与"V$_{虚}$ + V"不同的意义一般是它的高频常用义。如"赌"有两个意义"❶赌博"和"❷泛指争输赢"，"打赌"义为"拿一件事情的真相如何或能否实现赌输赢"，与"赌❷"基本相当，语义更抽象一些。这就使得"赌"在构词和作为动词单独使用时更倾向于应用"赌❶"义，由《现汉》"赌"下的 16 条词语中至少有 12 条用的是"赌❶"义可见一斑。"赌❷"义使用较少，一般用"打赌"来表达。这就实现了以"打赌"来对单音词"赌"多个意义进行分化的作用。类似的还有"打猎、打算、打探"等。

二是"V虚+V"的多义发展具有自身特色，未必与V义有关。"V虚+V"有一个意义与V相关，但没有沿着V的多义轨迹发展，而是沿着自己独特的词义演变轨道向多义词发展。如"打搅❶"与"搅❷"（扰乱；打扰）同义，但"打搅"独立发展出了"❷客套话，打扰"之义，而"搅"没有客套话义。相比之下，与"打搅""搅"分别同义的"打扰""扰"则都有"扰乱"和"客套话"两个意义，可能的原因是，"搅"凸显动作性，不如比较凸显状态的"扰"更容易向语用功能强的客套话发展。又如，"打发❶"与"发❷"都是"派出去"，只不过"发"是非词V，主要用为"发兵"，相比之下，"打发"的搭配域更广，口语性强。虽然"打发"和"发"都是多义词，但"打发"演变出的其他三个意义〔❷使离去。❸消磨（时间、日子）。❹安排；照料〕不在"发"的其他16个义项（不含姓氏义）中。也就是说，"打发"的❷❸❹义是在❶义"派出去"的基础上自行发展出来的，与"发"的多义无关。类似的还有"打造、打埋伏、打掩护、打游击"等。

由以上两类"V虚+V"与V在多义关系上的不同表现可知，尽管V虚不贡献具体实义，但可以影响"V虚+V"与V的语义关系，并可能促使"V虚+V"脱离V义的牵制，按照自身的语义发展轨迹演变。

1.4 轻动词性成分在词法与句法中的差异

V虚属于轻动词性成分，轻动词"词义较虚，但在句子中却发挥着主要句法功能"（语言学名词审定委员会，2011：15）。可见，轻动词的作用域主要在句法层。当然，轻动词也可以作为构词成分用于构造合成词，只是其在词法层的表现不如在句法层自由，类推性也不如句法层强。汉语中的单音轻动词性成分与世界语言中的某些轻动词大体相当，我们仅与英语做一比较，可以发现，汉、英轻动词性成分在词法与句法中的表现可谓同异参半（见表 4-6）。

表 4-6　汉、英轻动词性成分在词法和句法中的差异[①]

V$_虚$（+V/A）	词法	句法
汉语	功能有别，所搭配的 V 语义不同；V$_虚$ 有一定的语义作用（如：<u>打</u>赌；<u>为</u>害；<u>行</u>刺；<u>作</u>答；<u>做</u>礼拜）	<u>打</u>、<u>做</u>：语义抽象（如：<u>打</u>败、<u>打</u>滑、<u>打</u>碎、<u>打</u>通；<u>做</u>调查、<u>做</u>调整、<u>做</u>研究）
英语	很少〔e.g. be/get cross（生气）、<u>make</u> do（处理）、<u>make</u>-believe（虚幻）〕	两类： a. 虚化程度高： 助动词：be writing、don't know、have done b. 虚化程度低： <u>have</u> a look/drink/chat、<u>take</u> a walk/rest/ride、<u>give</u> a push/laugh/kick、<u>make</u> a bolt/plunge/try（Jespersen, 1942: 117）

表 4-6 显示，轻动词在汉、英词法和句法中的异同主要表现为：

（1）总体来看，英语中的轻动词更显著地体现了其作为独立的词的用法，主要在句法层使用，词法层的构词力很弱；汉语中的轻动词在词法和句法两个层面应用得都比较普遍，只不过词法中的"V$_虚$ + V/A"多半是古汉语遗存，V$_虚$ 在现代汉语中已没有在线（on-line）能产性，虽然其构词力看起来明显强于英语轻动词性成分。

（2）在词法层面，轻动词性成分在英语中鲜少构词，构词时语义不那么实在；轻动词性成分在汉语中所构合成词比在英语中要多得多。汉语词法中的轻动词性成分实现了比较明确的功能分工，虽然不为词义贡献实在的词汇语义，但对"V$_虚$ + V"与 V 的语义关系以及二者的语义发展发挥了一定的作用。这与其在汉语句法中主要充当语义抽象或宽泛的功能词的作用有一定的相似性，但对词义结构所发挥的语义作用显然比句法大。

[①] 部分英文语例来自 *Oxford Collocations Dictionary for Students of English*（2002）、*Collins Thesaurus of the English Language*（2008）、《柯林斯 COBUILD 高阶英汉双解学习词典》（2011）等工具书，恕不一一注明。轻动词性成分以加下画线标示。

（3）在句法层面，英语两类虚化程度不同的轻动词表现也有差异：句法中应用范围广泛的助动词"虚化程度高，是更为典型的轻动词"（邓盾，2017），说明其在英语句法中的语法化（grammaticalization）程度更高；语义虚化程度不是那么高的"have、take、give、make"类在句法中的应用也十分普遍。汉语中的"打、做"类轻动词在句法层面没有虚化出功能性更强的助动词，可见其语法化程度不高；只存在与"have、take、give、make"功能和语义相当的虚化程度较低的用法，语义的抽象化比较明显。

表4-6对汉、英轻动词性成分在词法和句法中表现的比较分析表明，贯通作用于词法和句法两个层面的轻动词性成分在不同语言中的应用倾向是不同的，英语中的轻动词主要作用于句法，且语法化程度较高；汉语中的轻动词性成分在词法和句法两个层面的作用都比较大，这与现代汉语词法和古汉语句法具有密不可分的继承性关系较大。那么，其他功能性成分（如助动词性的"可"）如果能够同时作用于句法和词法的话，是否也有这种分工与差异？是否也有类型学上的倾向？诸如此类句法—词法接口问题值得深入思考和讨论。

1.5 结语

在实义V前添加虚义动词性成分构成"$V_{虚}$+V"[①]，很大程度上是受到了汉语词汇双音化趋势的影响和推动。不过，$V_{虚}$在词法中的功能与作用却不仅仅是满足双音化的韵律要求。

作为古汉语的遗存，由$V_{虚}$"打、为、行、作、做"与实义V构成的"$V_{虚}$+V"在现代汉语词法层面已不具有能产性。共时观察，"打"在现代汉语中的构词力强于其他几个$V_{虚}$，原因主要在于这几个$V_{虚}$的功能分工有

[①] $V_{虚}$没有被添加到实义V后，主要是因为：二者可能构成并列式、动宾式或动补式，除并列式（二者一实义一虚义，语义不相当，不能构成并列式）外，后两类都是语义重心在后的结构。由于$V_{虚}$不贡献实义，不能成为语义重心，因此，$V_{虚}$须置于实义V前。

别:"打"主要在词法上构造"打$_{虚}$ + V",可组配的 V 语义类型丰富,虚义几乎不在句法上使用;构词力一般的"行"与"作",可组配的 V 语义类型互补性比较明显,前者倾向于与强动作性或动作凸显的 V 组配,后者倾向于与弱动作性或动作不凸显的 V 组配;"为"和"做"的构词力都较弱,"做"主要在句法中充当实义动词前的形式动词。

语义作用方面,功能性的轻动词不贡献具体实义,句法结构可以为其提供足够的形式空间和语义空位。相比之下,形式空间和语义空间都有限的词法结构通常给 V$_{虚}$ 提供了两个形位中的一个,那么 V$_{虚}$ 在词法中的语义或许就不能像在句法中那么"虚",即使"虚",也要为词义贡献一定的作用。通过考察 59 个"V$_{虚}$ + V",我们发现,V$_{虚}$ 可以使"V$_{虚}$ + V"比 V 语义抽象,表现在使"V$_{虚}$ + V"与 V 的语义倾向不同和将 V 的 [+ 动作] 转变为"V$_{虚}$ + V"的 [+ 活动] 两个方面;V$_{虚}$ 可以使"V$_{虚}$ + V"与 V 的语体附属义不同,并实现"V$_{虚}$ + V"内部的语体分化;V$_{虚}$ 还可以使"V$_{虚}$ + V"与 V 多义关系的表现有所不同。这些即是 V$_{虚}$ 在现代汉语词法中所发挥的与形式动词在句法中基本充当纯功能词所不同的语义作用。

虚义动词性成分与实义动词性成分组合构词("V$_{虚}$+V")并非汉语词法的主流,远不及其与名词性成分构词("V$_{泛}$ + N")普遍。但是,"V$_{虚}$ + V"可以让我们了解到,经由历时的发展演变,轻动词性的 V$_{虚}$ 并不像句法中的轻动词功能可能都相同,如"进行、从事、做",可以平行存在于句法之中,词法中的轻动词性 V$_{虚}$ 实现了比较明确的功能分工。同时,V$_{虚}$ 在词义结构中又不是完全没有语义贡献,而是对"V$_{虚}$ + V"与 V 的语义关系以及二者的语义发展发挥了不同程度的影响和作用。

汉、英轻动词性成分在词法和句法中的差异性表现表明,轻动词性成分在不同语言中的应用倾向、功能分布和语义作用不尽相同。这些差异既源自不同类型语言中功能词的语法化程度有别,也与现代词法与历时句法的历史继承程度不无关系。可以说,轻动词性成分的词法和句法差异研究可以为其他功能性成分的词法与句法的关联性研究提供借鉴和参考，在更广泛的意义上对沟通汉语词法与句法的研究发挥推进作用，具有类型学研究意义。

二、二语者对双音动词"打_虚+V"词义的感知和理解

2.1 引言

"打"是一个广受关注的泛义/虚义动词，前一部分已述双音和三音"打+N"，如"打官司、打杂儿、打球、打手势、打比方"，其中的"打"承担着发出动作的任务，只是动作不明确或不易说清，用语义模糊的"打"来表达，其中的"打"是泛义动词性的。双音和三音"打+V"，其意义主要由实义V来承担，其中的"打"是前附于实义V的虚义动词性成分。本部分研究的就是双音动词"打_虚+V"。[①]

目前，学界对"打"的研究主要集中在泛义上，如考察其泛义的历时演变（刘瑞明，1992；祝建军，2003等）、"打_泛+N"的专门研究或教学研究（钱旭菁，2008；李慧等，2015等），对双音动词"打_虚+V"的研究则较少。事实上，双音动词"打_虚+V"数量并不少，有些还是使用频率较高的常用词。因此，本部分以之为研究对象，考察汉语二语学习者对此类动词词义的感知和理解，或可为此类动词本体研究的深入展开拓宽思路。

2.2 对双音动词"打_虚+V"的测试

2.2.1 双音动词"打_虚+V"的界定

双音动词"打_虚+V"是由虚义动词性语素"打"和实义动词性语素构成的、与实义动词性语素的意义基本相同的双音动词。如"打扰、打扫、打消"，其义与"扰、扫、消"基本相同。"打扮、打开、打扰、打扫"等"打_虚+V"是常用词，汉语学习者是否也感知到了此类动词词义的特殊之处？他们如何理解"打_虚+V"与V意义的异同？为此，我们对学习者进行

---

① 三音惯用语"打_虚+V"包括"打喳喳、打埋伏、打问讯、打掩护、打招呼"，类型基本可涵纳于双音动词"打_虚+V"，故本部分未将其纳入研究范围。

了问卷测试。

2.2.2 测试目的与设计

问卷测试的目的有二：一是测试汉语学习者是否能感知到双音动词"打_虚_ + V"中的"打"是个虚义语素，即"打"在词义中语义模糊或对词义的贡献不明显。二是测试汉语学习者对"打_虚_ + V"词义的理解，包括：（1）实义 V（如"赌"）与"打_虚_ + V"（如"打赌"）的词义关系；（2）"打_虚_ + V"（如"打拼"）的词义与由两个实义动词性语素（其中之一为 V）构成的双音动词（如"拼搏"）的意义关系。

我们选择了《现汉》第 6 版收录的双音动词"打_虚_ + V"[①]中比较常用、相对容易被学习者理解或不大会产生理解障碍的 14 个进行调查：打扮、打动、打赌、打发、打搅、打劫、打开、打捞、打猎、打拼、打扰、打扫、打探、打消。问卷统一采用让学习者判断两个短语或句子的意思是否一样、不一样的解释原因的题型，共 15 题。如：

"打劫的来了"和"抢劫的来了"意思一样吗？
    A. 一样   B. 不一样

我们尽量选择与双音动词"打_虚_ + V"词义相近且等级相当的词来替换语境中的"打_虚_ + V"，例如，直接用实义动词 V 替换"打_虚_ + V"，如"打赌→赌、打扫→扫"；或用与"打_虚_ + V"同/近义、含实义 V 的另一双音动词进行替换，如"打猎→捕猎、打扰→烦扰"。

2.3 测试结果与分析

2.3.1 测试结果

由于本次测试需要被试具备一定的汉语语感，并能够用汉语解释意义差

---

① 28个双音动词"打_虚_ + V"是：打扮、打怵、打叠、打动、打赌、打发、打搅、打劫、打开、打捞、打愣、打理、打猎、打鸣儿、打磨、打拼、打扰、打扫、打算、打探、打听、打问、打消、打旋、打造、打战/打颤、打转、打坐。

异，因此，我们选择对北京语言大学 32 名选修"汉语词汇与词汇教学"课程的国际中文教育、语言学及应用语言学、汉语言文字学、课程与教学论 4 个专业的外国硕士研究生进行测试（2013 年 12 月）。他们的语别分布于英、韩、泰、俄、土耳其、印尼、缅甸、越南、尼泊尔、乌尔都、波斯和哈萨克 12 种语言，测试结果见表 4-7。

表 4-7　汉语学习者双音动词"打$_虚$+V"词义感知和理解问卷测试结果（数量/比重 %）[①]

题号	双音动词"打$_虚$+V"	替换词语	A. 意思一样	B. 意思不一样
1	打扮 ❶	装扮	9/28.12	23/71.88
2	打动	感动	12/37.50	20/62.50
3	打赌	赌	16/51.61	15/48.39
4	打发	派	10/32.26	21/67.74
5	打搅	打扰	17/53.13	15/46.87
6	打劫	抢劫	12/42.86	16/57.14
7	打开	开	17/53.13	15/46.87
8		开开	13/40.62	19/59.38
9	打捞	捞	17/56.67	13/43.33
10	打猎	捕猎	11/35.48	20/64.52
11	打拼	拼搏	16/55.17	13/44.83
12	打扰	烦扰	12/37.50	20/62.50
13	打扫	扫	16/50.00	16/50.00
14	打探	探听	8/25.81	23/74.19
15	打消	消除	13/40.62	19/59.38

[①] A、B 两栏数量之和一般为 32，部分测试题有学生因没学过或不认识某词而未进行选择，但比重是对做出选择的问卷进行的计算，更有可比性。

2.3.2 分析

表4-7显示，汉语学习者对双音动词"打_虚+V"与其替换词语同义与否的测试结果有以下特点：

（1）汉语学习者以选择B为主，比重在43.33%—74.19%波动，50%（含）以上的有10组，占所测15组的三分之二，倾向性比较明显；选择A超过50%的只有"打赌—赌、打搅—打扰、打开—开、打捞—捞、打拼—拼搏"5组，比重波动区间为51.61%—56.67%，比选择B的要小得多。这说明多数（三分之二）高水平的学习者都意识到，一般情况下，汉语同素词意义并不同。三分之一的学习者认为两个词语意思一样，可能出于猜测，也可能是他们意识到了"打_虚+V"中的"打"基本无义，因而"打_虚+V"与另一替换词语同义。若是后一种可能，正说明学习者感知到了"打_虚+V"中"打"的虚义性及其对词义几无贡献的特点。由于测试没有要求学习者写出选择A的理由，因此我们暂时无从获知他们选择A的原因。

（2）汉语学习者选择A或B的比重差不是特别大，在0—48.38%波动，比重差为0的是"打扫—扫"，即认为二词意义一样/不一样的学习者数量相同；比重差最大的是"打探—探听"，选择B的比选择A的多48.38%，即认为二词意义不一样的学习者比认为二词意义一样的多近两倍；多数组别的比重差在20%—30%。比重差的波动范围不是很大说明，学习者对两个词语意义的理解总体上没有明显的一样或不一样的倾向，虽然多数情况（三分之二）下，他们认为二词意义不同（这或许缘于异语素的影响），但并不是所有情况下都这样认为。换句话说，学习者拿不准二词的意义异同，可能完全凭感觉判断，这就会导致选择的结果总体上倾向性（即比重差）不凸显。这从侧面说明学习者对虚义"打"的感知不明确，认为"打"在"打_虚+V"词义中有意义的情况或不在少数。

（3）汉语学习者对直接用实义动词V替换"打_虚+V"的4道题的选择最能体现其对虚义"打"的认识和理解。这4题及学习者选择A、B的比重分别是：打赌—赌（51.61：48.39）、打开—开（53.13：46.87）、打捞—捞（56.67：43.33）、打扫—扫（50：50），比重基本相当，选择A的稍多一些。这个结果说明，一半多一点的学习者认为"打$_{虚}$+V"与实义动词V意义一样，表明他们可能理解了"打"在"打$_{虚}$+V"中的虚义性；不到一半的学习者认为"打$_{虚}$+V"与实义动词V意义不一样，表明他们尚未感知并理解"打"的虚义性，也可能是他们感知并理解了"打"的虚义性，但基于对同素单双音词意义未必完全相同的基本认识，而选择了二词意义不一样的选项。

从表4-7所呈现的汉语学习者认为双音动词"打$_{虚}$+V"与其替换词语意义不同的主流倾向可以看出，学习者多半并未感知到"打$_{虚}$+V"中的"打"是个虚义语素。也就是说，学习者多半认为"打"为"打$_{虚}$+V"贡献了意义，只是似乎不大能说清到底是什么意义。这由学习者选B时的解释可窥见一二。很多学习者写不出"打$_{虚}$+V"与实义动词V（如"打扫—扫"）或"打$_{虚}$+V"与进行替换的含V的另一双音动词（如"打扮—装扮"）的意义差别，多从语气轻重、语义强弱、语体倾向、动作的意向、动作的时间长短、动作是否专业等方面进行说明，还常用"好像、感觉"之类的词进行解释。这说明学习者不太清楚"打$_{虚}$+V"的词义及其与实义V的意义是否一样或关联性到底有多大，主要凭感觉从词义的外围进行揣度。

2.4 测试的启示

本次测试结果提示我们，此类含有虚义成分的双音词在汉语词汇教学中并未得到关注，以致高水平的汉语学习者不敢将实义V与"打$_{虚}$+V"的意义画等号（从某些问卷中学习者将先选的A画掉，重新选了B可见一斑），因为已学过的词汇系统知识告诉他们，同素单双音词一般都会有词义上的细微差别。但是，含虚"打"的这类双音动词有其特殊性，其中的"打"基本不表义，复合词义与实义V基本同义。由于教学中并未或鲜少对此类双音动词的构成和意义进行解释或强调，学习者自然就不大可能判断出二词到底是否同义了。

由本次针对汉语学习者感知和理解双音动词"打$_{虚}$+V"词义的问卷测试所带来的其他启示是：

（1）在汉语词法研究层面，有必要对词汇实现双音化的手段和途径（如给单音实义 V 添加虚义语素"打"）进行类型上的深入探讨，而像"打$_{虚}$+V"这样比较特殊的双音化手段很可能湮没于纷繁复杂的复合手段之中而未得到应有的关注。

（2）在汉语词汇和词法教学方面，有必要对面向高水平汉语学习者的教学进行细化研究，采取有针对性的教学方法和策略，以帮助学习者辨别不同性质的同素单双音词和同素双音同/近义词差异的根源，从而在学习者掌握汉语词语辨析的普遍规律、一般性原则和方法以及某些特殊现象的前提下，可以在不间断的汉语词汇学习中进行自主而有效的辨析，而不是以普遍规律套用特殊现象。

第五章　外向型词语辨析词典的搭配设计原则*

汉语本体研究的一个重要目的是为各种各样的汉语使用情况提供理论支持与应用指导。对于二语学习者而言，在学习汉语词汇的过程中，尤其到了中高级学习阶段，使用适合其水平的汉语学习词典是必须要面对的学习选择，而词典很可能是他们二语词汇学习的终生"伴侣"。这就对外向型汉语学习词典的编纂提出了重要而精细的科学要求。

词典编纂是一项系统工程，所涉及的问题与范围非常宽泛且细碎。不过，二语学习者在应用学习词典时，最关注的恐怕就是配例，他们是在类型丰富、语境多样的搭配中了解、把握并学会使用词汇的。而在词汇学习中，最让二语学习者感到压力重重的就是那些容易混淆的词语的辨析。一组易混淆词的根本差异到底是什么？适用的语境有什么不同？怎样才能更好地区分开并用对一组易混淆词？这些亟待解决的实际应用问题都可以在词典配例中予以呈现。本章即聚焦外向型汉语词语辨析词典的搭配设计原则，深入、细致地探讨汉语学习词典编纂中的配例择取与呈现等问题。

一、引言

外向型词语辨析词典以有效辨析面向汉语作为第二语言学习者（下文

---

* 本章内容曾以同题发表于《汉语学习》2014年第4期，收入本书时有改动。作者为孟凯。

简称"CSL 学习者")的词语异同为任务，可以采用或创新多种形式（如表格、配例对比、练习等）来呈现词语意义和用法的异同。词语辨析词典不同于通用词典，能够简单明晰地厘清词语之间的差异、真正有助于 CSL 学习者正确使用词语才是其最根本的宗旨。目前，学界关于外向型词语辨析词典的编纂及其相关问题的研究已经开展起来，但针对其搭配设计的专门性研究似不多见，而搭配是最易为 CSL 学习者关注并把握的，也是有效辨析词语的重要手段之一。因此，本章将专门讨论外向型词语辨析词典的搭配设计原则。

我们选择汉语易混淆词辨析词典[①]作为研究对象，是因为易混淆词（confusable words）是"站在中介语的立场、着眼于目的语理解和使用中的词语混淆现象并根据混淆的普遍程度归纳出来的词语类聚"，与"站在语言本体的立场、着眼于词语的意义并根据其相同相近的程度归纳出来的"同义 / 近义词有一定的交叉重合，但是，有些易混淆词，如"从：离""乘（坐）：用"等又不是同义 / 近义词。（张博，2007b）易混淆词的辨析"是为解决学习者词语混淆问题所实施的诊疗性辨析"（张博，2013），"病源"即不同语别的 CSL 学习者的词语误用，其中的很多问题是在学习者所生成的词语搭配中发现的。CSL 学习者对汉语的感知力、理解力、接受力以及查检习惯（如 CSL 学习者查检词典主要是通过配例来理解、记忆词语，而不像母语者主要通过说明性的辨析语言来掌握词语差异）等都是易混淆词辨析要考虑的因素。汉语易混淆词辨析词典从易混淆词的测查、确定到辨析，时刻都关注 CSL 学习者的词语生成，也就是让 CSL 学习者主要在搭配中了解并掌握词语的差异和用法。

[①] 北京语言大学"不同母语背景的汉语学习者词语混淆分布特征及其成因研究"课题组正在研编系列易混淆词辨析词典，该系列易混淆词辨析词典（第一期）共六种，其中五种分别面向母语为英语、日语、韩语、印尼语、蒙古语的汉语学习者，另外一种收录共通性易混淆词，主要面向来华的其他母语背景的汉语学习者。

在汉语易混淆词辨析词典中，除词目及附注信息（包括注音、词类、该词在《等级划分》中的等级）外，其他栏目均会涉及搭配问题："释义、主要差异、更多了解"三个栏目以说明性语言隐含词语的搭配特点，具体搭配信息呈现于配例中；"搭配限制"以最显豁的表格方式呈现非此即彼的搭配，"常用搭配"一般呈现典型的常用搭配，包括两可的搭配；"常见误例与分析、混淆特点及原因、试一试、答案及解释"中的搭配是从不同角度对前几栏搭配信息的补充或强化。易混淆词辨析词典在处理各栏目所涉及的搭配问题时应当遵循一定的设计原则，以保证 CSL 学习者能对词语的混淆点和整体差异进行把握。

二、易混淆词辨析词典搭配设计核心原则

张博（2013）提出，"针对性"是"易混淆词辨析词典的第一要则和根本指针"。该词典的搭配设计也应该切实贯彻"针对性"原则，并将其作为凸显词典特色、必须恪守的指导性核心原则。

易混淆词辨析词典是以义项为单位进行词语辨析的。CSL 学习者混淆的一组词语或许是多义词，但他们可能只混淆某个或某几个义项，那么，"要限于词语在辨析义项上的搭配，不要给出其他义项上的搭配"（张博，2012）。如"理解—了解"中的"了解"，CSL 学习者在义项"知道得清楚"[①]上与"理解"混淆，在另一义项"打听；调查"上没有出现混淆，因而体现后一义项的配例"先去了解情况""玛丽最近没来上课，你去了解一下"就不宜出现在辨析二者混淆义项的配例中。可见，针对某一义项的词语混淆进行搭配设计是易混淆词辨析词典的重要编纂原则之一。在此前提下，搭配设计的针对性原则还体现在针对混淆点和针对特定语别的误用倾向设计搭配上。

[①] 因易混淆词辨析词典还在编纂中，释义尚未最终敲定，若无特别说明，本章所涉词语多采用《现汉》第 6 版的释义。

2.1 针对混淆点设计搭配

作为辨析内容可能会涉及的一个重要方面或辨析内容的例证，搭配设计最重要的原则就是针对混淆点提供配例。CSL 学习者的混淆点很可能集中于某个义项或某种用法上，那么，这个义项或用法就要在不同栏目以各种方式通过搭配呈现出来。而其他义项或用法上的搭配即使在汉语母语者的语言表达中高频出现，也不应作为重点搭配去呈现。CSL 学习者的混淆点出现于某一义项的例子前文已举了"理解—了解"，现举一个混淆点在某种用法上的例子[①]：

① 他们对生命的看法也差不多<u>同意</u>。
② 我很少跟妈妈交流，因为我们有的意见<u>同意</u>，但大部分不同意。
③ 受中国传统文化的影响，孩子肯定要听父母的话，如果孩子的想法跟父母不<u>同意</u>，孩子也还是要尊重他父母的意见。
④ 可在这个问题上我不必跟他们<u>同意</u>。

以上 4 例是英语背景 CSL 学习者易混淆词"同意——一致"的误例。仔细观察可知，二词的混淆点主要集中于形容词"一致"主要做谓语（见误例①②）或出现在"跟 / 和……（不）一致"的格式中（见误例③ ④），那么，从辨析及其配例、搭配限制、常用搭配到"试一试"都应着重于为辨别这一混淆点提供搭配实例。而"一致"做副词，放在动词前做状语（如"一致同意 / 一致认为 / 一致表示"）虽然是汉语母语者的常用表达，但不是 CSL 学习者的混淆点，搭配中就不宜重点呈现，配例数量亦不宜太多。

又如，"场景—场面"的主要差异之一是"场景"指某个事件发生时的

[①] 本章中介语语例分别取自北京语言大学汉语中介语语料库、HSK 动态作文语料库及"不同母语背景的汉语学习者词语混淆分布特征及其成因研究"课题组采集的中介语语料。为方便比较，对个别语例中与目标词无关的言语错误做了修正，必要时将语别标于例后括号内。

具体情景,"场面"侧重描绘某事件的规模、气氛。因此,以下配例就与二者的这一差异很吻合:

⑤ 这篇课文的插图有打球、唱歌、聊天等 5 个场景。
⑥ 他们的结婚典礼进行得很顺利,场面很热闹。

有时,一组易混淆词不只在一个义项或一种用法上混淆,那么,不应将不同的混淆点集中在一起辨析,而应当"一异一辨",即"将混淆词语的异同点条例化,一条辨析只针对一个差异点,由主及次地逐点进行辨析"(张博,2013)。否则,辨析内容过多,辨析语句过长,配例就难以与辨析内容实现较好的照应,CSL 学习者恐怕会越看越乱,就更难把握易混淆词的差异了。(参看张博,2013)

2.2 针对特定语别的误用倾向设计搭配

有些易混淆词是多种母语背景 CSL 学习者皆混的共通性词条,但可能各有各的对应词或影响因素,应注意根据语别特点提供有针对性的搭配,并注意为易混淆词分别提供的搭配数量抑或有别。如"达到—实现"的混淆主要表现为当用"实现"时误用"达到",罕见当用"达到"却误用"实现"。例如:

⑦ 可惜他于 1989 年去世了,一直不能达到他重建中印复交的愿望。(印尼)
⑧ 向天河祈求自己的希望能够达到。(日)
⑨ 虽然他的地位很低,但是他为达到人生目标而整天东奔西走拉车凑钱。(韩)
⑩ 当面对这种情况时人们都希望别人来办事,因此最后没有一个人实现自己的目的。(韩)

二词混淆的原因在于,"达到"和"实现"的对象都是行为主体所期望或追求的,意义上有相近之处,但搭配关系有所不同,"达到"多与"目的、水平、标准"等搭配,"实现"可以和非现实的"理想、愿望、计划"等搭配。这是"达到—实现"的共通性问题。对于不同语别背景的 CSL 学习者来说,这两个词的搭配设计还应稍有差别。①

印尼语中,"达到"和"实现"对应的是动词"nencapai"的两个义项,CSL 学习者不明白什么情况下该用"达到",什么情况下该用"实现",就容易发生混淆。因此,将上述二词通常的搭配规则体现在印尼语卷中,并提供数量相当的搭配,基本就能帮助印尼学生区分二者了。

日语中,"实现"一词有对应的汉字词"実現(する)",意思与汉语基本相同,如"夢を実現する"(实现梦想)。"达到"一词的对译词有两个:"到達する"和"達する","到達する"与"到达"的意思基本相同,"達する"有与"达到"相同的意思,还有"实现"之义,如"望みを達する"(实现愿望)。由此推测,"达到"的对译词"達する"表"实现"义是造成日本 CSL 学习者将二词混淆的主要原因。因此,日语卷就要反复强化"希望、愿望、理想、目标"等应与"实现"搭配;"达到"因 CSL 学习者容易由对译词"達する"也可表"实现"义而引起过度使用,其配例就可以相对少一些,只提供典型搭配即可,以弱化他们过度使用"达到"的用词偏好。

韩语中,"实现"是汉字词,与汉语"实现"的搭配基本相同。"达到"的对应词"도달하다""달성하다"都有"实现目标、达到目的"之义,"도달하다"常与"目标、目的、水平、境界、局限、目的地"等搭配,大致对应于汉语的"达到、实现",如"마침내 목표에 도달했다"(终于实现了自己的目标);"달성하다"常与较为具体的"目标、目的、任务"等搭配,如"그는 마침내 HSK 8급을 따겠다는 목표를 달성했다"(他终于实现了通过 HSK 八级的目标)。因此,韩国学生多在当用"实现"时误用"达到"。误

---

① 下文印尼语、日语和韩语的混淆原因和搭配特点的分析分别由课题组的萧频、林建萍和申旼京老师提供,谨此致谢。

例也显示，韩国学生主要是在与"目标"搭配时误用"达到"，与"目的"搭配时误用"实现"。可见，这与"达到"的两个韩语对译词不是那么明确区分搭配词有关。因此，韩语卷的配例就要在凸显"实现"的惯常搭配以外，有针对性地提供"实现……目标"和"达到……目的"的相应配例。

在"针对性"这一核心原则的指导下，汉语易混淆词辨析词典的搭配设计具体会涉及选择搭配和呈现搭配应分别遵循什么原则的问题。

三、易混淆词辨析词典搭配选择原则

3.1　选择典型性搭配

"一部目的是为了帮助读者造出译语（外语）句子的词典除了其他例子以外，倾向于举出典型的自由词组，以便告诉读者怎样'规范地'使用这个对应词。"（兹古斯塔主编，1983：464）付娜（2010）也认为："高频搭配是留学生最需要掌握的用法，原则上高频搭配词要先于低频搭配词收录，但同时也要考虑到搭配词本身在汉语中的使用频率及对留学生而言是否常用、有用。"张博（2012）特别指出，尤其在搭配限制的表格中，非高频搭配是不宜进入表格的。如"摆—放""发达—发展"的搭配限制中就不宜出现"摆威风""四肢发达"，这两个搭配不是"摆"与"发达"高频使用的典型搭配，也不是二词与"放"和"发展"发生混淆之处。而且，"摆威风""四肢发达"中"摆"和"发达"的意义都是比较抽象的引申义，呈现出来反而会令 CSL 学习者因不明其义而多生困惑。

搭配选择的典型性的另一个体现是，"搭配限制"的表格只呈现对立的搭配，不用两可的搭配。（张博，2012）有些词典在辨析同/近义词的表格中呈现两词皆可的搭配（如某外向型词语辨析词典对"竟然—居然"的处理），这对 CSL 学习者区分这两个词是没有帮助的。而对立的搭配"一般只在同类搭配词中选择一个最常用的词（也就是说，不要并列多个搭配词）"（张博，2012），如表 5-1。

表 5-1　易混淆词"同意——一致"的搭配限制

易混淆词	~某人的看法	~某人的请求	表示~	跟/和……~	想法~	~认为	~性
同意	√	√	√	×	×	×	×
一致	×	×	×	√	√	√	√

"常用搭配"的每一行尽量以"搭配限制"表格中的词为打头词，但要列出比较重要的典型搭配，而不是尽量多或全盘罗列搭配词。比如：

同意

~某人的看法 / 意见 / 观点 / 想法 / 说法 / 见解 / 结论 / 分析 / 判断

~某人的请求 / 建议 / 计划 / 方案 / 提案

基本~ / 完全~ / 一致~ / 大体~ / 坚决不~ / 绝不~ / 原则上~

双方~ / 领导~ / 父母~ / 多数人~

欣然~ / 勉强~

表示~ / 征得某人的~

一致

跟……~ / 和……~ / 与……~

想法~ / 看法~ / 观点~ / 意见~ / 说法~ / 结论~

~认为 / ~同意 / ~表示 / ~要求 / ~通过 / ~支持 / ~反对 / ~拥护

完全~ / 基本~ / 高度~

团结~ / 行动~ / 步调~ / 言行~

达成~ / 取得~

~性

又如"批判—批评"有一些共同搭配：

批判／批评：

~的态度／角度／眼光／标准／对象／重点／结果／武器／权利／能力／过程／矛头

后 6 个词显然不是常用搭配，其中的某些搭配词（如"结果／过程／矛头"）不但使用频率低，而且汉语母语者的接受度也不是那么高，因此，这 6 个词不宜出现在二词的常用搭配中。

对于语义范围明确、可类推的搭配，"常用搭配"也可以先提取搭配规则，再配上典型语例。例如：

戴：~ ＋可顶之物：帽子／头巾……

~ ＋可别之物：胸针／花儿……

~ ＋可架之物：眼镜／太阳镜……

~ ＋可附着物：手表／项链……

穿：~ ＋衣物：毛衣／裙子……

~ ＋鞋袜：高跟鞋／长筒袜……

提炼规则能让 CSL 学习者，特别是中高级 CSL 学习者把握词语搭配和使用规律，更加理性地理解易混淆词的异同，并且可以举一反三，提高其语言使用和生成能力。（付冬冬，2013）

当然，典型搭配也体现于例句中，尤其是词语惯常出现的句型更应是 CSL 学习者优先接触并掌握的内容。在这方面，其他语别的学习词典做得很好，如《柯林斯 COBUILD 高阶英汉双解学习词典》（2011）和《牛津英语搭配词典（英汉双解版）》（2002/2006）对"choose"与介词搭配的处理：

choose

V from/between n *There are several patchwork cushions to choose from.* 有好几种拼布工艺靠垫可供选择。（柯林斯）

PREP. between 在…之间选择：*She had to choose between giving up her job or hiring a nanny.* 她得在放弃工作和雇保姆之间作出抉择。**from** 从…中选择：*There are several different models to choose from.* 有好几个模型可供选择。（牛津）

两部词典都列出了能与"choose"搭配的两个介词"between"和"from"，这体现的是动介组配规则；都提供了相关的典型例句，如为"choose from"所配的例句都是"*There are...to choose from*"，汉语翻译也都是"有好几……可供选择"，说明这是"choose from"在英汉中最常出现也是学习者应优先掌握的典型句型。

易混淆词辨析词典的搭配设计也可以借鉴这种方式，只不过很多汉语词的搭配虽然也与句型有关，但一般无须明确提及句型也可以把问题说清。如"更—很"的混淆主要集中于带"比"的比较句，一般可以不提"比较句"，只说"'更'可以跟'比'构成'A 比 B 更 + 形容词'，但'很'不能跟'比'构成'A 比 B 很 + 形容词'"即可。尽管汉语对词语能 / 不能出现的典型句型的处理方式与英语不尽一致，但从根本上看，这种典型搭配的遴选是在句子层面进行的。

一般而言，可以通过以下途径获取典型搭配（主要是典型搭配词）：（1）最可靠的方法是通过检索大规模汉语语料库对易混淆词进行对比，从而获得典型搭配。（2）词典编纂者依据汉语经验，通过内省自拟配例。（3）与易混淆词相关的研究论文，尤其是国别化研究论文提及的典型搭配，如印尼的萧频（2008）、蒙古国的萨仁其其格（2008）、韩国的申旼京（2011）等提到的很多例子虽然是 CSL 学习者的误例，但是对其进行合理的改造，尤其是将其中的误用词改为当用词，这些误例就可以当作正例被收入相应语别的易混淆词辨析词典，即张博（2013）提出的"误例正用"。上述几位外国语言学博士作为高水平 CSL 学习者基本拥有了汉语语感，还了解本族 CSL 学习者的问题和困惑，所提供的语例多半具有典型性和实用性。

3.2 选择实用性搭配

无论是词典、教材还是课堂教学所提供的搭配都不仅仅是为了展示、说明词语的用法，更重要的是让 CSL 学习者学会如何使用词语。因此，搭配应是 CSL 学习者在口语或书面表达中可以直接运用或经过模拟、改造后能够运用的。也就是说，搭配例示要讲求效用，不应当只是单纯的例子。王弘宇（2009）从政治色彩、暴力、战争色彩、民俗色彩、无用、稚化、官用、中国人角色等几个方面详细讨论了外向型汉语学习词典的例句在实用性上应避免出现的问题。易混淆词辨析词典的编纂同样存在类似问题，有一些来自汉语母语者语料库或内向型词典的例句中国特色比较浓（如"祖国处处有亲人"），或使用范围比较窄（如"批判虚无主义"），这样的例句不大容易为 CSL 学习者理解，他们能够仿用或套用的语境也不多，实际效用比较低。对 CSL 学习者而言，这些配例基本就只是例句而已。可见，汉语母语者语料库中的很多语句可以作为配例的参考，但一般不宜直接采用。易混淆词辨析词典可以对汉语母语者的词语用例进行改造，或对 CSL 学习者的误例进行减缩，将其变为适宜的配例。例如（破折号后为改后例句）：

⑪ 只见茫茫无际一马平川的草原上处处是一群群的山羊和绵羊悠闲地啃着嫩草。（日）——草原上处处是吃草的羊群。

当典型而实用的搭配被选定后，易混淆词辨析词典该以什么方式呈现出来呢？又应遵循哪些设计原则呢？

四、易混淆词辨析词典搭配呈现原则

4.1 搭配呈现的充分性

4.1.1 搭配应多样化呈现

（1）搭配层级应多样化。张妍（2007）在谈到汉语通用词典的搭配层

级时指出:"同一词语或义项,其配例的语言单位有词、词组和句子三种,综合使用这几种类型可以使配例类型更加丰富。"易混淆词辨析词典的搭配一般包括词组和句子两个语言层级,即使易混淆词是单音词,如"成—成为—当"中的"成"和"当",其混淆主要也是出现在自由使用或相对固定的搭配(如"当官、当兵",还不是复合词)中,而不是出现在"成长、当作"这样的复合词中。对词组和句子这两个语言层级都有所体现,并协调好二者的分布是易混淆词辨析词典搭配设计多样化、充分性的一种体现。很多外向型学习词典注重以例句呈现搭配,而忽略了有些典型搭配、固定搭配更适合以词组呈现,以词组呈现也更有利于 CSL 学习者把握和记忆。易混淆词辨析词典力求做到两个搭配层级的均衡呈现和重点突出相结合,词组形式主要出现于突出对立性搭配的"搭配限制"表格和列举不同类型搭配词的"常用搭配"(例见 3.1);例句主要出现于:A.对辨析内容进行完整、全面体现的配例;B."试一试"中的辨析性练习;C."常见误例与分析"中的误例。

(2)搭配词语应多样化。搭配首先体现在词语共现上,其中也包括多样性问题。付娜(2010)和张博(2012)都指出,要注意搭配关系的丰富性,力避同语义类的搭配词或相同的结构过于重复,如"漂亮的衣服/裙子/围巾",宜"按照组合的出现频率从高到低排列"(钱旭菁,2008)。由于易混淆词辨析词典搭配的呈现途径比较多,在力避词语重复出现的同时,也要考虑 CSL 学习者常出现的搭配偏误,这些 CSL 学习者的常用搭配词可以在"常见误例与分析""试一试"等栏目再次出现,以增强 CSL 学习者的印象。

(3)语法环境应多样化。"语法环境"包括句型、句式、句法位置等。辨析一组易混淆词,应该通过搭配提供其所适用的多样化的句法环境,而不是单一地提供某一种或某几种句法环境,那不利于 CSL 学习者全面掌握词语用法。如某外向型学习词典给"击毙"所配的 4 个例句中有 2 个"被"字句,若将其中一个换成"把"字句,词条所适用的语法环境就会更丰富、更全面，也更利于 CSL 学习者揣摩、领悟。又如易混淆词"充分—十分"中的"充分"是个形容词，主要做谓语、定语和状语，配例就应该将这几项功能都体现出来。例如：

⑫ 你的理由不<u>充分</u>，我不赞成你做这件事。
⑬ 他的能力在公司里得到了<u>充分</u>的发挥。
⑭ 玛丽想<u>充分</u>利用这个机会在中国好好玩儿一下。

若只专注于"充分"主要做状语而忽略了其他句法功能去配例的话，可能会误导 CSL 学习者认为这个词不能出现于其他句法位置。当然，混淆点和典型的句法环境应当优先呈现，并在搭配数量和比例上占据优势，这是针对性的要求和体现，但并不是说可以只实现针对性而不顾其他句法环境的呈现，应做到针对性与多样性的合理结合。

4.1.2 语境信息要充分

词典一般要求提供言简意赅的语境，但是，词语的搭配语境亦不可过于简单，在保证词语功能明确的基础上，语义信息要充足。这是对外汉语词汇教学中例句的设计原则之一。（钱旭菁，2012）如为"竟然—居然"配例，某些词典提供的是：

⑮ 没想到他<u>竟然</u>答应了。
⑯ <u>居然</u>有这样的事？我不信。

这两例的语义信息显然不够充分，CSL 学习者可能会产生疑问：他答应什么了？什么样的事让"我"不信？若对这两例做如下修改，语义信息会更充分完足：

⑮′ 没想到他<u>竟然</u>答应跟我一起看电影了。
⑯′ <u>居然</u>有老鼠吃猫的事？我不信。

有时，给包含易混淆词的语句添加前导句或后续句，语境才够明确。如例⑰"继续"的配例加上相关的前导句（破折号后的句子），语义就清楚、明确了许多。

⑰ 比赛<u>继续</u>进行。——雨停了，比赛<u>继续</u>进行。｜休息十分钟后，比赛<u>继续</u>进行。

搭配语境还应该尽量提供新信息。如为"充分"配例：

⑱ 经过<u>充分</u>的准备，我终于通过了考试。

虽然语义信息尚算充足，但考试种类繁多，如若改成：

⑱' 经过<u>充分</u>的准备，我终于通过了 HSK 六级考试。

考试的语义所指十分明确，读者通过此例可以了解汉语有 HSK（汉语水平考试）这一新信息，也能感觉到 HSK 六级的水平比较高，需要做"充分的准备"才能通过。

此外，"常见误例与分析"也会涉及搭配语境的充分性。此栏误例取自 CSL 学习者的中介语语料库，设置该栏目的目的在于让读者切身感受 CSL 学习者自身的原生态偏误，通过误例分析强化其对易混淆词之间差异的认识。从某种程度上说，该栏展示的误例往往更需要注意搭配语境的充分性，如果语境不明确或不够充分的话，读者可能会觉得配例没有错或不知配例所云。如 CSL 学习者使用"理解"时产生了这样的偏误：

⑲ 要<u>理解</u>中国的习俗、中国人的价值观。（日）

如果单看这句，意义和语法都可接受，因为"理解"的意义是"对人或某种做法、想法等有比较深入的认识，明白原因"，当然可以对中国人的习俗、价值观等有比较深入的认识，明白其成因。但是，如若扩大语境来看，用"理解"似乎就不那么合适了：

⑲′现在我知道只有汉语说得好的话，难以找工作，要理解中国的习俗、中国人的价值观，还要知道在中国做生意的话，哪些方面跟日本不一样。（日）

后续句有"知道"与前文呼应，表明该句当用"了解"。

贯彻了上述几项充分呈现搭配的原则可否保证所呈现的搭配就能够为CSL学习者所理解并掌握？恐怕未必。如若配例包含生僻词、句子过于繁难、因注重传递文化信息而使用了较难的词语、解释搭配时较多地运用了语言学术语等，仍可能给CSL学习者的查检带来困惑。因此，易混淆词辨析词典在设计搭配时还要注意体现搭配的适宜性。

4.2 搭配呈现的适宜性

外向型学习词典的搭配是为了让CSL学习者更加直观、具体地在词语组合或语句表达中体会词语的差异和特点，因此，搭配必须适合CSL学习者的汉语水平，让他们能够读懂、容易记住。考虑到CSL学习者的水平差异，易混淆词辨析词典会将辨析内容翻译成相应的母语，如英语、日语、韩语、印尼语、蒙古语等，但配例一般是不翻译的，因为配例的存在正是为了让CSL学习者利用其去领悟目的语的词语差异和使用特点。许多CSL学习者无论面对母语还是目的语，都不大可能通过叙述性的辨析真正搞清楚并掌握词语差异，他们更愿意在配例中体会、揣摩词语的用法。可见，配例的选取对CSL学习者而言极其重要，词典编纂者切不可不假思索、原封不动地照搬汉语母语者的词典、语料库或互联网的原始语例。那么，应该从哪些方面控制搭配的适宜性呢？

4.2.1 语言信息的难易度需控制

搭配所涉及的语言信息的难易度包括搭配词语的难易度、语句的复杂度和解释搭配的语言学术语等。易混淆词辨析词典的目标用户是有一定汉语水平的 CSL 学习者，即使 CSL 学习者达到中级以上水平，词典的词汇量、例句的繁复程度和语言学术语的适度使用也还是应当控制。这些应成为易混淆词辨析词典控制搭配难易度或者控制词典整体难易度需遵循的操作原则。

在搭配词语的难易度上，易混淆词辨析词典应尽量使用 5000 甚至 3000 以内的常用词；词语搭配的语义透明度也应较高，以便让 CSL 学习者借助语境可以清晰、准确地理解搭配的意义。如为"处处"配例：

⑳ 春节时，家家户户贴上了象征欢乐祥和的春联，处处洋溢着春的气息。

配例中不但有"象征、洋溢"这种等级相对较高的词语，还有形容节日气氛的"祥和、春的气息"。对中国人来说，这些词不难理解；但对 CSL 学习者来说，其语义透明度就不是很高了，估计他们借由语境大概能猜出这些词语的意思，但想更好地把握句意，恐怕还要深入了解中国文化。那么，这样的例句就更多地注重了"传情"，在"达意"上稍有欠缺。若将例⑳改为例⑳′，虽仍有不常见的"喜庆"一词，但 CSL 学习者还是可以从字面上比较容易地猜出其意义，整句的词语难易度有所降低，语义透明度也更高，CSL 学习者理解起来应该会更便捷。

⑳′ 春节时，家家户户贴上了春联，处处洋溢着节日的喜庆。

在语句的复杂度上，从辨析语句到例句，易混淆词辨析词典都应尽量使用短句子，语法结构不要过于复杂或套叠。如为"达到"配例：

㉑ 这个厂出产的产品因未达到国家规定的相关质量标准而不能正式投入市场。

这个例句就比较难，"出产、未、相关、正式、投入市场"等词语等级偏高，由"因……而……"连接而成的单句也比较长、比较复杂，词汇量与复杂语法结构的叠加不但耗费阅读时间，也不容易为 CSL 学习者所理解，不如改成如下表达简洁清晰：

㉑′ 所有产品必须达到国家标准才能投入市场。

此外，一般的词典对例句的长度没有明确要求，但限于篇幅和容量，多数词典不允许出现过长的例句。那么，例句的长度可不可以有个大致的范围或参考标准呢？出于对 CSL 学习者注意力、理解力和接受力等因素的综合考虑，易混淆词辨析词典中的汉语例句以控制在 30 字以内为宜，像例 ㉑ 这样的长句子所包含的信息量和复杂的语句结构必定会影响 CSL 学习者对句意的理解、把握和查检效率；CSL 学习者的常见误例则未必受字数限制，正如 4.1.2 所论，需要有充分的上下文语境才能判明易混淆词的，如例 ⑲′，必须给出语境，否则 CSL 学习者在阅读误例时可能会疑惑不解。当然，误例也还是言简意赅更恰当。

在语言学术语的使用上，易混淆词辨析词典要做到适度、明确，能有针对性地解释清混淆点即可，不可过于倚仗或照搬内向型词典的辨析方式。辨析词语难免会涉及词语所搭配的成分或句法位置，也可能涉及词语之间的意义差别，这些往往需要借助语言学术语进行说明，如能搭配什么样的宾语、做定语时是否需要加结构助词"的"、能否充当补语、词义轻重、词义的侧重点等。词典不是学术论文，可以必要而适当地运用一些比较通用的语言学术语进行解释，如"主语、宾语、定语、状语"等，否则可能无法将问题说清。但是，像"动态助词"、"结构助词"（即使只提"助词"也有些难）、A 比 B 的词义范围大、表达程度深之类的学术性表述恐怕就不必提及了。一方面，不同语言系统未必对应，汉语的某些术语其他语言不一定存在，使用或与汉语不一定一致，用这些术语可能会给准确翻译造成不便；另一方面，这些比较专业的术语不甚通行，使用的话可能会给查检者造成理解和记忆的负担。因此，不如直接说跟什么词搭配、前边有/后边接什么词或借助配例及其说解来解释词义之间的差别更明白、有效。（参看张博，2013）

4.2.2 搭配的社会文化信息要适度

词典搭配难免会涉及社会文化信息，也有必要提供一定的社会文化信息，这样才能更好地发挥语言的载体功能和交际功能，让 CSL 学习者学习词语的同时了解中国的国情、历史文化等。但是，社会文化信息的"质"和"量"都应当适度，否则可能会给 CSL 学习者造成理解障碍，也难以达到传播社会文化的目的。如为"影响"配例：

㉒孔子的思想对中国有深远的影响。

孔子是中国最著名的古代思想家，在国际上也有较高的认知度和影响力，这个例句的社会文化信息无论从质（只提到著名的孔子）上，还是从量（只涉及一个人）上，都比较合适。而像"儒家思想对中国的影响远远大于其他思想"这样的例句就容易因社会文化信息偏难（何为"儒家思想"？）或过量（"其他思想"包括什么？）而给 CSL 学习者带来阅读和理解上的障碍。

又如为"达到"配例：

㉓近年来的"民工潮"使中国的城市化达到了很高的水平。

此例中的"民工潮"是比较有中国特色而不大为一般 CSL 学习者所了解的社会现象，不加以说明，恐怕 CSL 学习者很难知晓其义；派生词"城市化"也是社会发展方面的术语，汉语水平不是那么高的 CSL 学习者恐怕也不易理解；更何况，中国城市化水平之高也不完全受"民工潮"影响。因而此配例采用直白的表达更合适：

㉓' 近年来，大量农民进入城市工作，使不少中国城市<u>达到</u>了很大的规模。

综合来看，易混淆词辨析词典搭配设计的核心原则"针对性"是指导性的总纲，两条搭配选择原则和两条搭配呈现原则都在其统辖之下进行运作；后两者也不是平行关系，而是先后相继操作的，即先进行搭配选择，再呈现选定的搭配。搭配设计各原则之间的关系可用图 5-1 表示，图中实线箭头代表统辖关系，虚线箭头代表先后关系。

```
                    核心原则（针对性）
                    /              \
                   ↓                ↓
   搭配选择原则（典型性、实用性） - - - → 搭配呈现原则（充分性、适宜性）
```

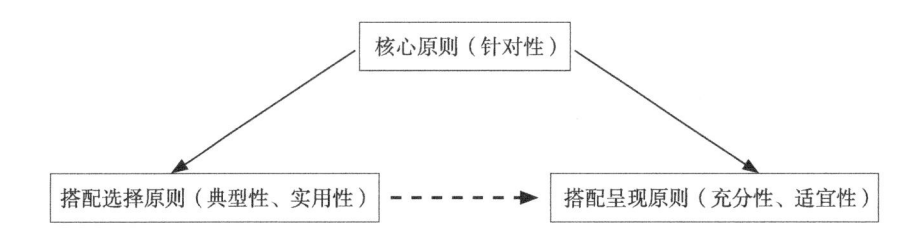

图 5-1　易混淆词辨析词典搭配设计原则之间的关系

五、余论

上述几大搭配设计原则主要是从意义内容方面讨论的，其实，选择以何种形式呈现搭配也很重要。目前，单独开设搭配专栏是外向型学习词典集中呈现搭配的一种常用方式，付冬冬（2013）将搭配专栏总结为表格型、规则型和综合语境型三种。对于易混淆词辨析词典而言，"首选形式为表格，因这种形式较为直观清晰，便于学生把握"（张博，2012）。表格一般以两两实词组配的短语为主，如两个单音词的组配"关灯""闭嘴"，两个双音词的组配"一致同意""想法一致"。但也不限于此，视易混淆词的特点，还可以有为满足合法性表达而需出现的副词（如"<u>刚</u>出生"）、时体成分（如"我出生<u>了</u>"）等；或为提高区分度而出现短句，如"老师批评学生"。表格采用画√、×来区分此是彼非，一般不允许同时画√。唯其如此，才能有针对性地将易混淆词的差异醒目地展现于搭配表格中。√、× 宜按词语顺序出现（见 3.1 表 5-1 和下文表 5-2），不要交替出现。偶见无法以 √、× 显示某一差异的，可变通性地采用其他方式，如"可惜—遗憾"中的"遗憾"经常用在动词"感到、觉得"后做宾语，"可惜"一般不用在"感到、觉得"后做宾语，只是在表示浪费、损坏或失去的感受时才偶尔这样用，如"刚买的茶壶就摔坏了，我觉得太可惜了"。二词的搭配限制表格在呈现这一点时就不宜在"可惜"与"感到、觉得"的搭配下直接画 ×，那样与语言事实不符，可标"极少"（见表 5-2）。①

表 5-2　易混淆词"可惜—遗憾"的搭配限制

易混淆词	感到/觉得~	令人~	~地说	~的心情	最大的~	只~	浪费了~
可惜	（极少）	×	×	×	×	√	√
遗憾	√	√	√	√	√	×	×

当然，表格也不是必有形式，有一些不便于用表格呈现的，像某些虚词（如"大概—恐怕—也许"），可以列出搭配的语法语义规则或直接以常用搭配呈现。某些学习词典强制性地将所有辨析词语都置于表格内进行比较，就可能出现 3.1 提及的"竟然—居然"的搭配表格全部画 √ 而无法真正区分词语差异的现象。

易混淆词辨析词典还需要区分出另一种词语差异，即一组易混淆词在同一搭配条件下可以替换，但意义上有差别。词典需要对这样的情况进行比较分析，即张博（2013）提到的"同构辨异"。如"处处"和"到处"在有的句子中都可以用，但意思上是有差别的：

㉔ 岛上处处都是香蕉树。（意思是"岛上"的每一个地方都长满了香蕉树）

---

① 张博教授在 2013 年 3 月课题组讨论中提出这一想法，并提供了"可惜—遗憾"这组词条，谨致谢忱。

㉕ 岛上到处都是香蕉树。(意思是"岛上"的很多地方都长着香蕉树)

如若不进行同构辨异，CSL 学习者可能无法自己揣摩出相同搭配条件下易混淆词之间的差异点。典型搭配语例的分析既能厘清语例所呈现的搭配差异，也能让 CSL 学习者连类而及地自行思索其他同一搭配条件下的语义差异。

从搭配设计原则的分析可以看出，汉语易混淆词辨析词典的编纂需要考虑多种因素，既有目的语自身的语言规律，也有跨语言对比、社会文化、非语言专业学习群体的特点等因素，还有辨析内容与呈现方式的照应与匹配等等。这些也是外向型词语辨析词典和外向型学习词典的编纂所要考虑的。编纂学习词典是一项浩大的工程，需要编纂者和审订者反复推敲琢磨，力求尽善尽美。

参考文献

中文参考文献

陈　晨（2005）泰国学生汉语趋向补语习得偏误分析，云南师范大学硕士学位论文。

崔　娜、罗佳雯（2019）同形语素、多义语素的对外汉语教学研究，《现代交际》第 3 期。

崔永华（2008）从母语儿童识字看对外汉字教学，《语言教学与研究》第 2 期。

戴昭铭（1988）现代汉语合成词的内部结构与外部功能的关系，《语文研究》第 4 期。

邓　盾（2017）"轻动词"之涵义辨析并论"加以"和"进行"的论元结构，《语言学论丛（第五十五辑）》，北京：商务印书馆。

邓守信（2009）《对外汉语教学语法》（修订版），台北：文鹤出版有限公司。

邓思颖（2014）汉语复合词的不对称现象，《汉语学报》第 1 期。

刁晏斌（2004）《现代汉语虚义动词研究》，大连：辽宁师范大学出版社。

丁喜霞（2004）中古常用并列双音词的成词和演变研究，浙江大学博士学位论文。

董秀芳（2002）《词汇化：汉语双音词的衍生和发展》，成都：四川民族出版社。

董秀芳（2004）《汉语的词库与词法》，北京：北京大学出版社。

董秀芳（2011）《词汇化：汉语双音词的衍生和发展》（修订本），北京：商务印书馆。

段业辉（1994）论离合词，《南京师大学报（社会科学版）》第2期。

范继淹（1963）动词和趋向性后置成分的结构分析，《中国语文》第2期。

范立娜（2014）双音动宾复合词"出/进/入＋$N_{处所}$"的语义差异及其原因，北京语言大学硕士学位论文。

范妍南（2007）对外汉语教学中的动宾式离合词带宾语问题，《语言教学与研究》第5期。

房艳霞、江　新（2012）外国学生利用语境和构词法猜测汉语词义的个体差异研究，《世界汉语教学》第3期。

冯丽萍（2003a）中级汉语水平留学生的词汇结构意识与阅读能力的培养，《世界汉语教学》第2期。

冯丽萍（2003b）中级汉语水平外国学生的中文词汇识别规律分析，《暨南大学华文学院学报》第3期。

付冬冬（2013）易混淆词辨析词典词语搭配呈现方式及其适用性分析，《云南师范大学学报（对外汉语教学与研究版）》第6期。

付　娜（2010）外向型汉语学习词典配例中搭配信息的呈现原则及实现条件，《辞书研究》第5期。

干红梅（2008）语义透明度对中级汉语阅读中词汇学习的影响，《语言文字应用》第1期。

干红梅（2009）词语结构及其识别对汉语阅读中词汇学习的影响，《语言文字应用》第3期。

干红梅（2010）词性及其识别对汉语伴随性词汇学习的影响，《汉语学习》第3期。

干红梅（2011）上下文语境对汉语阅读中词汇学习的影响——一项基于自然阅读的调查报告，《语言教学与研究》第3期。

干红梅（2014）语境对汉语阅读过程中词汇学习的影响——一项基于眼动技术的实验研究，《汉语学习》第2期。

高　兵（2004）中文双字合成词加工中的透明度效应，山东师范大学硕士学位论文。

高书贵（1993）有关对外汉语教材如何处理离合词的问题，《世界汉语教学》第 2 期。

葛本仪（1985）《汉语词汇研究》，济南：山东教育出版社。

郭胜春（2004）汉语语素义在留学生词义获得中的作用，《语言教学与研究》第 6 期。

郭　霞（2013）《现代汉语动趋构式的句法语义研究——认知构式语法视野》，成都：四川大学出版社。

国家汉办、教育部社科司《汉语国际教育用音节汉字词汇等级划分》课题组（2010）《汉语国际教育用音节汉字词汇等级划分（国家标准·应用解读本）》，北京：北京语言大学出版社。

国家汉语水平考试委员会办公室考试中心（2001）《汉语水平词汇与汉字等级大纲》（修订本），北京：经济科学出版社。

汉语大词典编辑委员会、汉语大词典编纂处（1997）《汉语大词典》（缩印本），上海：汉语大词典出版社。

何清强（2009）分离度对动宾式离合词习得的影响，《宁波大学学报（人文科学版）》第 6 期。

何清强（2014）语义关系与汉语动宾结构的习得顺序，《汉语学习》第 3 期。

何紫泉（2015）日本留学生习得汉语补语的偏误研究，四川师范大学硕士学位论文。

贺　阳、崔艳蕾（2012）汉语复合词结构与句法结构的异同及其根源，《语文研究》第 1 期。

胡敕瑞（2005）从隐含到呈现（上）——试论中古词汇的一个本质变化，《语言学论丛（第三十一辑）》，北京：商务印书馆。

胡敕瑞（2009）从隐含到呈现（下）——词汇变化影响语法变化，《语言学论丛（第三十八辑）》，北京：商务印书馆。

胡裕树主编（1979）《现代汉语》（修订本），上海：上海教育出版社。

胡裕树、范　晓（1995）《动词研究》，开封：河南大学出版社。

黄月圆（1995）复合词研究，《国外语言学》第 2 期。

惠天罡（2014）近十年汉语新词语的构词、语义、语用特点分析，《语言文字应用》第 4 期。

吉丽娜（2012）"名＋形／动"偏正复合词的类型与语义语用特点研究，北京语言大学硕士学位论文。

江　新（2005）针对西方学习者的汉字教学：认写分流、多认少写，载赵金铭主编《对外汉语教学的全方位探索：对外汉语研究学术讨论会论文集》，北京：商务印书馆。

江　新、房艳霞（2012）语境和构词法线索对外国学生汉语词义猜测的作用，《心理学报》第 1 期。

江　新、房艳霞、杨舒怡（2016）汉语母语者和第二语言学习者名名组合的理解，《世界汉语教学》第 2 期。

蒋　旸（2014）西班牙语母语学习者汉语趋向补语偏误分析及教学对策，上海外国语大学硕士学位论文。

金善熙（2004）韩国学生使用汉语趋向补语的偏误分析，华东师范大学硕士学位论文。

康玉华、来思平（2015）《汉语会话 301 句》（第 4 版），北京：北京大学出版社。

克劳瑟（Crowther, J.）等编（2006）《牛津英语搭配词典》（英汉双解版），张德禄等译，北京：外语教学与研究出版社。

兰海洋（2012）中高级阶段泰国学生离合词扩展用法习得顺序研究，《广西教育学院学报》第 3 期。

黎良军（1995）《汉语词汇语义学论稿》，桂林：广西师范大学出版社。

李炳生（1996）词汇教学中应注意的一类词——离合词，《语言与翻译》第3期。

李 慧、郑 航、陈艳华（2015）基于汉语中介语语料库的"$V_单 + X$"语块使用情况及其偏误类型分析，《西华师范大学学报（哲学社会科学版）》第3期。

李晋霞、李宇明（2008）论词义的透明度，《语言研究》第3期。

李临定（1983）宾语使用情况考察，《语文研究》第2期。

李临定（1990）《现代汉语动词》，北京：中国社会科学出版社。

李 明（2016）《汉语助动词的历史演变研究》，北京：商务印书馆。

李 泉主编（2011）《发展汉语》（第2版），北京：北京语言大学出版社。

李如龙（2014）汉语的特点与对外汉语教学，《语言教学与研究》第3期。

李晓琪主编（2013）《博雅汉语》（第2版），北京：北京大学出版社。

李行健主编（2014）《现代汉语规范词典》（第3版），北京：外语教学与研究出版社、语文出版社。

李艳杰（2004）母语为英语的留学生汉语趋向补语习得偏误分析，中央民族大学硕士学位论文。

李玉兰（1995）类比推理的机制与功能，《武汉大学学报（哲学社会科学版）》第3期。

梁玉璋（1991）福州话的"做"字，《福建师范大学学报（哲学社会科学版）》第2期。

梁玉璋（2002）再谈福州话的"做"字，《福建师范大学学报（哲学社会科学版）》第3期。

林才均（2015）泰国初级学生汉语离合词之习得研究，《海外华文教育》第2期。

林杏光、菲 白编（1987）《简明汉语义类词典》，北京：商务印书馆。

蔺 冬（2017）俄罗斯学生汉语趋向补语习得偏误分析，吉林大学硕士学位论文。

刘楚群（2012）近年新词语的三音节倾向及其理据分析，《汉语学报》第 3 期。

刘春梅（2004）通过教材编写改善对外汉语的离合词教学，《云南师范大学学报（语言教学与研究版）》第 6 期。

刘瑞明（1992）论"打、作、为"的泛义动词性质及使用特点，《湖北大学学报（哲学社会科学版）》第 1 期。

刘叔新（1990）复合词结构的词汇属性——兼论语法学、词汇学同构词法的关系，《中国语文》第 4 期。

刘颂浩（2001）关于在语境中猜测词义的调查，《汉语学习》第 1 期。

刘　伟（2004）语义透明度对留学生双音节合成词词汇通达的影响，北京语言大学硕士学位论文。

刘　珣主编（2015）《新实用汉语课本》（第 3 版），北京：北京语言大学出版社。

刘玉倩（2017）中级汉语第二语言学习者反义复合词词义识解研究，北京语言大学硕士学位论文。

刘玉倩、孟　凯（2019）二语学习者反义复合词词义识解的影响因素，《汉语学习》第 3 期。

刘月华（1988）趋向补语的语法意义，载中国语文杂志社编《语法研究和探索（四）》，北京：北京大学出版社。

刘月华（1998）《趋向补语通释》，北京：北京语言文化大学出版社。

鲁健骥、吕文华主编（2007）《商务馆学汉语词典》（双色本），北京：商务印书馆。

陆志韦等（1957）《汉语的构词法》，北京：科学出版社。

吕叔湘（1962）关于"语言单位的同一性"等等，《中国语文》第 11 期；又载《吕叔湘文集（第 2 卷）》，北京：商务印书馆，1990 年。

吕叔湘（1980）现代汉语语法要点，载吕叔湘主编《现代汉语八百词》，北京：商务印书馆。

罗立胜、张宵宵、王立军（2006）试论"过度类推"观点与"过度类推"现象，《外语教学》第 2 期。

马广惠（2016）《英语词汇教学与研究》，北京：外语教学与研究出版社。

马清华（2005）《并列结构的自组织研究》，上海：复旦大学出版社。

孟　琮、郑怀德、孟庆海、蔡文兰编（1987）《动词用法词典》，上海：上海辞书出版社。

孟　凯（2008）成组属性词的对应性及其影响因素，《中国语文》第 1 期。

孟　凯（2009a）留学生反义属性词的类推及其成因，《汉语学习》第 1 期。

孟　凯（2009b）现代汉语"X + N$_{役事}$"致使复合词研究，北京语言大学博士学位论文。

孟　凯（2010）构式视角下"X + N$_{役事}$"致使复合词的类推及其语域特定化，《当代修辞学》第 6 期。

孟　凯（2011a）致使合成词的类型及致使语义要素的呈现与成分凝固度，《语言教学与研究》第 3 期。

孟　凯（2011b）构式视角下"X + N$_{役事}$"致使复合词的范畴特征及其影响因素，《语文研究》第 4 期。

孟　凯（2012a）"X + N$_{役事}$"致使复合词与留学生的词义理解——兼论词义与词法的对应关系与对外汉语词汇教学，《云南师范大学学报（对外汉语教学与研究版）》第 2 期。

孟　凯（2012b）"X + N$_{役事}$"致使词式的类型及其语义关联，《世界汉语教学》第 4 期。

孟　凯（2016）复合词的形义关系对二语者词义识解的影响及教学——以致使性动宾复合词为例，载北京语言大学对外汉语研究中心编《汉语应用语言学研究（第 5 辑）》，北京：商务印书馆。

孟　凯、崔言燕（2018）词汇化导致的语义磨蚀对汉语二语学习者词汇学习的影响——以双音词"可X"为例,《汉语学习》第2期。

钱旭菁(2003)汉语阅读中的伴随性词汇学习研究,《北京大学学报(哲学社会科学版)》第4期。

钱旭菁(2008)有限组合选择限制的方向性和制约因素——兼论外向型搭配词典的体例设计,《世界汉语教学》第4期。

钱旭菁(2012)对外汉语词汇教学中的例句设计,"汉语国际教育新形势下的对外汉语教学学科建设国际学术研讨会"(重庆大学)论文。

邱　军主编(2008)《成功之路》,北京:北京语言大学出版社。

邱雪玫、李葆嘉(2011)论当代汉语新词的词音结构多音节化,《语言文字应用》第1期。

饶　勤(1997)离合词的结构特点和语用分析——兼论中高级对外汉语离合词的教学,《汉语学习》第1期。

任　敏(2015)非受事动宾式复合词的结构义及其对语素义的影响,《辞书研究》第3期。

任学良(1981)《汉语造词法》,北京:中国社会科学出版社。

萨仁其其格(2008)蒙古学生汉语中介语名、动、形词汇偏误研究,北京语言大学博士学位论文。

商务印书馆辞书研究中心(2003)《新华新词语词典》,北京:商务印书馆。

申旼京(2011)韩语背景学习者汉语词语混淆的母语影响因素研究,北京语言大学博士学位论文。

沈家煊(1994)"语法化"研究综观,《外语教学与研究》第4期。

沈家煊(1999)《不对称和标记论》,南昌:江西教育出版社。

沈家煊(2006)关于词法类型和句法类型,《民族语文》第6期。

施春宏(2017)汉语词法和句法的结构异同及相关词法化、词汇化问题,《世界汉语教学》第2期。

施春宏、蔡淑美、李　娜(2017)基于"三一语法"观念的二语词汇教学基本原则，《华文教学与研究》第 1 期。

石毓智（2000）《语法的认知语义基础》，南昌：江西教育出版社。

舒　华、张亚旭（2008）《心理学研究方法：实验设计和数据分析》，北京：人民教育出版社。

束定芳、黄　洁（2008）汉语反义复合词构词理据和语义变化的认知分析，《外语教学与研究》第 6 期。

宋作艳（2014）定中复合名词中的构式强迫，《世界汉语教学》第 4 期。

苏宝荣（2002）词义研究与汉语的"语法—语义结构"，《语言教学与研究》第 1 期。

苏宝荣（2017）汉语复合词结构与句法结构关系的再认识，《语文研究》第 1 期。

孙常叙（1956）《汉语词汇》，长春：吉林人民出版社。

孙德金（1995）现代汉语名词做状语的考察，《语言教学与研究》第 4 期。

谭达人（1989）略论反义相成词，《语文研究》第 1 期。

谭景春（2000）词的意义、结构的意义与词典释义，《中国语文》第 1 期。

田明明（2017）汉语二语学习者"看X"动结式的语义识解及其影响因素，北京语言大学硕士学位论文。

万业馨（2000）略论形声字声旁与对外汉字教学，《世界汉语教学》第 1 期。

王春茂、彭聃龄（1999）合成词加工中的词频、词素频率及语义透明度，《心理学报》第 3 期。

王春茂、彭聃龄（2000）多词素词的通达表征：分解还是整体，《心理科学》第 4 期。

王海峰（2011）《现代汉语离合词离析形式功能研究》，北京：北京大学出版社。

王弘宇（2009）外国人需要什么样的汉语词典，《世界汉语教学》第 4 期。

王洪君（2001）音节单双、音域展敛（重音）与语法结构类型和成分次序，

《当代语言学》第 4 期。

王隽颖（2008）对外汉语初级阶段动趋式的习得与教学研究——以"V+ 到"、"V+ 上"为例，上海外国语大学硕士学位论文。

王　立（2003）汉语动趋结构的词感倾向，《语言学论丛（第二十七辑）》，北京：商务印书馆。

王瑞敏（2005）留学生汉语离合词使用偏误的分析，《语言文字应用》第 S1 期。

王素梅（1999）论双音节离合词的结构、扩展及用法，《沈阳师范学院学报（社会科学版）》第 4 期。

王文斌（2001）汉语并列式合成词的词汇通达，《心理学报》第 2 期。

王　寅（2006）《认知语言学》，上海：上海外语教育出版社。

魏　红（2008）面向汉语习得的常用动词带宾情况研究，华中师范大学博士学位论文。

《现代汉语常用词表》课题组（2008）《现代汉语常用词表（草案）》，北京：商务印书馆。

肖奚强、周文华（2009）外国学生汉语趋向补语句习得研究，《汉语学习》第 1 期。

肖艳丽、杨　文（2014）词素对偏正复合词识别影响的眼动研究，《心理学探新》第 4 期。

萧　频（2008）印尼学生汉语中介语易混淆词研究，北京语言大学博士学位论文。

萧　频、李　慧（2006）印尼学生汉语离合词使用偏误及原因分析，《暨南大学华文学院学报》第 3 期。

萧世民（2001）"N + V"偏正结构构词考察，《井冈山师范学院学报（哲学社会科学）》第 4 期。

徐晶晶、马　腾、江　新（2017）汉语二语者名名复合词学习中语义关系信息的作用,《世界汉语教学》第 3 期。

徐　枢（1985）《宾语和补语》,哈尔滨：黑龙江人民出版社。

徐正考、史维国、曹凤霞（2010）现代汉语偏正式"名·动"复合词研究,《吉林大学社会科学学报》第 2 期。

许保芳、袁凤识、王立非（2012）认知风格与隐喻理解水平关系的实证研究,《山东外语教学》第 4 期。

许艳华（2014）复合词结构类型对词义猜测的影响,《语言教学与研究》第 4 期。

杨德峰（2003）英语母语学习者趋向补语的习得顺序——基于汉语中介语语料库的研究,《世界汉语教学》第 2 期。

杨吉春（2007）《汉语反义复词研究》,北京：中华书局。

杨吉春（2008）反义复词内部结构分析与词汇教学,《汉语学习》第 4 期。

杨寄洲主编（1999）《汉语教程（第二册·上）》,北京：北京语言大学出版社。

杨寄洲、贾永芬（2005）《1700 对近义词语用法对比》,北京：北京语言大学出版社。

杨庆蕙（1995）对外汉语教学中"离合词"的处理问题,载《第四届国际汉语教学讨论会论文选》编委会编《第四届国际汉语教学讨论会论文选》,北京：北京语言学院出版社。

尹斌庸（1984）汉语语素的定量研究,《中国语文》第 5 期。

英国柯林斯出版公司（2011）《柯林斯 COBUILD 高阶英汉双解学习词典》,柯克尔等译,北京：外语教学与研究出版社。

于　洋（2015）CSL 学习者同素同义单双音名词混淆分布特征及其成因,《语言教学与研究》第 6 期。

语言学名词审定委员会（2011）《语言学名词》,北京：商务印书馆。

袁　飞（2018）语义结构对汉字圈和非汉字圈学习者汉语名动偏正复合词词义识解的影响研究,北京语言大学硕士学位论文。

袁　杰、夏允贻（1984）虚义动词纵横谈，《语言研究》第 2 期。

苑春法、黄昌宁（1998）基于语素数据库的汉语语素及构词研究，《世界汉语教学》第 2 期。

张伯江、方　梅（1996）《汉语功能语法研究》，南昌：江西教育出版社。

张　博（1996）先秦并列式连用词序的制约机制，《语言研究》第 2 期。

张　博（2007a）反义类比构词中的语义不对应及其成因，《语言教学与研究》第 1 期。

张　博（2007b）同义词、近义词、易混淆词：从汉语到中介语的视角转移，《世界汉语教学》第 3 期。

张　博（2008a）现代汉语复音词义项关系及多义词与同音形词的分野，《语言研究》第 1 期。

张　博（2008b）第二语言学习者汉语中介语易混淆词及其研究方法，《语言教学与研究》第 6 期。

张　博（2012）《不同母语背景学习者汉语易混淆词系列辨析词典》编写细则及注意事项（第三稿），未刊稿。

张　博（2013）针对性：易混淆词辨析词典的研编要则，《世界汉语教学》第 2 期。

张　博（2018）提高汉语第二语言词汇教学效率的两个前提，《世界汉语教学》第 2 期。

张　辉、齐振海（2004）导读，载兰盖克（Langacker, R. W.）著，牛保义、王义娜、席留生、高航译《认知语法基础（第二卷）：描写应用》，北京：北京大学出版社。

张积家、杨　晨（2015）汉语人体隐喻名词加工的时间进程，《华南师范大学学报（社会科学版）》第 6 期。

张江丽（2010）词义与语素义之间的关系对词义猜测的影响，《语言教学与研究》第 3 期。

张金桥、曾毅平（2010）影响中级水平留学生汉语新造词语理解的三个因素，《语言文字应用》第 2 期。

张金竹（2015）《现代汉语反义复合词式的语义和认知研究》，北京：世界图书出版公司。

张　妍（2007）《现代汉语词典》第 5 版配例的改进，《辞书研究》第 2 期。

赵凤娇（2017）并列式复合词词义识解影响因素实证研究，《海外华文教育》第 12 期。

赵金铭（2011）初级汉语教学的有效途径——"先语后文"辩证，《世界汉语教学》第 3 期。

赵日新（2013）"做"的语法化，《语言教学与研究》第 6 期。

赵　玮（2016）汉语作为第二语言词汇教学"语素法"适用性研究，《世界汉语教学》第 2 期。

赵元任（2002）《中国话的文法》(增订版)，丁邦新译，香港：香港中文大学出版社。

中国社会科学院语言研究所词典编辑室编（1996）《现代汉语词典》(第 3 版，修订本)，北京：商务印书馆。

中国社会科学院语言研究所词典编辑室编（2005）《现代汉语词典》(第 5 版)，北京：商务印书馆。

中国社会科学院语言研究所词典编辑室编（2012）《现代汉语词典》(第 6 版)，北京：商务印书馆。

中国社会科学院语言研究所词典编辑室编（2016）《现代汉语词典》(第 7 版)，北京：商务印书馆。

周　荐（1991）复合词词素间的意义结构关系，载南开大学中文系《语言研究论丛》编委会编《语言研究论丛（第六辑）》，天津：天津教育出版社。

周　荐（1992）几种特殊结构类型的复合词，《世界汉语教学》第 2 期。

周　荐（2003）论词的构成、结构和地位，《中国语文》第 2 期。

周　荐（2004）《汉语词汇结构论》，上海：上海辞书出版社。

周　荐（2016）《现代汉语词汇学教程》，北京：北京大学出版社。

周　琳、李彬鑫（2015）汉语作为第二语言的离合词教学实验研究，《世界汉语教学》第 3 期。

朱德熙（1982）《语法讲义》，北京：商务印书馆。

朱德熙（1985）现代书面汉语里的虚化动词和名动词——为第一届国际汉语教学讨论会而作，《北京大学学报（哲学社会科学版）》第 5 期；又载《朱德熙文集（第 3 卷）》，北京：商务印书馆，1999 年。

朱文文、陈天序（2016）书面反馈对初级阶段汉语学习者汉字书写习得影响差异研究，《语言教学与研究》第 6 期。

朱一之、王正刚（1987）《现代汉语语法研究的现状和回顾》，北京：语文出版社。

朱　勇、崔华山（2005）汉语阅读中的伴随性词汇学习再探，《暨南大学华文学院学报》第 2 期。

祝建军（2002）近代汉语动词"打"的语义泛化，《烟台大学学报（哲学社会科学版）》第 3 期。

祝建军（2003）近代汉语动词前缀"打-"演变探析，《烟台大学学报（哲学社会科学版）》第 4 期。

庄会彬（2014）现代汉语轻动词"打"的来源刍议，《语言教学与研究》第 3 期。

兹古斯塔（Zgusta, L.）主编（1983）《词典学概论》，林书武、宁榘、冯加方、卫志强、周绍珩译，北京：商务印书馆。

英文参考文献

Chao, Y. R. (1948) *Mandarin Primer: An Intensive Course in Spoken Chinese.* Cambridge, MA: Harvard University Press.

Chao, Y. R. (1968) *A Grammar of Spoken Chinese*. Berkeley: University of California Press.(《汉语口语语法》，吕叔湘译，北京：商务印书馆，1979年。)

Crowther, J., Dignen, S. & Lea, D. (eds.) (2002) *Oxford Collocations Dictionary for Students of English*. Oxford: Oxford University Press.

Gagné, C. L. & Shoben, E. J. (1997) Influence of thematic relations on the comprehension of modifier-noun combinations. *Journal of Experimental Psychology: Learning, Memory & Cognition*, 23(1): 71-87.

Gagné, C. L. & Shoben, E. J. (2002) Priming relations in ambiguous noun-noun combinations. *Memory & Cognition*, 30(4): 637-646.

Goldberg, A. E. (1995) *Constructions: A Construction Grammar Approach to Argument Structure*. Chicago: The University of Chicago Press.(《构式：论元结构的构式语法研究》，吴海波译，北京：北京大学出版社，2007年。)

Goldberg, A. E. (2003) Constructions: A new theoretical approach to language. *TRENDS in Cognitive Sciences*, 7 (5): 219-224.〔又载《外国语（上海外国语大学学报）》2003年第3期。〕

Goldberg, A. E. (2006) *Constructions at Work: The Nature of Generalization in Language*. Oxford: Oxford University Press.

HarperCollins Publishers (2008) *Collins Thesaurus of the English Language* (3rd edition). Glasgow: HarperCollins Publishers Limited.

Huang, C.-T. J. (2005) Syntactic analyticity and the other end of the parameter. Lecture notes, LSA 2005 Summer Institute, MIT and Harvard University.

Jespersen, O. (1942) *A Modern English Grammar on Historical Principles, Part VI: Morphology*. Copenhagen: Ejnar Munksgaard.

Jia, X., Wang, S., Zhang, B. & Zhang, J. X. (2013) Electrophysiological evidence for relation information activation in Chinese compound word comprehension. *Neuropsychologia*, 51(7): 1296-1301.

Labov, W. (1973) The boundaries of words and their meaning. In C.-J. N. Bailey & R. W. Shuy (eds.), *New Ways of Analyzing Variation in English*, 340-373. Washington, D. C.: Georgetown University Press.

Labov, W. (1978) Denotational structure. In D. Farkas, W. M. Jacobsen & K. W. Todrys (eds.), *Papers from the Parasession on the Lexicon*, 220-260. Chicago: Chicago Linguistics Society.

Lin, T.-H. (2001) Light verb syntax and the theory of phrase structure. Unpublished doctoral dissertation, University of California, Irvine.

Murphy, G. L. & Andrew, J. M. (1993) The conceptual basis of antonymy and synonymy in adjectives. *Journal of Memory and Language*, 32(3): 301-319.

Richards, J. C. (1971) A non-contrastive approach to error analysis. *English Language Teaching*, 25(3): 204-219.

Slobin, D. I. (2004) The many ways to search for a frog: Linguistic typology and the expression of motion events. In S. Strömqvist & L. Verhoeven (eds.), *Relating Events in Narrative, Volume II: Typological and Contextual Perspectives*, 219-257. Mahwah, NJ: Lawrence Erlbaum.

Slobin, D. I. (2006) What makes manner of motion salient? Explorations in linguistic typology, discourse, and cognition. In M. Hickmann & S. Robert (eds.), *Space in Languages: Linguistic Systems and Cognitive Categories*, 59-81. Amsterdam/Philadelphia: John Benjamins.

Taft, M. & Forster, K. (1976) Lexical storage and retrieval of polymorphemic and polysyllabic words. *Journal of Verbal Learning and Verbal Behavior*, 15: 607-620.

Talmy, L. (2000) *Toward a Cognitive Semantics, Volume II: Typology and Process in Concept Structuring.* Cambridge, MA: MIT Press.

Ungerer, F. & Schmid, H.-J. (2006) *An Introduction to Cognitive Linguistics* (2nd edition). Harlow: Pearson Education.〔《认知语言学导论》(第2版),彭利贞等译,上海:复旦大学出版社,2008年。〕

Zeno, S. M., Ivens, S. H., Millard, R. T. & Duvvuri, R. (1995) *The Educator's Word Frequency Guide.* Brewster, NY: Touchstone Applied Science Associates.

Zhang, B. Y. & Peng, D. L. (1992) Decomposed storage in the Chinese lexicon. In H. C. Chen & O. J. L. Tzeng (eds.), *Language Processing in Chinese*, 131-148. Amsterdam: North-Holland.

后 记

本书是我和我指导的几位硕士共同完成的研究论文集。全书主要由两部分组成：一部分是依托 2016—2018 年我主持的教育部人文社会科学研究基金青年项目"汉语第二语言学习者复合词词义识解及其制约因素研究"（16YJC740052）所产出的成果，大多是我的硕士研究生陆续做的不同类型复合词以及跨范畴词的词义识解研究，即第一章的内容；另一部分是我和研究生在 2009—2019 年间所做的汉语复合词的本体、学习或教学研究，以及外向型汉语词语辨析词典的编纂研究。上述论文无论是否公开发表，收入本书时都进行了多次修改。

本书各章节作者如下：

第一章　第一节（刘玉倩、孟凯）

　　　　第二节（白安琪）

　　　　第三节（袁飞）

　　　　第四节（赵媛）

　　　　第五节（栾红叶）

　　　　第六节（张舒、孟凯）

第二章　第一节（孟凯）

　　　　第二节（孟凯、王丽丽）

第三章　第一节（孟凯）

　　　　第二节（孟凯）

第四章　第一节（孟凯、崔言燕）

第二节（孟凯）

第五章（孟凯）

感恩业师张博先生对我做科研课题和学术研究的无私支持和无限指导。在先生身边十几年，我深深折服于先生身正为范、与人为善、恪尽职守、提携后辈、无私奉献、以学术为生命的高尚人格和博大胸怀。先生令人"高山仰止，景行行止"，永远是照亮我前程的灯塔、指引我方向的航标！

感谢北京语言大学国际中文教育研究院出版基金对本书的资助。

感谢北京语言大学出版社周鹏编辑对本书编校所付出的心血。周编辑不仅提出了非常细致的修改意见和建议，令本书避免了文献纰漏；还提出了颇有启发性的学术质疑，促使我们对一些问题做进一步的资料查找、思考和钻研，避免了不确凿知识的出现。

感谢博士生赵凯璠和硕士生王蕊蕾在后期校对时所给予的文献查找方面的无私帮助，凯璠可谓每呼必应，每查必至，令人安心。

感谢本书各章节在单独成文时诸多老师和硕博研究生（很多人现已成为高校或中小学教师）所给予的支持和帮助。历经十数年的研究，每一篇论文都经历了组会的研讨，接受了严厉的"批评"，数易其稿，才得以浴火重生，最终成文。总之，有太多的人需要感谢，恕我们不一一提名致谢，但感激之情早已铭刻心底。

这本书是我和研究生在探索汉语复合词二语学习和教学之路上的一个阶段性的结束，也是一个尝试性的开始。这些研究难免有疏漏或偏颇之处，期待学界同人的检验与指正。未来，我们希望在探索汉语复合词的显著特征和类型特点的同时，继续做词汇本体与二语学习/教学相结合的实证研究，希望能够再产出一批有价值的学术成果。

孟凯于学清路小月河畔

2023 年 5 月 23 日